1995

83 Jan 24

**HISTOIRES
DU TEMPS**

Du même auteur

Analyse Economique de la vie politique, PUF, 1973.
Modèles politiques, PUF, 1974.
L'Anti-économique, PUF, 1975.
La Parole et l'outil, PUF, 1976.
Bruits, PUF, 1977.
La Nouvelle Economie française, Flammarion, 1978.
L'Ordre cannibale, Grasset, 1979.
Les Trois Mondes, Fayard, 1981.

Jacques Attali

HISTOIRES
DU TEMPS

Fayard

© *Librairie Arthème Fayard, 1982.*

Veilleur sagace pour déraciner et abattre, démolir, affliger, exterminer,
Me voici attentif pour construire et planter.

Jérémie, 31/27-28.

Les appels de notes
renvoient à la bibliographie générale en fin de volume.

Raconter l'histoire d'un objet quotidien, de ses techniques, de ses formes, de ses usages, telle est la première ambition de ce livre.

Je voudrais qu'on y trouve avant tout une méticuleuse histoire des instruments de mesure du temps, du premier gnomon aux plus étranges objets d'aujourd'hui. Une histoire aussi de leurs théoriciens, de leurs inventeurs, de leurs fabricants. Et, au-delà, celle des usages, innocents ou pervers, quotidiens ou démesurés, qu'en ont fait les hommes.

Une histoire ? des histoires, plutôt. Car les formes du temps s'enchevêtrent en de complexes arabesques, en des interférences raffinées. Bien des récits du passé sont possibles et se croisent, bien des avenirs sont encore ouverts.

Rien là d'inattendu : les généalogies de tous les objets s'inscrivent dans celles des sociétés et des cultures où ils prennent forme. Elles les expliquent et en découlent à la fois, en des histoires multiples et ambiguës. L'usage, puis l'abandon d'un objet révèlent en partie l'ordre social dont il est contemporain, en même temps qu'il y participe. Et de ces enchevêtrements naît la multiplicité des lectures possibles de notre temps. Or, ces généalogies, si modestes et si nécessaires, manquent aujourd'hui. Pour comprendre notre monde et réfléchir sur notre devenir, il faudra disposer des histoires des multiples objets quotidiens qui nous servent et nous dominent tout à la fois. Il faudra savoir comment et pourquoi se sont modifiées les façons dont on s'est transporté, lavé, habillé, éclairé, distrait, meublé ; et la façon dont on a mesuré le temps. C'est-à-dire connaître les histoires de ceux des objets qui ont rempli ces fonctions à certaines époques déterminées, l'histoire de la roue, du vêtement, des épices, du gramophone, du réfrigérateur, du calendrier ou de la montre.

Le calendrier, la montre. Traces essentielles de la trajectoire de chaque civilisation et du cours de la vie pour chaque homme.

Parmi toutes les présences du quotidien qu'il faudrait archiver dans les mémoires de nos vies, celle des instruments de mesure du temps est sans doute une des plus riches de sens. A en traquer la généalogie, à en déceler la nécessité et l'usage, se révèlent de façon étrange et complexe non seulement le sens du temps pour chaque société, mais aussi la façon dont l'homme s'inscrit lui-même dans le temps, le pense et l'organise.

Chaque société a son temps propre et son histoire ; chacune s'inscrit dans une théorie de l'Histoire et s'organise autour d'une maîtrise du calendrier ; toute culture se construit autour d'un sens du temps ; tout travail de l'homme est pensé comme un temps cristallisé, comme une accélération de celui de la nature. Dans la plupart des langues, un même vocable désigne le temps des hommes, celui des étoiles, des calendriers, des horloges, celui des payages terrestres, des civilisations et des sociétés, des musiques et des danses. Très souvent même, les langues indiquent une équivalence culturelle entre le temps et l'espace, et un même mot désigne le temps qu'il fait et le temps de faire, celui du soleil et celui des moissons.

Avoir du pouvoir, c'est contrôler le temps des autres et

le sien propre, le temps du présent et celui de l'avenir, le temps passé et celui des mythes.

Le temps de l'homme, c'est sa vie même. Il fixe son horizon et gère son destin. Il trace le cadre de ses entreprises et de ses ambitions. Dynastie, fête, récolte, puissance se jouent dans le décor qu'il plante et au rythme qu'il scande.

Toujours ambigu, il est à la fois source de mort et de vie. Partout l'homme craint que le soleil ne se lève pas, que le monde ne vienne à se figer. En même temps, il espère qu'une telle ruine advienne et régénère l'univers, il souhaite le retour au point de départ d'un cycle, à l'image de l'éternel mouvement des astres et de la vie, de la lumière et de l'ombre. Champ clos des grandes menaces, des ambitions majeures, des espérances terrifiées, des consignes données à l'homme par l'homme, le temps, avec sa mesure, constitue une dimension incontournable des codes et des rites.

Fantastique ambition de l'homme, fabuleux mystère de la nature, le temps est toujours double : il s'écoule et recommence. Et toujours ambigu : temps multiples des multiples histoires des choses et des hommes ; mais aussi temps unique dans toutes les sociétés. Partout l'instrument capable de réussir cet enracinement des rites marque le surgissement des plus audacieuses machines et des plus extraordinaires théories d'une époque, et partout il est outil du contrôle social.

A chaque grand carrefour de l'histoire du pouvoir change la mesure du temps, signal annonciateur. Le gnomon, la clepsydre, l'horloge astronomique, la montre, le chronomètre de marine et la pointeuse d'usine révèlent certaines de ces grandes fractures. De même, aujourd'hui, notre avenir, ses richesses et ses ruines, ses espérances et ses cauchemars sont inséparables de l'usage que nous ferons du temps, autrement dit de l'usage que nous ferons de nous-mêmes.

Temps et violence. Calendrier et Pouvoir. Montres et rites. Etranges accouplements qui, je l'espère, deviendront lumineux à la lecture de ce récit.

Aujourd'hui, dans la crise majeure où nous sommes, un choix surgit entre deux formes d'usage du temps. Dans l'une, l'homme est utilisé par le temps; il devient une machine codée, programmée parmi d'autres machines; l'angoisse s'empare de lui s'il échappe un bref instant aux calendriers électroniques qu'on lui prépare. Dans l'autre, l'homme invente le temps, il transforme chaque machine en instrument de création d'un temps personnel, où il peut rythmer sa propre vie.

Si folles que pourront paraître certaines prédictions de ce livre, si étranges que sembleront les univers esquissés en conclusion, aucun raisonnement a priori, aucune démonstration préétablie, aucune doctrine prête-à-porter ne m'ont ici guidé. Seul le simple cours de mon travail et l'entêtement des faits en sont la source. Avec, aussi, une longue passion pour certains de ces objets, faits de sable et de sable, mesure de ma propre limite et limite de ma propre mesure, reflet de l'inconnaissable infini et fascination de l'inacceptable finitude.

Même s'il n'y a là peut-être qu'une angoisse banale devant la fragilité de toute chose et une ambition de transformer, par une œuvre, la vie en éternité absolue; même si, devenu objet-livre, toute œuvre est à son tour, comme la vie, menacée par l'oubli et l'impuissance.

Voici donc des histoires du temps, histoires de pénitence et de fête, de sacrifice et de carnaval, de violence et de sourire. Puissent-elles aider à mieux faire poindre en chacun l'aube d'un temps de vie, de tolérance et de liberté.

CHAPITRE PREMIER

L'eau et le cadran

I. LE TEMPS DES DIEUX

1. Le rythme du sacré
2. L'Empire du Temps
3. Kronos et Chronos
4. Temps, violence, pouvoir

II. LE CALENDRIER DU SACRÉ

1. L'ordre et l'eau
2. La Maison du Calendrier
3. Ostracisme et calendes

III. EAU ET CADRAN

1. Cadran et parfum
2. Couvents et clepsydres

IV. JACQUEMART ET BEFFROI

Tout être vivant s'inscrit doublement dans la durée, à la fois répétition et dégradation, recommencement et écoulement.

Toute espèce vivante perçoit la durée et la vitesse, ressent le réversible et l'irréversible, distingue le présent du passé. Toute vie est donc elle-même à la fois instrument de mesure du temps et forme de sa dualité : écoulement et régénérescence, flux et tourbillon.

Les exigences quotidiennes du corps et de son vieillissement permettent à chacun de ressentir l'*écoulement* du temps, celui du jour comme celui des périodes plus longues. La nature fournit en permanence le spectacle de la dégradation du monde, par le mouvement des fleuves et des étoiles, par la dégénérescence des fleurs, des animaux, par le vieillissement et la mort de soi et des autres.

Mais elle fournit aussi comme une singulière réassurance contre ce sens des choses, en donnant le spectacle ininterrompu de la *régénérescence,* du retour de la vie, de la réversibilité des astres, de la répétition des hommes. Chacun vit le retour du sommeil et de la veille, des jours et des nuits, de la pluie et de la saison chaude. Chaque peuple, avec la mémoire des grandes dates de son histoire, de l'apogée et de la déroute de ses dynasties, vit la menace d'un déclin et l'espérance d'une puissance.

Il n'est de société sans une certaine perception commune de ces deux formes du temps. Toute vie sociale exige un synchronisme minimal, un aménagement commun des occupations, du travail et des fêtes, des destructions et des renaissances permettant de faire ensemble ce qui doit l'être, de se rassembler pour communiquer en un lieu et une date connus de tous.

La fonction première d'un pouvoir est donc de donner un sens aux multiples du temps du monde, de les nommer et d'organiser la vie collective en fonction de leur écoulement et de leur retour, de donner l'ordre de faire ou de ne pas faire.

Ce point est essentiel : sans un énoncé des dates et une connaissance — au moins par quelques-uns — des raisons de leur succession et de leur retour, aucun travail, aucune vie sociale n'est possible. Nommer le temps et donner sens à ses diverses dates constitue donc une exigence absolue de la survie de tout groupe social.

Apparaît alors une relation, inattendue, entre temps et violence : comme tout groupe doit savoir se préserver contre une violence isolée, anarchique, imprévisible, qui risque de sévir en permanence, tout ordre social, pour durer, doit savoir limiter les périodes et les dates où cette violence peut s'exercer.

L'ensemble de ces dates forme alors le premier de tous les codes du pouvoir, le plus mal connu et le plus fondamental, celui du *Calendrier,* succession répétitive des dates rituelles où la violence est légale ou mimée. Certains doivent savoir prévoir, annoncer et ordonner le retour de ces dates. Les instruments de mesure du temps sont, au temps des Dieux, des éléments majeurs de ces rituels et les augures des avenirs menacés.

I. LE TEMPS DES DIEUX

La conception du temps dans les sociétés disparues est à peu près inconnue. Les pratiques des sociétés les plus reculées du monde moderne ne permettent pas de les comprendre, car l'éloignement dans l'espace ne recoupe pas l'éloignement dans le temps et aucune société contemporaine observable aujourd'hui n'a conservé un degré d'isolement et de stagnation suffisant. Aussi les rares indices utilisables sont-ils les mythes qui racontent le temps, et les langues qui le nomment. A partir d'eux, il est possible de reconstruire une image probable du rythme du temps chez certains peuples anciens, et donc de façonner une esquisse de son rôle dans l'organisation du pouvoir.

Je ferai ainsi le pari théorique que la pratique du temps dans les sociétés primitives peut être reconstruite à partir de ces fragments.

1. *Le rythme du sacré*

A l'aube des premiers groupes humains, le rythme de la nature s'impose aux hommes, le soleil borne les jours, les phases de la lune limitent une période stable ; le mouvement de l'un et de l'autre décrit dans l'espace un cycle de plus longue période qui scande l'ensemble des phases de l'activité agricole et pastorale. La première mesure du temps est donc certainement liée à la nécessité de prévoir l'apparition de la pluie et du soleil, pour suivre et contrôler le renouvellement des réserves alimentaires, pour organiser la continuité des moyens de survie de la communauté. Mais la nature n'a pas d'existence en soi ; elle n'est qu'une des manifestations de l'invisible qui entoure l'homme. Elle est donc une partie du sacré, et même le constitue. Les rythmes astronomiques s'inscrivent ainsi dans les exigences de l'invisible et en sont les manifestations majeures : c'est l'invisible qui accorde et retire pluie et soleil, jour et nuit, abondance et misère, en un dialogue incessant entre cosmologie et cosmogonie, astrologie et astronomie, météorologie et augure.

Les mythes eux-mêmes, histoire des Dieux, sont alors vécus en un temps spécial, Temps sacré, différent du temps historique. Leur récit fournit le sens premier du temps. Toute mythologie commence en effet par décrire un acte inaugural, tel un déluge, un sacrifice ou un meurtre ; son mime, à intervalles réguliers, implique l'annulation des péchés de la communauté et la rassure sur sa capacité à renaître par l'effacement de ses fautes passées.

A partir de cet acte inaugural, les mythes organisent des cycles au cours desquels s'échelonnent divers moments du temps, inégalement favorables à l'activité humaine. Chaque chose a ainsi son temps « normal » par rapport au système du monde. Les événements « hors de saison », les morts précoces, les grossesses prolongées, les anomalies chronologiques de la nature — les arbres qui fleurissent en hiver, le soleil paraissant de nuit... — sont autant de présages de déréglements sociaux, de successions inusuelles.

Aussi les toutes premières sociétés enserrent-elles le temps dans des normes rigoureuses, fixées par des mythes et par les exigences de l'agriculture et de l'élevage. Le temps n'existe là que par les activités qui le meublent et par les mythes qui le décrivent. Ni la hâte ni la lenteur n'ont de sens. Chaque événement a son rythme, son origine, sa durée. Les palabres, les visites de courtoisie et d'amitié permettent de savoir ce qui se passe ailleurs, de connaître les avis des uns et des autres sur le temps qu'il va faire, sur la valeur des terres et des moissons, d'organiser une succession infiniment répétée, à la fois minutieuse, prosaïque et vitale.

La Nature fournit ainsi l'intuition du sacré, et le sacré divinise la Nature. Les Dieux prennent alors le contrôle du temps des hommes qui miment dans leur vie celui des Dieux.

Le sacré donne sens aux mutations de la nature et aux exigences de l'agriculture, en construisant des mythes capables d'expliquer et de prévoir la pluie et le soleil, l'hiver et l'été, le jour et la nuit.

Les anciens ont donc l'impression de s'avancer vers l'avenir à reculons, le dos tourné vers lui. Il faut être prêtre, être aimé des Dieux pour opérer une conversion, se tourner vers ce qui est invisible aux autres : l'avenir.

La Nature est alors à la source de tout. De la conception de l'écoulement du temps comme de sa durée et de sa mesure. Aussi les phénomènes vivants fournissent-ils les seuls moyens d'évaluer durée et écoulement. Par exemple, Evans Pritchard[83] rapporte que, chez les Nuer d'Afrique, « ce qui détermine le temps est l'horloge-bétail ; la ronde des tâches pastorales et le moment de la journée, de même que la durée à l'échelle de la journée, sont avant tout, pour les Nuer, la succession de ces tâches et la relation qu'elles entretiennent entre elles... Les Nuer n'ont pas d'expression équivalente au mot " temps " dans notre langue, et ils ne peuvent donc pas parler du temps comme nous le faisons, comme si c'était une chose réelle qui passe, qui peut être perdue, gagnée, etc. Je ne crois pas qu'ils aient le sentiment de lutter contre le temps, ou d'avoir à coordonner des activités en fonction d'un écoulement abstrait du temps, car leurs termes de référence sont surtout les activités elles-mêmes, qui sont généralement menées sans hâte. Les événements suivent un ordre logique, mais ne sont pas commandés par un système abstrait, puisqu'il n'y a pas de points de référence autonomes auxquels ces activités devraient se conformer avec précision. »

Chez les Nandis, autre peuple d'Afrique dont parle Thomson[228], on date le temps par le moment auquel ont lieu les travaux quotidiens : « Les bœufs sont partis au pâturage » signifie qu'il est 5 h 30. « On a détaché les moutons », qu'il est 6 heures. Il en va de même pour les durées à Madagascar : « une cuisson de riz » veut dire une demi-heure, « une friture de sauterelles » signifie un instant, ou l'on dit encore : « L'homme est mort en moins de temps qu'il n'en faut pour que le maïs ne soit tout à fait grillé ». En Birmanie, de la même façon, le point du jour est désigné comme le moment où « il y a assez de lumière pour voir les veines de la main ».[228]

L'analyse des langues et des mythes fournit quelques autres éléments utiles à la découverte du vécu primitif du temps. On y trouve confirmation de la formidable complexité du passé, temps des dieux eux-mêmes, et de la très faible sophistication de l'avenir, temps des hommes. Par exemple, la langue des Boruya distingue quatre formes de passé, qu'on retrouve dans de très nombreuses autres langues du monde ancien : un *passé lointain,* celui des fondateurs, temps du rêve et du mythe, des origines où l'ordre du monde s'est mis en place ; c'est le *temps des Dieux,* au cours duquel ils ont vécu les mythes dont les hommes ne font que mimer une maladroite et rudimentaire répétition. Une seconde forme du passé désigne les événements glorieux de l'histoire du peuple lui-même : le *passé social,* celui des mythes à l'échelle de l'histoire. Une troisième forme désigne le *passé ordinaire,* celui de la mémoire de chacun, sans événement d'importance historique. Enfin, les Boruya distinguent une quatrième forme de passé, le *passé proche,* qui décrit les événements de la nuit précédant le jour où l'on parle, au cours de laquelle tous les esprits quittent les corps et le territoire de la tribu. Par contraste avec cette diversité de formes de passé, le futur n'a pas de profondeur ; il n'a d'existence qu'en ce qu'il permet d'organiser la répétition des temps du passé.

Il est un monde flou, inconnu, attente du retour des quatre temps du passé.

Partout, selon les mythes et les langues, *l'avenir est dangereux s'il n'est pas répétition du passé.* La possibilité d'énoncer un futur comme un recommencement du passé est une condition de la survie du groupe. Les mythes ont aussi pour fonction d'organiser cette répétitivité du temps en le jalonnant de dates sacrificielles, où les cycles recommencent, où l'avenir rejoint le passé.

Les mythes et les récits fondateurs décrivent ainsi une histoire dont le temps vécu constitue le mime, avec, à intervalles réguliers, à la fin de l'histoire mythique, des occasions de « remise à zéro des compteurs », de pardon et de repentir, par le mime du sacrifice ou par l'exercice de violences réelles.

Au moment où se décide cette répétition, le temps menace de continuer de s'écouler dans le même sens, de ne pas recommencer ; l'hiver menace de durer, la sécheresse de s'installer. C'est à ce moment que la violence doit effectivement avoir lieu, pour effacer le passé et permettre le recommencement du cycle.

Une cérémonie expiatoire, sacrifice ou déluge, carrefour essentiel du Temps des Dieux et de son mime par les hommes, rend seule possible ce recommencement. Elle prend presque toujours place à un moment où se joue concrètement le destin économique du groupe, où a lieu un phénomène naturel vital : pluie ou récolte, fin de l'hiver ou début de l'automne. Le prêtre intercède alors auprès des Dieux pour qu'ils permettent le retour des phases créatrices du cycle économique et politique.

Aussi le sacrifice rituel n'est-il pas seulement une conjuration de la violence menaçante ; il est la condition de l'acceptation de la mort par l'énoncé de la vie. Rien n'est jamais d'ailleurs assuré. Si l'ère du tohu-bohu est close, et si l'histoire humaine a commencé, le règne de l'ordre n'est pas total. Le débordement de l'activité, l'explosion de la violence irréversible restent toujours possibles ; le maintien en bon état de l'univers et de la nature n'est pas garanti. Sauf si, à chaque début d'une période, sont organisés efficacement l'effacement des dettes, l'expiation des péchés du groupe, la dilapidation des richesses accumulées. La violence doit alors avoir lieu par la pénitence, le repentir, le gaspillage des biens et du temps lui-même. Le système du sacré joue là son va-tout, au moment où il libère la violence ; il y a rupture du temps et on revit le mythe fondateur, le temps des Dieux. Le sacrifice menace alors d'être le début d'une violence incontrôlée ; mais, s'il est bien géré, il organise au contraire le retour, la renaissance du héros, du roi, du Bien et l'oubli passager du Mal.

Souvent, à la violence se mêlent régénérescence et sexualité. Ainsi, dans le tantrisme et le taoïsme, l'orgasme religieux a lieu à la fin du cycle cosmique. La roue sexuelle et la roue du temps renvoient d'ailleurs au même symbole et l'initiation érotique est saisonnière. Dans ces sociétés, écrit Mircéa Eliade[79], « le sexe collectif est un moment essentiel de l'horloge cosmique ».

Au total, cette esquisse théorique retrouve mon travail antérieur et croise celui de René Girard[110]. Mais, contrairement à lui, je crois que la Violence et le Sacré n'ont pas de sens en eux-mêmes. Ils n'existent que par le temps qui les scande : le Sacré date la Violence au moment où l'achèvement du cycle permet, par sa libération, de détruire tout ce qui a été accumulé dans les objets existants pour recréer les conditions d'une amnésie collective et d'une renaissance, par un déluge ou un sacrifice rédempteur. Si, au contraire, le sacrifice rituel n'est pas daté, il menace autant que la violence proliférante.

Même si cette hypothèse est, à ma connaissance, nouvelle, elle s'appuie sur les caractères du temps des Dieux, du « Grand Temps mythique », que décrit Georges Dumezil[75] et qui ont été très bien étudiés, par exemple, par Lévy-Bruhl[115] chez les Australiens et les Papous. Chaque tribu possède un terme spécial pour le désigner : c'est l'*Altjira* des Aruntas, le *Dzugur* des Aluridjas, le *Bugari* des Karadjeri, l'*Ungud* des peuples du nord-ouest de l'Australie. Souvent ces mots désignent en même temps le *rêve* et, d'une manière générale, tout ce qui paraît *insolite* ou *merveilleux*. Ils servent à définir un temps où « l'extraordinaire était la règle ». Ces expressions tendent toutes à mettre en évidence que ce temps mythique est celui où l'existence accède à l'être et où l'histoire naturelle commence. Il est placé à la fois au début et en dehors du cours des choses.

Mais l'organisation de la répération n'exclut pas l'irréversible, au contraire. A l'intérieur de chaque cycle, le temps doit en effet couler, l'ordre doit s'épuiser, s'user, le monde doit vieillir. Si le rite de fin du cycle arrive à temps, le monde peut se régénérer. Mais il advient qu'il ne puisse pas y réussir, qu'il dégénère sans limite. Alors tout s'effondre. Et pour qu'un ordre se réorganise, le temps doit alors changer de sens, le cycle lui-même doit changer de durée. Ainsi, de cycle en cycle, à l'intérieur d'un même ordre, il arrive que le temps des Dieux ne se répète pas ; il a une certaine direction et se répartit en « Ages » qui font se succéder la domination des Bons et des Méchants.

En résumé, dans les sociétés du premier temps, le quotidien s'organise autour de sacrifices aux Dieux en des lieux spécifiques, autour de fêtes de la régénérescence, de mimes de la mort ou du couronnement d'un dieu ou d'un roi. La date à laquelle ont lieu ces fêtes renvoie à la date de l'événement qu'ils miment.

Tout ancêtre fondateur, tout dieu premier est nécessairement Dieu du Temps ; tout temps premier est aussi Temps des Dieux. C'est dans cette interdépendance que tout se joue. Les Dieux, presque toujours âmes des ancêtres, devenus dans l'au-delà des puissances terribles et parfois identifiés aux astres, Soleil et Lune, ancêtres premiers des hommes, exercent un contrôle et un pouvoir sur la terre et, par-delà la mort, maintiennent avec ses habitants une filiation, restent fidèles à leur famille respective. Ces ancêtres ont la haute main sur toute prospérité et toute nourriture, sur les champs et les troupeaux, sur la difformité et la laideur, la maladie et la mort. Ils veillent avec une sévérité jalouse au respect de leurs ordres.

Presque partout, la Lune est un ancêtre mâle et vigoureux qui provoque les menstrues des femmes par la séduction qu'il exerce sur elles. Elle contrôle les intempéries, produit la pluie et la neige ; la surface visible de son disque sert à mesurer le Temps. Le Soleil est aussi, dans la plupart de ces sociétés, un ancêtre essentiel, le régulateur du temps et l'arpenteur de l'espace. Nombreux sont les mythes et les rites dans lesquels une carrière princière s'inaugure par la domestication du Soleil. Souvent existent des suspensions, des arrêts imposés au Soleil par un héros qui a besoin, pour achever un exploit, d'un temps supplémentaire : Josué et Zeus obtinrent que le Soleil ne se lève pas. Parfois, les démons, les « méchants », les ennemis des héros volent le Soleil ou la Lune.

Dans certaines cultures, c'est l'avènement de la belle saison qui indique la mue. Le passage de l'hiver au printemps provoque une rupture par laquelle le monde s'entrouvre et laisse échapper les âmes des morts. Furieuses, celles-ci errent sur la terre pour contrôler l'ordre qu'elles ont instauré. Pour être apaisées, elles exigent adoration et sacrifices, butins et repentir. Quand elles sont calmées, elles repartent ; le monde est alors purifié de tout péché pour la saison à venir.

D'abord les Dieux et leur Temps sont servis par les anciens, puis par des prêtres spécialisés, astronomes et astrologues. Ceux-ci fixent la légitimité des rois et les rois les protègent. Plus tard, quand les Empires s'organisent, le Temps des Dieux étend le champ et les formes de son organisation.

2. *L'Empire du Temps*

Lorsque apparaissent les grands empires théocratiques, les rythmes du Temps des Dieux scandent encore la vie sociale. Mais c'est de façon de plus en plus codée, de plus en plus répétitive et rigoureuse, que le temps se structure autour des calendriers, et les sociétés autour des sacrifices. Ceci est vrai partout : à Sumer, l'ordre cosmique est continuellement troublé par un grand serpent qui menace de réduire le monde au chaos par une dégradation irréversible. Le retour de l'ordre est obtenu par un déluge régulier et par le sacrifice, réel ou mythique, du roi, représentant du peuple et réceptacle de ses péchés devant les Dieux. Dans la société babylonienne, l'astronomie est intégrée à une religion astrale servie par des scribes qui enregistrent le détail de la vie agricole et du mouvement des astres. Ils en informent le roi et en déduisent les dates des fêtes et le calendrier religieux. Chez les Egyptiens, le cours du temps est aussi rythmé par les exigences des récoltes. Or, celles-ci dépendent des inondations, qui ont lieu si le Nil, Dieu et père des Dieux, accepte de prendre en considération les sacrifices qu'on lui offre. L'inondation, qui dure quatre mois, forme la première des trois saisons de l'année ; la seconde est celle des semailles et de la croissance ; la troisième, celle de la récolte, se termine par le retour de la sécheresse et l'attente angoissée d'une nouvelle inondation.

Wittfogel écrit dans *Le Despotisme oriental*[250] : « Dans les zones d'aridité absolue, il est d'une importance cruciale de se préparer aux crues des fleuves dont les eaux bien utilisées apportent la fertilité et la vie, alors que laissées à leur propre mouvement, elles sèmeront la mort et la dévastation. Il faut réparer les digues à temps pour qu'elles résistent au moment de l'inondation ; il faut curer les canaux pour que l'eau se répartisse convenablement. Dans les zones de semi-aridité, recevant une quantité de pluie limitée et irrégulière, un calendrier exact a une importance analogue. Ce n'est que lorsque les digues, les canaux et les réservoirs sont en bon état que les précipitations insuffisantes seront pleinement utilisées. » La nécessité de redistribuer les champs périodiquement inondés et de déterminer les dimensions des structures hydrauliques provoque une incessante stimulation pour le progrès de la géométrie et de l'arithmétique. Hérodote attribue les débuts de la géométrie en Egypte à la nécessité de réévaluer annuellement la terre inondée.

La représentation chinoise du temps constitue un autre exemple, particulièrement riche, de la relation du temps à l'ordre social des grands Empires [114]. Pour les Chinois, le temps et l'espace sont deux concepts en correspondance, décomposés l'un en périodes, l'autre en régions. Chacune des parties de l'espace et du temps a un ensemble d'attributs propres. Chaque moment de l'année, chaque moment de l'Histoire est distingué par un ensemble de règles singulières. L'espace et le temps sont l'un et l'autre rythmés : on fait en un cycle le tour de l'espace et du temps. Au début de l'Empire, des espaces pleins et des temps forts alternent avec des temps faibles et des espaces vides. Des périodes de dispersion s'opposent à celles de concentration. Le temps et l'espace présentent une densité particulière en des lieux et des moments réservés aux assemblées et aux fêtes de régénérescence où l'ordre ancien doit être aboli. Lors de ces rites, on met en action toutes les forces, on dépense tout et on se dépense tout entier : vivants et morts, êtres et choses, femmes et hommes, jeunes et vieux, tout se mêle. Ces fêtes, célébrées dans tout l'Empire, traduisent la confiance de la nation dans le succès de son travail et dans sa capacité à organiser le retour des saisons. En ces occasions, tout le passé, tout l'avenir, le Temps et l'Espace entiers se condensent en des rites sacrés où le groupe retrouve son unité, communique sa joie d'être et sa terreur de disparaître.

Le temps chinois est ainsi organisé autour de l'idée de rythme. Deux éléments, le Yin et le Yang, assurent cette cohérence. Comme le rappelle Marcel Granet [114], dans la langue du Che King, « le mot Yin évoque l'idée de temps froid et couvert, de ciel pluvieux, il s'applique à ce qui est intérieur ; le mot Yang, lui, évoque l'idée d'ensoleillement et de chaleur, il peut encore servir à peindre le mâle aspect d'un danseur en pleine action ».

Plus tard, quand l'Empire chinois se structure de façon plus complexe, le temps et l'espace ne sont plus représentés de façon binaire : l'espace est alors un carré ; l'Empereur, placé au centre, point de convergence, régente l'empire en unifiant les différents groupes sociaux symbolisés par les quatre quadrants ; il emprunte ses emblèmes à ceux des quatre parties et du centre. L'espace est ainsi représenté comme cinq carrés emboîtés. Parallèlement, le temps se décompose aussi en cinq durées, pourvues chacune d'attributs saisonniers. L'histoire de l'Empire est ainsi formée de cinq ères se succèdant de façon cyclique, et cinq vertus souveraines sont tour à tour placées à un poste central de commandement, puis reléguées aux quatre coins de l'Empire.

3. *Kronos et Chronos*

Le monde grec a donné naissance à l'un des mythes les plus difficiles à décrypter, reliant le temps à l'espace, à la violence et au sacré en un extraordinaire système unificateur. Deux mythes, celui de Kronos, Dieu fondateur, et celui de Chronos, Dieu du Temps, s'y rencontrent et s'y choquent. Beaucoup d'énigmes y restent en suspens : la proximité phonique de Kronos et Chronos n'est-elle que pure coïncidence, ou bien est-elle la clé du rapport entre temps et violence chez les Grecs ? Question non résolue, qui résume pourtant l'essentiel des interrogations de l'ordre social moderne.

Les premiers Grecs assimilent le temps à Oceanos, le fleuve divin qui encercle la terre et l'univers. En deux étapes assez difficiles à distinguer de l'histoire mythologique, Oceanos, Kronos puis Chronos se brouillent en une seule divinité. D'abord Oceanos et Kronos se confondent, puis Kronos et Chronos, soit par déformation, soit par rencontre des deux mythes, s'identifient.

Voici l'histoire des multiples versions de cette progressive confusion :

Dans la version la plus ancienne du mythe, Kronos est un des fils de la Terre, Ouranos, et du Ciel, Oceanos. Il châtre son père et jette à la mer ses parties génitales. Il en naît Aphrodite.

Un peu plus tard, au vi[e] siècle avant J.C., le poète grec Hésiode[125], dans sa *Théogonie,* présente une version beaucoup plus sophistiquée du même mythe, qui inclut explicitement Kronos dans une théorie du temps. Il l'identifie d'abord à un de ses frères, Oceanos, et en fait un dieu « aux pensées fourbes » et « le plus redoutable des enfants du ciel ». Hésiode décrit d'abord un temps mythique où les hommes vivaient à l'abri des souffrances, de la maladie et de la mort, « l'Age d'or ». Depuis cet âge, chaque race humaine possède sa temporalité propre, son « Age », qui exprime sa nature particulière, et qui, au même titre que son genre de vie, ses activités, ses qualités et ses défauts, définit son statut et l'oppose aux autres races. La succession des races dans le temps reproduit un ordre hiérarchique permanent de l'univers. Les races et les âges se succèdent pour former un cycle complet qui recommence une fois achevé, soit dans le même ordre, soit dans l'ordre inverse. La race d'or est la première parce que ses vertus occupent le sommet d'une échelle de valeurs intemporelles. Les hommes de la race d'or exercent des fonctions de pouvoir. « Ils ne connaissent ni la guerre ni le labeur, la terre produit pour eux des biens sans nombre. »[125]

L'or distingue donc, parmi les différentes espèces d'hommes, ceux qui sont faits pour commander : leur souveraineté s'exerce hors d'un Dieu de pouvoir absolu, hors du temps. A l'Age d'or, tout est ordre, justice et félicité. Les mêmes expressions, chez Hésiode, définissent d'ailleurs les hommes de la race d'or mythique et le roi juste du monde de son temps.

Viennent ensuite les races d'argent, de bronze, d'étain et de fer. A l'âge de fer, tout est livré au désordre, à la violence et à la mort ; c'est le règne de la pure Hubris et du chaos.

Dans le Temps où vivent les Dieux, il y a donc à la fois irréversibilité, parce que les âges se succèdent, et répétitivité, parce que le retour de l'Age d'or est toujours attendu.

Le récit du mythe de Kronos s'inscrit dans la succession de ces Ages : au commencement de l'Age d'or, la Déesse de toutes choses, Eurynonne, crée avec Ouranos les sept puissances planétaires et donne chacune à gouverner à deux de leurs enfants, un Titan et une Titanide, un frère et une sœur. Les deux plus jeunes, Kronos et Rhéa, sont placés sur la planète Saturne. Ouranos, apprenant qu'un de ses enfants le tuera, entreprend de les tuer tous. Prévenu par sa mère, Kronos attaque son père, le châtre, prend le pouvoir et épouse sa sœur Rhéa, déesse du mouvement, de l'écoulement et de la durée, dont il a de nombreux enfants.

Mais la même menace pèse encore sur le fils : Ouranos prédit à Kronos qu'un de ses fils le tuera à son tour. Aussi Kronos, comme Ouranos, mange-t-il ses enfants l'un après l'autre. Comme lui-même a échappé à son père, son troisième fils, Zeus, caché par sa mère Rhéa, lui échappe et il mange une pierre à la place. Plus tard, accomplissant la prophétie de son grand-père, Zeus tue Kronos, prend le pouvoir et, comme son père, épouse une de ses sœurs. Il échappe alors à la malédiction de la famille : nul de ses enfants ne menace plus de le tuer.

Ainsi peut-on lire ce mythe comme un mythe du temps : Ouranos ayant tenté d'arrêter le temps, d'empêcher son écoulement en détruisant ses enfants, est mutilé et mis à l'écart par un de ses fils, Kronos, qui reprend le flambeau du temps jusqu'à être lui-même pris du désir de l'arrêter en tuant ses propres enfants. Sa mort régénère encore le temps et installe un ordre stable au royaume des Dieux. Kronos libère donc le Temps puis menace d'en arrêter le cours. Ainsi peut-on comprendre que Kronos devienne, dans la Grèce antique, le dieu du Temps qui préside à l'avenir des choses. Il est le dieu de la décision, de la lecture du présage, de l'augure, du choix. Son fils, Zeus, est celui « qui existe de tout temps », le « fils du temps ».

Le mythe de Kronos est donc l'histoire d'un double parricide nécessaire pour que le réversible succède à l'irréversible, la régénérescence au déclin. Kronos, roi idéal, personnifiant l'ordre des choses, programmant leur cours, met fin, en mutilant Ouranos, pour le bonheur de l'humanité, à la dégénérescence sans limites. Il organise les premiers cycles. Il devient le point de départ et d'arrivée de toute fécondité. Son fils fait de même quand son père menace l'ordre, quand il mange l'avenir pour empêcher l'écoulement du temps. Ainsi, après deux cannibalismes destructeurs, deux sacrifices rédempteurs relancent le temps un moment arrêté.

Créant les conditions du nouveau départ, de la régénérescence par l'effacement du passé, le meurtre d'Ouranos puis celui de Kronos relancent l'écoulement du temps, créant un cycle, annulant l'irréversibilité et l'acceptant tout à la fois.

Autrement dit encore, la Terre que Kronos prend en charge ne connaît pas le temps et c'est lui qui l'amène à la conscience, en prenant peur de ses fils. Le monde qu'il laisse à Zeus ne connaît pas encore la civilisation et c'est Zeus qui la crée en acceptant l'ordre. Chronos est donc le Dieu de l'Histoire et Zeus est celui du complexe. Kronos est le désir, Zeus est l'esprit qui détrône le désir. Le règne de Chronos a lieu dans l'Age d'or. Il est l'enfance du monde. Sans guerre et sans commerce, sans esclavage ni propriété privée, ce monde de lumière, de joie paisible, de vie facile et heureuse, de créations exubérantes et désordonnées, est en même temps un monde de ténèbres et d'horreurs, où les sacrifices humains restent nécessaires. Sa mort énonce le début de la civilisation.

Le mythe de Kronos introduit ainsi dans le monde grec l'idée de mesure, de *coupure*, de changement périodique rythmé par le retour de nombres définis et invariables. Présente de façon confuse dans toutes les cultures antérieures, cette idée apparaît ici dans toute sa clarté : à partir de ce mythe, le temps est pensé non seulement dans son écoulement, mais aussi dans ses dates et ses durées, dans sa mesure et sa coupure, explicitement relié au cannibalisme et au sacrifice. Kronos est ainsi Dieu du Temps et de sa mesure parce que Dieu de l'Histoire et de la coupure.

Plus tard, Kronos s'écrit Chronos ; sans doute, comme le dit Michel Serres, parce que le *ki* grec symbolise mieux la coupure du temps que le *kappa*. Mais d'autres hypothèses ont été avancées pour expliquer ce glissement. Celle de Benveniste, selon laquelle le Temps est nommé en grec Chronos parce que le grec *Chronos* et l'iranien *Zrvau* auraient une origine commune signifiant « user », paraît peu vraisemblable. Une autre hypothèse semble moins hasardeuse : elle s'appuie sur des théogonies orphiques, où il existe encore un autre dieu, nommé Chronos, effroyable dragon qui est à l'origine même du Cosmos, tout à fait indépendamment du Kronos d'Hésiode. Ce Chronos est le temps infini, le temps qui ne vieillit pas, immortel et impérissable, le serpent fermé en cercle sur lui-même. De ce Chronos-là naissent deux espaces, l'Ether et le Chaos ; dans le Chaos, Chronos forme un œuf d'argent d'où surgit le Dieu Phanès (« le brillant »), père des autres Dieux et de la race humaine. Chronos est donc là, à la différence des hommes, éternel parce que cyclique. « Les hommes meurent parce qu'ils ne sont pas capables de joindre le commencement à la fin », dit le mythe orphique.

Ainsi, bien que sans rapport avec lui, le culte de Chronos dans la Grèce classique se serait peu à peu confondu avec celui du Kronos d'Hésiode dont le nom sonne presque comme le sien. La confusion amorcée chez Pindare est achevée chez Pérécyde. Cette hypothèse, pourtant, ne saurait elle non plus être tenue pour établie.

Une quatrième filiation de Chronos et Kronos est encore possible : le philosophe Macrobe [154], au ve siècle, oppose en effet à ces trois généalogies de Chronos et de Kronos, qui lui paraissent fantaisistes, une autre interprétation, physique celle-là : « Durant le Chaos, le temps n'existait point. En effet, le temps, ayant pour mesure la révolution fixe du Ciel, commença d'être en même temps que celui-ci. Le Ciel fut donc d'une certaine façon père du temps. De lui découlaient sans cesse les semences de tous les êtres qui restaient encore à créer après lui, semences qui renfermaient en elles les principes générateurs de la création toute entière ». Il explique ensuite que « ce flux cessa lorsque le monde eut atteint son développement complet, dans la mesure où les éléments générés étaient dotés eux-mêmes de puissance créatrice. Aphrodite organisa la propagation des espèces en remplaçant la rosée céleste par l'union du mâle et de la femelle. S'y intègre également la conception plus ancienne d'Oceanos, le fleuve et le temps ».

Aucune hypothèse n'est certaine, et le rapport de Kronos et Chronos reste une énigme irrésolue, même si la suggestion de Michel Serres est la plus séduisante.

En tout cas, il est sûr que Zeus, fils de Kronos, a lui-même servi le temps : les heures sont ses servantes spécialement chargées d'ouvrir et de fermer les portes de l'Olympe. Pour les fermer, elles condensent devant elles les nuages ; pour les ouvrir, elles les dissipent ; du haut du ciel, elles envoient rosée, humidité, pluie, et font germer les fleurs ; rarement représentées seules, elles sont réunies à quelque autre dieu grec comme Apollon, Dieu du Soleil, qui concourt avec les pluies à la fécondité terrestre, ou Déméter, qui reçoit les germes, les fait éclore et nourrit ce qui vit en surface, ou encore Aphrodite, qu'elles ont accueillie à sa naissance lorsqu'elle est sortie des flots.

Cette conception grecque du Temps, qui dictera la structure du calendrier grec, se retrouve dans la société romaine. Macrobe [154] écrit à son propos : « La faux avec laquelle on le présente est l'emblème du temps qui coupe, tranche, moissonne toutes choses. La fiction qui le fait dévorer ses enfants et les rendre ensuite, c'est encore le temps par lequel tout naît, meurt et se reproduit. Si nous le voyons chassé par son fils, c'est que les temps, en vieillissant, sont chassés par les temps nés après eux. Il est enchaîné pendant toute l'année par des bandelettes de laine, que l'on ne détache que le jour de sa fête, parce que la loi immuable de la nature forme une seule chaîne de tous les siècles. » L'histoire d'Ouranos est d'ailleurs à l'origine du nom de son homologue romain, Saturne, ou Sathimus, qui vient de Sato, le membre viril, évoquant l'amputation des organes sexuels d'Ouranos par Kronos. Ce Dieu qui dévore ses enfants est, dit Cicéron, « le Temps lui-même, le Temps insatiable d'années, qui consume toutes celles qui s'écoulent ».

Ainsi se manifeste le Temps des Dieux, des terres les plus anciennes aux empires les plus organisés : inséparable de la violence et du pouvoir.

4. *Temps, violence, pouvoir*

Cannibalisme et sacrifice, déluge et augures, langues et mythes énoncent une configuration universelle du temps. Toute culture première organise le temps à la fois comme irréversible et réversible, toute représentation du temps est dépendante de l'ordre social qu'elle structure. Mais de quelle façon ?

J'ai beaucoup buté sur cette question, et j'épargnerai au lecteur les multiples voies sans issue que j'ai empruntées pour tenter d'y répondre. Je crois cependant qu'il ressort de ce qui précède trois idées simples que j'essaierai de résumer ainsi, en reprenant ce qui a été dit plus haut :

— D'abord, le temps ne se réduit pas à sa mesure : comme l'eau ne se confond pas avec son poids, ni l'espace avec son volume, le temps a une existence irréductible à sa durée ; celle-ci n'est qu'une mise en ordre, une façon de le nommer, de le classifier, de le ranger, de le domestiquer. La mesure du temps change avec l'ordre social et avec le rapport au monde.

— La seconde idée, devenue commune aujourd'hui en sciences humaines, est qu'un ordre social n'existe que lorsqu'un groupe sait canaliser la violence et la circonscrire en des circonstances déterminées ; autrement dit, une société n'existe que si la violence physique que les individus peuvent exercer les uns contre les autres, est canalisée, c'est-à-dire circonscrite. J'ajouterai ici : circonscrite *dans le temps,* en des cérémonies spécifiques où l'élimination de boucs émissaires constitue les réceptacles de la violence de tous.

— Enfin, la troisième idée est qu'un ordre social n'est durable que s'il est possible d'y donner un sens à la répétitivité économiquement nécessaire d'actes productifs.

La jonction de ces trois idées conduit à une hypothèse

simple : mesurer le temps permet de séparer le temps en espaces, de mettre des bornes aux actes, de synchroniser des comportements, de remplacer un irréversible insensé en un réversible rassurant, de circonscrire des coupures où la violence peut — et doit — proliférer afin d'éliminer le passé et relancer le cycle.

A partir de là, toute société trouve son sens propre en nommant à sa façon ces coupures et ces cycles nécessaires. Chacune a alors son propre temps et sa propre dynamique. Tout groupe social fonctionne en installant ces coupures à des moments correspondant à la fois aux nécessités économiques et aux impératifs théologiques du groupe. Chaque cycle constitue un mime régulier d'une histoire mythologique, le Temps des Dieux.

Nommer le passé et relier les dates qui le jalonnent à une mémoire, au Temps des Dieux et des héros du peuple, confère un sens aux sociétés. Le calendrier et les instruments de mesure du temps associés constituent alors des éléments centraux de tout ordre social.

A partir de ce résumé théorique, il faut préciser quelques concepts qui guideront la suite de l'analyse et de l'explication historique qui vont suivre :

J'appellerai *date* la désignation d'un moment par une mesure, et *dater* le fait de repérer ainsi un événement. *Dater,* c'est mettre en ordre, c'est réduire une ignorance sur le monde.

S'il existe un lien entre mesure du temps et ordre social, quel est alors le lien entre changement de mesure du temps et changement social ? Que se passe-t-il en particulier lorsque le Temps des Dieux épuise son efficacité ?

Je voudrais montrer, dans chacun des quatre chapitres de ce livre, que chaque époque est caractérisée par un cadre de référence essentiel pour l'écoulement du temps. J'ai indiqué, en d'autres ouvrages, plusieurs lectures, plusieurs périodisations de l'histoire des sociétés : par la musique et la médecine, par l'espace et la science ; et j'ai ainsi identifié quelques repères marquants des principales fractures de l'Histoire. Je n'ai pas l'intention ici d'infléchir les conclusions de ce travail, mais de proposer une autre lecture des rythmes sociaux et de leurs ruptures à partir, cette fois, de l'observation du temps lui-même, de ses histoires et des outils de sa mesure, balises parmi d'autres de l'histoire sociale et de ses changements.

Je montrerai que, lorsque la durée de la coupure du temps où a lieu la régénérescence s'allonge par trop, la violence n'est plus circonscrite et l'organisation sociale se défait en une crise. En général, une nouvelle forme de violence émerge alors, et son exercice, même localisé, ne régénère plus l'ordre ancien. Ou bien tout s'effondre, ou bien apparaissent un sens nouveau du temps, de nouveaux instruments de sa mesure, de nouveaux maîtres de son contrôle et de nouveaux calendriers capables de réduire le temps alloué à la violence.

Le premier ordre, celui dont il est question dans ce chapitre, est celui où l'homme explique à l'homme la violence par le Sacré. Je le désigne ici par le *Temps des Dieux*. Le temps s'y *voit*. De Sumer à la Chine, il est masqué par le politique qui contrôle la répartition des richesses. Mais, en fait, le sacré y reste prépondérant ; il ne laisse vraiment la place qu'au XIIe siècle et en Europe à un ordre nouveau où la violence n'est plus celle des Dieux, mais celle des Corps, où il faut protéger les villes et non les empires. *Temps des Corps,* des foires et des carnavals. Le Temps s'y *entend* dans les cloches et les horloges à poids.

Puis, au XVIIe siècle, la capacité d'expansion exige de ne plus protéger seulement le corps social mais chaque homme, comme une machine, de le réparer, de mesurer l'usage de son temps comme un chronomètre. C'est le *Temps des Machines*. La violence réparatrice y est circonscrite au temps de reconstitution de la force de travail. Temps de repos et de consommation. Le Temps s'y *lit* dans les pointeuses et les montres.

Aujourd'hui, cela ne suffit plus. La capacité de contrôler la violence par la seule réorganisation de la force de travail encombre le temps. Il faut encore le réduire et, pour cela, changer de temps. La menace n'est plus la panne de l'horloge même, mais sa non conformité au programme. L'homme devient horloge, programmée jusque dans le moindre détail. Chacun retrouve la mesure du temps dans sa vie même, devenue artefact. Le temps se *vit* dans les objets programmés. C'est le *Temps des Codes*.

Pourtant, ce résumé ne doit pas tromper. Sur ce sujet comme sur tout autre, rien n'est aussi simple ni tranché : on ne bascule pas du Temps des Dieux au Temps des Corps, du Temps des Corps à celui des Machines. Les uns et les autres s'enchevêtrent, se superposent en se succédant. Au Moyen Age, les calendriers rituels règlent encore les cloches qui sonnent aux églises et aux beffrois. Aujourd'hui, les Dieux rythment toujours le temps des hommes ; chronomètres et pointeuses règlent encore les horaires de nos jours.

A chaque Temps correspondent pourtant des instruments de mesure spécifiques, mimes technologiques du pouvoir, annonciateurs du nouvel ordre social. Je désignerai alors chacun des Temps par les deux éléments principaux de tout instrument de sa mesure, à toute époque : la *source d'énergie,* qui mime l'écoulement du temps, et le *régulateur,* qui organise la mesurabilité de cet écoulement.

Ainsi, au Temps des Dieux, le temps est mesuré par l'observation de la nature, par l'écoulement des fluides et les mouvements cycliques des planètes et des étoiles. L'*eau* et le *cadran* forment la trame des calendriers.

Puis, au cœur des plus grands empires, le mouvement des Corps remplace celui des astres. Les clepsydres apparaissent dans les églises, le *poids* fournit l'énergie, le *foliot* scande les heures.

Enfin, quand le temps devient de l'argent, quand

l'homme devient machine, le *ressort* et l'*ancre* donnent à la classe bourgeoise la maîtrise du temps des ouvriers.

Aujourd'hui, un Temps des Codes s'esquisse où le temps devient signe, où le danger s'identifie à l'anormalité, où tous les objets et tous les corps sont instruments de mesure du temps, où *quartz* et *code* énoncent la démesure des artefacts.

II. LE CALENDRIER DU SACRÉ

Au Temps des Dieux, la mesure du temps s'organise autour d'une lecture sacrée des rythmes de la nature. Le principal réceptacle de ces mesures est le *calendrier*, document écrit ou verbal où s'agence l'ensemble des dates rituelles d'une nation.

Etrange document, trop négligé, de l'histoire des peuples. Premier code, premier instrument social, première mythologie, premier livre sacré. Aucun calendrier n'est jamais arbitraire ; résultat d'inlassables observations du ciel et des impitoyables exigences des cycles alimentaires, il est aussi l'enregistrement de l'ensemble des mythes, le récit des relations entre les Dieux du Cosmos. Il superpose donc plusieurs trames : la succession des jours et des nuits, désignée par l'observation des positions des astres, et la liste des fêtes qui retrace l'histoire des Dieux.

1. *L'ordre et l'eau*

L'astrologie constitue sans doute la source des calendriers les plus primitifs. A chaque planète sont associées des espèces du monde minéral, végétal ou animal. Chaque instant y est chargé d'une signification individuelle. Ce savoir constitue alors un code des greffes, des récoltes, des semailles. Dans son *Mélange d'histoire des religions,* Marcel Mauss[158] écrit : « Le calendrier est donc l'élément essentiel, l'aboutissement d'une civilisation théologique. Avant qu'il soit fixé, les dates des sacrifices sont flottantes. Quand il l'est, au moins les prêtres les connaissent ». Or cette stabilité est capitale : aucun ordre social ne peut éliminer la violence si la date de sa conjuration n'est pas stable, prévisible, connue à l'avance.

Selon que les groupes sociaux qui les utilisent sont principalement nomades ou sédentaires, la base astronomique des premiers calendriers est différente : les nomades ont davantage confiance dans le rythme lunaire, qui désigne les mois nécessaires à leur métier de pasteurs. Les peuples sédentaires, au contraire, ont besoin de prévoir le déclenchement des saisons agricoles ; les mouvements du soleil permettent mieux de les annoncer. Dans les deux cas, le calendrier s'appuie sur des mythes et annonce l'apparition régulière des saisons et des mois comme souvenirs d'événements théologiques, traces de la vie des Dieux.

Ces récits énoncent et illustrent les propriétés du ou des systèmes de compte du temps. Dans ses *Recherches Philosophiques,* Georges Dumézil[75] écrit : « Parfois les rites périodiques sont justifiés par le récit d'événements mythiques également périodiques, dont le processus est par conséquent actuel chaque fois que les rites sont pratiqués, et auxquels, par ces rites, les hommes peuvent participer. C'est ainsi que les rites des Douze Jours slaves ou germaniques, ceux des Anthestéries, accompagnent ou règlent la sortie annuelle des Ames ; le forgeron géorgien qui, à Pâques, donne un coup de marteau rituel sur son enclume sait qu'il consolide le pilier auquel est enchaîné Amirani et qui, après un an d'efforts, est sur le point de céder, etc... Parfois les rites périodiques sont justifiés par le récit d'un événement qui a été accompli une fois, dont l'influence seule est actuelle, et que les hommes ne peuvent que commémorer et imiter (s'il s'agit d'un événement passé), préfigurer et préparer (s'il s'agit d'un événement futur). C'est le cas des très nombreux mythes qui, partout, justifient l'ensemble et les détails de l'ordre actuel du monde, de la société. »

La Lune, le Soleil, les étoiles et l'eau sont donc les éléments essentiels de ces premiers calendriers. A travers eux, les cycles naturels du temps sont confirmés, homologués. La société « y distribue consciemment, souverainement sa propre vie : les rites périodiques dessinent et structurent les premiers calendriers; concret, simple, incertain dans les sociétés plus archaïques, le calendrier s'est très vite élevé, en quelques lieux privilégiés, à l'abstraction, à la complication, à la précision d'une science mathématique »[75].

Mais le principe ne varie pas : la vie sociale est essentiellement rythmée par les observances religieuses périodiques, la différence ne portant que sur les moyens et sur l'exactitude des déterminations, à quelques semaines près, ou à quelques heures près, et chaque fête y possède à plein les valeurs par lesquelles Henri Hubert[158] a caractérisé le temps religieux :

1° les dates critiques interrompent la continuité du temps ;
2° les intervalles compris entre deux dates critiques associées sont, chacun pour soi, continus et insécables ;
3° les dates critiques sont équivalentes aux intervalles qu'elles limitent ;
4° les parties semblables sont équivalentes ;
5° des durées quantitativement inégales sont égalisées et des durées semblables inégalisées.

Il semble que les premiers calendriers vraiment structurés apparaissent à Sumer il y a six millénaires. Ils sont fondés sur l'observation des cycles lunaires. La durée de l'année y est de 364 jours et 9 heures. Peu après, les premiers calendriers solaires apparaissent en Egypte et chez les Hébreux. Il faudra des millénaires pour qu'une correspondance précise soit établie, en Grèce, entre ces deux types de calendriers, et pour qu'on sache comment introduire les mois lunaires intercalaires nécessaires pour compléter l'année solaire.

Au fil des dates qu'ils nomment, se répandent les fêtes qui racontent, sur la longueur du cycle, le récit mythique. A certaines dates, et surtout au début des périodes, se localisent les violences rituelles. Dans celles de ces sociétés où la complexité de la vie, la division du travail et les circonstances historiques ont amené la formation d'un clergé nombreux et puissant, celui-ci contrôle l'organisation et veille au respect des rites prévus par les calendriers.

Les calendriers sont ainsi un outil du pouvoir et tendent à couvrir des intervalles de plus en plus rapprochés, et si possible le temps entier, d'un réseau d'actes sacrés.

Par exemple, chez les Moudang du Tchad, le mois est lunaire mais le Soleil régit la succession des jours, les saisons et les années. Le même mot (« Ntangu ») signifie tout à la fois Soleil et Temps. La semaine dure quatre jours. Le « prier » est un jour de fête où l'on ne travaille pas. Ce sont les prêtres Moudang qui établissent le calendrier et déterminent les dates des initiations, des sacrifices, mais aussi celles des semailles, des marchés et des voyages. Ils comptent les douze mois de l'année en commençant par la saison des pluies. La régénérescence est ainsi organisée autour des fêtes de l'eau. Une première série de rites, placés sous la responsabilité de certains anciens du clan, sert à s'assurer que le déclenchement de l'année a bien lieu aux moments nécessaires. Une seconde série de rites scande les temps et les travaux jusqu'au début de la saison sèche. Cette série culmine au sixième mois, avec le sacrifice d'un animal dans la cour du palais du roi. Ce rite, dont dépend la récolte, incombe aux membres du clan royal. Avant d'y procéder, une grande consultation des cinq principaux devins est organisée. Les devins décident dans quel village prendre l'animal à sacrifier, quel animal il faut sacrifier, quelles maladies menacent le pays. Ils prévoient les récoltes et quelles coiffures doit porter le roi pour la fête. Chacun d'eux travaille séparément et les résultats concordants sont seuls pris en considération. Trois mois plus tard, la récolte a lieu. Elle est l'occasion d'une fête de l'âme du mil, placée sous la responsabilité d'un grand dignitaire. Il n'y a pas de consultation des devins. Une entrevue secrète entre le dignitaire et le chef des devins détermine dans quel champ est confectionnée la gerbe de mil que le jeune homme désigné pour cette charge transporte dans le grenier royal, assurant ainsi le pouvoir du roi pour l'année à venir.

A l'extrême sont parfois institués des rituels d'adoration perpétuelle, dont le plus typique est le rituel d'Osiris en Egypte où un drame, réparti en épisodes sur vingt-quatre heures, est repris aussitôt qu'achevé. Dans ce cas, le cadre coïncide complètement avec son contenu ; mais, même là, la violence, ou son mime, reste concentrée sur quelques dates essentielles, « fêtes majeures », rythmes du temps et coupures régénératrices de l'ordre.

Partout le calendrier est enjeu de pouvoir. Par exemple à Babylone, où la mesure du temps est d'abord lunaire ; quand l'Empire s'étend, l'unification politique de l'espace qu'il contrôle exige l'unification de la longueur des mois, de la date de début de l'année et de la position des mois intercalaires. Aussi l'Empereur Hamonesti introduit-il un calendrier lunaire unifié de douze mois de trente jours avec un mois intercalaire dont les prêtres fixent chaque année la date. Ce système est remis en cause cinq siècles plus tard par d'autres empereurs qui s'octroient le pouvoir de décider de la position du mois supplémentaire.

Certains peuples utilisent simultanément plusieurs calendriers. Ainsi les Egyptiens en utilisent trois, tous rythmés, on l'a vu, par les mouvements du Nil et leurs conséquences agricoles. Le premier est fondé sur le synchronisme des mouvements de Sirius et de ceux du Nil : les dignitaires ont observé que le jour où Sirius apparaît avant le lever du soleil, la crue du Nil atteint Memphis et Héliopolis. Un autre calendrier, solaire celui-là, aide à prévoir les crues, et un troisième, lunaire, répartit le travail en trois saisons : la première est celle de l'inondation ; la seconde, celle des semailles ; la troisième, celle de la récolte. Chaque saison est partagée en quatre mois de trente jours désignés par leur rang dans la saison. Cinq jours supplémentaires sont ajoutés à la fin du quatrième mois. Le jour et la nuit sont divisés en douze heures égales entre elles, c'est-à-dire variables avec les saisons. Les heures ne sont sans doute pas divisées en unités plus petites. Quand l'Egypte est en ordre, on ajoute aussi un jour de plus tous les quatre ans. On peut penser que ce jour a été oublié dans les périodes de troubles ; les fêtes agricoles sont alors complètement décalées par rapport aux réalités météorologiques ; l'agriculture est en péril, l'économie du pays se désorganise. Jusqu'à ce qu'un pharaon moins faible que les autres, éclairé par des savants travaillant dans la « Maison du Temps », remette le calendrier lunaire en accord avec les exigences solaires de l'agriculture. Pendant les jours néfastes, fixés par les pharaons et les oracles, il vaut mieux ne pas sortir de chez soi, ne pas voyager, ne pas se baigner, ne pas allumer de feu, ne pas faire l'amour.

Au Ghana aussi, des gardiens du calendrier indiquent chaque année la date exacte à laquelle devront avoir lieu les fêtes des semailles et celles des récoltes. Ces dates rappellent des épisodes de l'histoire traditionnelle et commémorent des événements d'importance (migration, passage d'un fleuve, découverte d'une nourriture de base), fondés sur les récits divins du Temps des Dieux, et resserrent l'unité du groupe. Par exemple, avant de célébrer la fête du millet, les Dieux ordonnent que toutes les querelles soient apaisées. Pour cela, une fois l'an, lors d'une fête spéciale qui dure une semaine, les fidèles se débarrassent en chantant de tous les mauvais sentiments accumulés pendant l'année.

2. *La Maison du Calendrier*

En Chine, le lien entre le Temps, le Pouvoir et le calendrier est plus explicite encore que dans la plupart des autres empires. La capitale de l'Empire doit posséder un Ming t'ang, une *Maison du Calendrier,* prérogative royale et marque de la solidité du pouvoir. Elle constitue une image réduite de l'Univers. Edifiée sur une base carrée, comme la Terre, elle est recouverte d'un toit de chaume, rond à la façon du Ciel. Chaque année, le souverain y séjourne le temps nécessaire pour y fixer le détail du calendrier. « A des dates régulières, durant l'année, le souverain y séjourne. En se plaçant successivement à chaque angle, il inaugure chaque saison en imitant ainsi la marche du soleil. Par exemple, quand, au deuxième mois du printemps, revêtu de vert, il vient se placer en plein Est, il fait une visite au Levant. De même, quand, à la fin du troisième mois de l'été, vêtu de jaune, il se poste au centre du Ming t'ang, on dit qu'il " donne un centre à l'année ". Entre le sixième mois, qui marque la fin de l'été, et le septième, qui est le premier de l'automne, figure un temps de repos que l'on compte pour un mois, bien qu'on ne lui attribue aucune durée définie : il équivaut à l'année entière, car c'est en lui que réside le moteur de l'année [114]. »

Le début de l'année chinoise est déterminé par chaque empereur : en fixant les heures, jours et mois initiaux, les différents souverains créent leur propre calendrier et singularisent leur temps. Mais ils ne le font par arbitrairement : le début de l'année oscille entre les divers mois de la saison froide. La fête de Nouvel An, elle, s'étend sur toute la période d'hivernage déterminée par le gel et le dégel.

La promulgation du premier calendrier d'un empereur est le décret inaugural d'un règne, l'acte décisif de la cérémonie d'avènement. Tous les ans, le Tribunal des Mathématiques présente un projet à l'empereur dans un étui d'or. Celui-ci l'approuve. Un exemplaire est alors envoyé à chaque province. Il constitue pour chacun l'ordre de faire ou de ne pas faire. Comme dans toutes les civilisations du Temps des Dieux, le jour civil chinois se décompose en heures de longueurs variables : ici six heures de jour et six heures de nuit. Les six heures diurnes se comptent du lever au coucher du soleil et les six nocturnes du coucher à son lever. Les jours et les nuits n'ont donc des heures égales qu'aux équinoxes tandis qu'aux solstices, leur disproportion est considérable. A chacune de ces heures est accolé un des signes du Zodiaque chinois.

Les empires amérindiens offrent une autre quintessence de ces systèmes de calendriers, outils de pouvoir. Presque entièrement conditionné par la culture du maïs qui forme la clé de sa survie, l'homme mésoaméricain a mis en place un appareil théorique extrêmement complexe pour élaborer ses calendriers. Dès les premiers siècles avant l'ère chrétienne, il en dispose en général de deux : l'un de 260 jours répartis en treize groupes de vingt jours, l'autre de 365 jours, répartis en dix-huit groupes de trente avec cinq jours additionnels. Ces deux calendriers coïncident au bout de cinquante-deux ans. Les prêtres des principales cités ont également perçu que deux cycles coïncident avec soixante-huit révolutions synodiques de Vénus.

Beaucoup de leurs textes hiéroglyphiques concernent

des calculs remontant très loin dans le passé ou s'avançant dans l'avenir. Ainsi, une stèle de la cité maya de Quiriga porte des calculs précis s'étendant sur 90 millions d'années antérieures. Une autre, dans le même site, atteint une date de quelque 400 millions d'années. Ces calculs indiquent avec exactitude le jour et l'état de la lune. Les jours extrêmes revêtent un caractère divin et sont tenus pour des dieux. Les Mayas s'inclinent devant eux et les adorent ; ils ordonnent leur vie d'après leur apparence. Pour les Mayas, le temps constitue ainsi le sujet d'intérêt le plus passionnant et le plus absorbant. Chaque stèle, chaque autel enregistre son écoulement et est consacré à la fin d'une période.

Beaucoup de monuments hiéroglyphiques mayas traitent du passage du temps, de l'âge de la Lune et de la planète Vénus, de calculs de calendriers, et des Dieux et rituels en cause. Dans les trois manuscrits hiéroglyphiques connus, on trouve des almanachs divinatoires donnant des informations sur l'aspect des Dieux du jour, par exemple sur ceux qui sont favorables ou défavorables aux semailles ou à la chasse. Y figurent aussi des passages sur des questions astronomiques.

Chaque jour, en fait, n'est pas seulement sous l'influence d'un dieu, il est lui-même un dieu, ou plutôt une paire de dieux, chacun étant la combinaison d'un nom et d'un nombre — 1-Ik, 5-Imix, 13-Ahau, etc. — qui est lui aussi un dieu. Pour les Mayas, les dates sont des fardeaux charriés à travers l'éternité par des relais de porteurs divins. Ces porteurs sont les nombres par lesquels on distingue les différentes périodes. Les fardeaux reposent sur le dos, retenus par une corde passant sur le front. A la fin de la journée, la procession marque une pause avant de repartir. La route suivie par le temps vient d'un passé si lointain que l'esprit humain ne peut en concevoir l'éloignement. Le temps n'a pas de commencement. L'avenir présente moins d'intérêt que le passé et l'Histoire se répète chaque fois que les influences divines retrouvent le même équilibre.

Les hommes de la Mésoamérique croient que le monde prendra fin brusquement lorsqu'une combinaison de mauvaises influences marquera la fin d'une période. Si les prêtres, en explorant le passé, découvrent cette combinaison, ils obtiennent la certitude que le monde ne sera pas détruit puisqu'il ne l'a pas été par elle dans le passé. La période qui intéresse le plus les Mayas est le katun, espace de 20 tuns, soit vingt années de 360 jours. Les katuns ne peuvent se terminer que sur le jour Ahau et, à chaque répétition, le nombre diminue de deux unités : un katun déterminé revient donc tous les 260 tuns et, comme chaque katun subit les mêmes influences à chaque retour, on s'attend à voir l'Histoire se répéter par cycles de 260 années. Si le prêtre sait ce qui s'est passé à l'apparition précédente d'un katun déterminé, il sait donc de même ce qui se produira au retour de ce katun. La ronde des katuns n'est qu'un des nombreux cycles du temps : chaque période supérieure à un jour, le mois lunaire et les révolutions synodiques des planètes, ainsi que les groupes de Dieux régissant le ciel, la terre et le monde inférieur, ont aussi leur cycle.

La vie de la collectivité maya et le comportement des individus s'ajustent ainsi à la succession des jours déifiés. Les manquements à la règle amènent le malheur sur toute la communauté ; la loyauté envers le groupe contraint l'individu à l'observer. La période d'abstinence dure treize jours, soit une « semaine » maya, mais, dans certaines parties du pays, avant les grandes fêtes, les hommes s'installent dans des maisons spéciales pour trois, quatre ou cinq « mois » mayas de 20 jours. Ils y jeûnent, se tirent du sang pour l'offrir en sacrifice, et s'abstiennent de se laver.

3. *Ostracisme et calendes*

Dans les premiers temps de la Grèce, le calendrier est à la fois lunaire et solaire. Il est, comme au début de toute civilisation du sacré, la simple compilation, dans chaque ville, des rites des principales familles. Puis les oracles aident à mettre en ordre les fêtes et les calendriers en un document unique. Ils les organisent dans l'espace et le temps. De ces travaux d'astronomie découle une harmonisation progressive des calendriers de toutes les villes. En 433 avant J.-C., un astronome grec, Méton, résoud à peu près le problème de l'articulation du calendrier lunaire et du calendrier solaire. Il découvre l'existence d'un cycle de dix-neuf ans au bout duquel la lune et le soleil se trouvent dans des positions voisines. Ceci permet de fusionner les calendriers lunaires et solaires dans les principales cités grecques.

Les calendriers grecs forment alors, comme le concept grec du temps lui-même sur lequel ils s'appuient, la forme la plus achevée du Temps des Dieux. L'unité du Temps et de l'Espace est totale : le calendrier et les temples se construisent ensemble. En Grèce plus qu'ailleurs, les calendriers agencent, dans l'espace et le temps, les sacrifices des boucs émissaires et les cérémonies qui miment ces sacrifices. Les mots « temps » et « temple » ont d'ailleurs la même origine grecque. L'Apollon de Delphes est le maître du calendrier, comme il l'est de l'orientation des temples. De nombreux mythes établissent aussi des relations entre les points homologues des zones zodiacales. Le lion de Ioulis, dans l'île de Kéa, semble avoir joué, à une époque reculée, le rôle de gardien du calendrier pour tous les temples de la Grèce antique et l'orientation d'un temple correspond à la position du lever d'une étoile au jour de la principale fête annuelle auquel il est voué.

A Athènes, le Roi et l'Archonte se partagent la maîtrise du calendrier. Le Polémarque dirige l'armée : le culte exige régularité et correction, comme le pouvoir.

Jusqu'à la réforme clisthénienne, à Athènes en 510, les calendriers grecs sont lunisolaires. L'année est divisée en 12 mois lunaires de 29 et 30 jours alternativement. Mais un calendrier lunaire vrai a pour effet de faire passer le début des saisons par chaque mois au cours d'un cycle de 33 ans ; comme les rituels, pour la plupart d'origine agraire, sont solaires, on doit rétablir l'équilibre entre le calendrier lunaire et l'année solaire en intercalant de temps à autre un 13e mois ; ces intercalations, pour lesquelles les Babyloniens avaient conçu plusieurs systèmes (3 intercalations en 8 ans, ou 7 intercalations en 19 ans), semblent avoir été pratiquées de façon absolument empirique par les Athéniens : un décret du peuple, lorsque la nécessité s'en fait sentir, ordonne l'intercalation du 13e mois.

Pour pouvoir prévoir une pareille date et l'annoncer, il faut des connaissances astronomiques exceptionnelles. D'abord sous monopole religieux, ce temps connaît, grâce à la généralisation du calendrier solaire, une meilleure diffusion dans l'administration des villes. Les mois lunaires sont alors désignés d'après le nom des fêtes correspondantes du calendrier solaire. Un système d' « octaétéride » — période de huit années comprenant 99 mois lunaires, dont 3 surajoutés à des années normales de 12 mois — assure la cohérence de l'ensemble. L'année est alors l'ensemble des fêtes qui s'y échelonnent. Des Dieux président à toutes les fêtes et on organise des sacrifices régénérateurs aux principales d'entre elles. Ainsi, les Thargélies d'Athènes, consacrées à Apollon vers le mois de mai, comportent le rite des Pharmakoi (des boucs émissaires), des processions et des concours musicaux.

Puis, le dernier tyran parti, le champ s'ouvre à la lutte des clans aristocratiques pour la conquête du pouvoir. Clisthène, ayant organisé avec l'aide de l'oracle de Delphes et du roi de Sparte le renversement de la tyrannie, est battu aux élections à l'Archontat par Isagoreas. Il organise un coup d'Etat et fait admettre le principe de la souveraineté du peuple. L'Archonte garde la prérogative d'être l' « éponyme », c'est-à-dire qu'il donne son nom à l'année et règle le calendrier. Il organise les fêtes de Délos, les processions des grandes dionysies et les fêtes d'Asclépios. Le roi conserve la direction des fêtes et des sacrifices. Il règle les contestations touchant les prêtrises héréditaires. Le Polémarque, lui, perd ses attributions militaires mais conserve la gestion de quelques cultes datés.

Clisthène superpose alors au calendrier traditionnel un calendrier politique indépendant, qui rythme les affaires publiques. Un système décimal y est utilisé. L'année est divisée en dix mois. Le calendrier laïc organise aussi un étrange rituel de régénérescence de l'ordre par l'organisation de la désignation régulière d'un bouc émissaire laïc, l'*ostrakon* : au début de l'année (équivalant à janvier), chaque citoyen dépose sur l'Agora un tesson de poterie, un ostrakon, sur lequel est gravé le nom d'une personnalité publique qu'il désire voir s'effacer. La cérémonie a lieu en silence. Si le nombre de votants contre un individu atteint six mille, celui-ci s'exile pour dix ans. Il n'y a pas d'appel. C'est donc, là encore, un rite de régénérescence de l'ordre par élimination d'un bouc émissaire désigné selon des critères civiques.

L'ostrakon commence en 487 et se termine en 417, après la première guerre médique, c'est-à-dire quand s'efface la démocratie.

Par ailleurs, toutes les villes grecques conservent des calendriers différents et des modes propres de calcul du temps. Par exemple, lors de la guerre entre Sparte et Athènes, une trêve d'un an est conclue au printemps de 423 et il est convenu que, pendant cette trêve, les deux parties resteraient sur les positions tenues au jour de sa conclusion : un insoluble débat s'élevant sur la date à laquelle la ville de Skioné s'est rendue à Brasidas, Cléon fait voter la destruction de Skioné et le massacre de ses habitants.

A Rome, le calendrier joue le même rôle politique qu'à Athènes. L'année y est divisée en douze mois de trente jours et commence au 1er mars. Le mois est divisé en trois parties inégales et variables : les nones (4 à 6 jours), les ides (8 jours) et les calendes (15 jours). De plus, des séries régulières de huit nundines se succèdent sans interruption d'un bout à l'autre de l'année, désignées sur le calendrier par la répétition ininterrompue des huit premières lettres de l'alphabet. Le dernier jour de chaque nundine est un jour férié réservé aux cérémonies religieuses, aux actions judiciaires et à la tenue des comices. Il est aussi jour de marché. Macrobe[154] écrit : « Il est sacrilège de faire violence à qui que ce soit un jour férié. »

Comme dans le reste du monde méditerranéen, la journée est divisée en douze heures de jour et douze heures de nuit. Les heures diurnes sont comptées du lever du soleil à son coucher ; la durée des heures varie donc avec la saison, et l'heure diurne n'a pas la même durée que l'heure nocturne. Quelle que soit la saison, la *septima hora* est fixée à midi et à minuit. Dans la vie quotidienne, la précision horaire n'est pas utilisée, et on évalue le temps à partir du seul soleil : on dit simplement *ante meridiem* ou *post meridiem*.

Tous les deux ans, un prêtre, le Grand Pontife, ajoute un mois intercalaire, dont il fixe la durée, pour rattraper le retard du calendrier sur l'année solaire. Le Grand Pontife désigne les jours « néfastes » durant lesquels un Romain ne peut travailler ni siéger au tribunal ou à une assemblée. Le premier jour du mois, le Pontife convoque les citoyens pour leur annoncer les jours fériés : c'est d'ailleurs du latin *calare,* appeler, que vient le mot calendrier. Ces jours fériés sont donc des « trêves de Dieu » garantissant à chacun une sécurité minimale : trêve au milieu de la violence primitive et des luttes intestines de la cité.

Au mois de février, dernier mois de l'année, consacré aux expiations et aux purifications avant la régénérescence de mars, on soulève une pierre, au centre de Rome, pour permettre aux âmes de s'échapper et de gagner le ciel éthéré. Les hommes revêtent alors des masques pour séduire ces âmes des morts en s'identifiant à elles. Les barbouillages de suie ou de boue, les aspersions d'eau, les jets de son, de confettis, de fruits sont donc des gestes de bénédiction rituels destinés à appeler le retour de l'abondance sur la Terre.

Le collège des Pontifes garde secrète sa science du temps. Il est souveraine intelligence nationale, seul capable de connaître, d'élaborer et de dicter les règles du calendrier. En particulier, les risques de collision entre les derniers jours des nundines et certains jours néfastes du mois font que personne ne peut, avant la décision du Collège, prévoir l'ordonnance des jours : ainsi, la proclamation publique à la Curie du nombre de jours séparant les calendes d'un mois des nones du mois suivant est tout à fait imprévisible. Les Pontifes disposent ainsi d'un vrai pouvoir politique et ils peuvent abréger ou prolonger à leur guise les échéances des magistratures.

Pendant la République, le Grand Pontife est le chef de la religion nationale. Nommé à vie jusqu'au IIIe siècle, il est ensuite élu. Il éloigne ou rapproche à sa guise les dates, allonge les magistratures de ses amis, raccourcit celles de ses ennemis, fait tomber les échéances des dettes à cadences rapides ou, au contraire, les « renvoie aux calendes ».

Jusqu'à la réforme du calendrier par César en 45 avant J.-C., 109 jours étaient consacrés aux Dieux, dont 45 étaient fêtes publiques et 11 jours étaient semi-fériés. Lorsque la République s'écroule, Jules César impose une réforme du calendrier qui met de l'ordre dans les fêtes et les mois. On fixe un jour redoublé tous les 4 ans. Le début de l'année est ramené au 1ᵉʳ janvier. Tout s'organise ensuite autour de cette réforme, que l'ordre chrétien vient investir.

III. EAU ET CADRAN

Mesurer les durées se fait d'abord, de tout temps, par l'observation acharnée de la nature. « Quelques nations grossières — écrit en 1782, dans le *Journal des Savants,* un horloger français, le Prince le Jeune — ont cherché dans la nature des moyens de mesurer le temps. Les habitants de l'Irlande se règlent sur les marées, les Cinghalais mesurent le temps par l'été d'une fleur qui s'ouvre régulièrement chaque jour avant la nuit... » D'autres peuples utilisent les sens de chacun : les Moré d'Amazonie, pour s'imprégner des « odeurs du temps », plissent les yeux et, après un bref silence, fixent la date du nouvel an. Il paraît que leur horloge olfactive ne les trompe jamais.[165]

Cette observation, pour n'être pas inexacte, est loin d'être suffisante. Au-delà de la simple perception des sensations du corps, mesurer le temps des Dieux, c'est avant tout établir un calendrier et le vérifier. C'est déceler une équinoxe, prévoir l'apparition d'étoiles et mesurer les cycles de la lune et du soleil. La mesure du temps est avant tout le fait de l'astronomie et le ciel reste pendant très longtemps le principal instrument de cette mesure.

Puis différents objets viennent aider à observer le temps et à construire des calendriers. D'autres, chandeliers et clepsydres, mesurent des durées plus courtes. Etranges premiers pièges du temps, transformateurs d'irréversible en réversible, de continu en discontinu, d'imprécis en précis, de désordre en ordre, d'énergie en information, de bruit en sens ; traducteurs d'un temps en un espace et d'un espace en un temps, ils sont les premières rationalisations du monde, présences hésitantes de l'artifice au milieu d'une nature menaçante.

1. *Cadran et parfum*

Les civilisations les plus reculées connaissent les cadrans astronomiques. A la fois instruments de mesure et images du Dieu-Temps, lieux de sacrifice et autels. L'un des premiers, construit vers 3100 avant J.-C., a été trouvé à Newgrave, en Grande-Bretagne. Un autre, monumental, à Stone Hagen, date de 1900 avant J.-C. Instruments très approximatifs, le temps y est lu par le mouvement dans l'espace d'une étoile ou par la longueur d'une ombre portée. Ce sont donc d'abord des monuments, à l'intérieur ou à l'extérieur d'un temple, aboutissements de millénaires d'observations astronomiques et chronométriques.

Le premier cadran solaire de taille réduite dont on ait la trace, au xve siècle avant J.-C., est un gnomon égyptien, simple barre posée verticalement. Le terme *cadran* est d'ailleurs une altération du mot « quadrant » et désigne le quart de cercle où se lit la hauteur d'un astre au-dessus de l'horizon. Par extension, ce mot est affecté aux instruments marquant l'heure. Les cadrans égyptiens partagent ainsi le quart de cercle en six segments égaux. Leur précision est relative : si, dans les régions subtropicales, on peut à la rigueur admettre que les temps qui s'écoulent entre deux de leurs divisions sont presque égaux, c'est loin d'être le cas en Europe.

En Afrique, les Baruya mesurent aussi le temps à partir de l'observation des diverses positions du soleil : le sommet d'une montagne leur sert de cadran solaire. Les cérémonies d'initiation les plus importantes s'y déroulent quand le soleil se lève juste au-dessus de cette montagne. Les hommes, dispersés sur les pentes d'autres montagnes, se tiennent alors debout, le visage tourné vers le soleil, pour en recevoir le premier rayon et noter ainsi le début du cycle.

Toutes les civilisations, de l'Egypte à la Chine, du Mexique au Moyen-Orient, connaissent cet instrument.

La gnomonique était déjà une science chez les Egyptiens. Le calcul des heures solaires, tant d'après la longueur que d'après la direction de l'ombre, leur était familier. Un texte du Moyen Empire contient, à propos d'une éclipse, les mots suivants : « On ne distingue plus l'heure de midi, on ne compte plus l'ombre. » Le soleil étant divin, les mesures obtenues à l'aide de ses rayons revêtaient un caractère sacré. Ce calcul comportait déjà, voici cinq mille ans, un rituel minutieux, comme celui dont s'entouraient la construction d'un temple et la détermination de son axe nord-sud, qu'établissaient ensemble le roi et le Dieu du soleil.

Dans la Bible, il est question du « mensurateur d'ombre » du roi Hiskia, et du cadran d'Achaz (*Livre des Rois* 20, 10-11, *Isaïe* 38, 8). A Tehotihuacan, vers l'époque du Christ, la Pyramide du Soleil aide à fixer le moment exact de l'équinoxe, qui détermine le calendrier et scande l'activité agricole.

La nuit, on observe les étoiles. Les Babyloniens, en particulier, ayant noté que les étoiles occupent un emplacement repérable dans le firmament et qu'elles apparaissent à l'est la nuit, puis disparaissent à l'ouest suivant une séquence immuable, déduisent de leur mouvement l'écoulement du temps, le calendrier et les conjonctions favorables au prince.

Mais ces cadrans sont bien peu précis : pour les fabriquer, les Chinois utilisent le jade, les Assyriens la terre cuite ou le bronze, matériaux qui ne permettent aucun ajustage.

Les Grecs, quant à eux, tout en recourant à des instruments mis au point par d'autres, les intègrent en un système entièrement neuf. Dans la Grèce archaïque, les Ioniens empruntent quelques connaissances astronomiques aux civilisations voisines, en particulier aux Babyloniens. Mais l'astronomie grecque marque vite une rupture avec celle des religions astrales. Les physiciens d'Ionie, tel Anaximandre, proposent en effet, dans une conception générale du monde, de considérer que l'espace n'est plus mythique, mais géométrique, essentiellement défini par des rapports de distance et de position. Ces nouvelles conceptions astronomiques, résultant d'une recherche d'intelligibilité, sont en relation directe avec l'avènement de la *polis* grecque, et avec le processus de désacralisation et de rationalisation de la vie sociale et du calendrier : à l'aspect circulaire et sphérique de l'univers correspond, dans la ville, l'espace circulaire de *l'agora*. La vision d'un monde en forme d'huître est remplacée par celle d'un globe flottant dans l'air, encerclé par une série de planètes. Le temps devient astronomiquement observable.

En conséquence, des instruments astronomiques plus précis se développent. Vers 550 avant J.-C., Anaximandre construit le premier cadran solaire grec. Plus tard, des systèmes de plusieurs cadrans agencés les uns aux autres — les *horloges astronomiques* — apparaissent. Vers 330 avant J.-C., une de ces horloges, dite de Platon, est construite dans le jardin de l'Académie d'Athènes. A cette époque, Parménion construit les premiers cadrans solaires universels, c'est-à-dire dont l'orientation est modifiable selon le lieu. Les Grecs savent aussi, à ce moment, tracer la projection d'une carte stellaire aussi bien sur une surface plane que sur une sphère. Par exemple, Euxode de Cnide inscrit sur un globe mobile les groupes d'étoiles connus à son époque. Une autre sphère mobile, construite par Archimède, décrit le mouvement du soleil et de la lune et la rotation diurne du ciel.

L'EAU ET LE CADRAN

Les progrès de ces instruments se poursuivent un peu à Rome : en 263 avant J.-C., Papirius y installe un cadran solaire calculé pour Catane, en Sicile. En 164 avant J.-C., Q. Marcius Philippus fait installer le premier cadran calculé pour la latitude de Rome. Au IIe siècle après J.-C., Ptolémée place la terre au centre de ses cartes stellaires et décrit avec précision les mouvements de quelques planètes. Ces cartes célestes, qui serviront 1 200 ans plus tard à Christophe Colomb et à Vasco de Gama, améliorent les cadrans astronomiques. Ptolémée imagine le premier *astrolabe*, représentation plane de la sphère céleste, servant à observer la lune et le soleil et à localiser les astres à un moment quelconque en imitant leur mouvement apparent. On y lit la situation du soleil, l'heure, on y prévoit lever et coucher d'un astre, la durée de la journée ou de la nuit, l'heure et la durée du crépuscule.

A côté de ces instruments astronomiques, on mesure aussi la durée au rythme de l'écoulement d'un liquide, ou de la combustion lente d'une matière : écoulement de l'eau ou combustion d'une bougie.

L'horloge hydraulique ne « produit » pas du temps ; au contraire, celui-ci « coule » en elle. Elle n'ajoute rien à l'ordre qu'elle matérialise ; elle organise la conversion d'un flux tourbillonnaire en un flux laminaire. Les Amérindiens, les Egyptiens, les Chaldéens, les Phéniciens en ont utilisé. La plus ancienne connue est celle qui est conservée au musée du Caire, fabriquée pour Aménophis III il y a 3 500 ans. Vers 155 avant J.-C., dans l'inscription funéraire qu'il s'est consacrée, Aménemhet, « prince et détenteur du sceau royal », s'enorgueillit d'avoir construit une clepsydre « calculée à l'année », du modèle le plus simple qui soit : un vase posé dans un vase avec une ouverture au fond pour l'écoulement de l'eau.

La première clepsydre capable de faire varier selon chaque saison la durée des heures est celle construite pour le pharaon Aménophis Ier, dont la description a été découverte dans la tombe de son garde des sceaux.

Ces premières horloges à eau sont très imprécises car l'eau y coule d'un récipient dans un autre de moins en moins vite à mesure que la pression diminue dans le premier récipient. Aussi servent-elles en général à mesurer la seule durée de l'écoulement de l'eau ou de l'enfoncement total d'un récipient.

Première mesure du temps qui ne soit pas miroir du monde, la clepsydre est ensuite perfectionnée. Plusieurs tuyaux font couler l'eau à des vitesses variées. Des mécanismes tentent de régulariser la chute de l'eau. Pour cela, un réservoir intermédiaire maintient très approximativement une hauteur de référence et régule le débit. Divers index pointent vers des cadrans pour indiquer l'écoulement des heures.

Beaucoup moins précises que le cadran solaire, les horloges à eau sont réglées sur lui. Puis les deux techniques du cadran astronomique et de la clepsydre se rejoignent en des horloges à la fois astronomiques et hydrauliques.

C'est en Grèce que l'on articule l'une sur l'autre, pour la première fois, une clepsydre et un cadran astronomique, et que l'on construit la première *horloge à eau astronomique*. La Grèce fait faire ainsi à la mesure du temps un pas considérable. On ne connaît ni la généalogie complète ni les conditions sociales du développement de ces instruments. On dispose seulement de quelques repères qui montrent les foudroyants progrès techniques qui les rendent possibles. Ainsi, au IIIe siècle avant J.-C., un certain Ktésibios, chef de file des mécaniciens grecs et contemporain d'Archimède, fils d'un barbier établi dans les faubourgs d'Alexandrie, construit un orgue hydraulique dont la description ultérieure par Philon de Byzance, Héron d'Alexandrie et Vitruve, est significative : on y trouve, dit Vitruve, « des effets nombreux et de genres variés dont le principe est l'élément liquide forcé par pressions à transmettre les impulsions empruntées à la nature. Par exemple, des chants de merle produits par l'action de l'eau, des ludions, et par cette même eau des figurines qui se meuvent, et bien d'autres choses qui, par l'amusement des yeux et les perceptions de l'oreille, charment nos esprits »[247]. Ces techniques de la mesure du temps sont utilisées ailleurs et en particulier dans l'industrie des armes.

Certains auteurs grecs attribuent également à Ktésibios l'invention d'une horloge hydraulique mesurant les heures variables tout au long d'un jour et les indiquant par des sonneries. Les clepsydres de Ktésibios mesurent donc le temps dans l'espace matériel et l'espace sonore, associant mouvement et rythme. Le développement de ces appareils n'est pas seulement un progrès dans la mesure du temps, mais le résultat et l'occasion de la mise au point d'un ensemble de techniques de transmission et de programmation, des rouages et des bielles. De plus, en perçant les diaphragmes où coule l'eau dans de l'or ou des pierres précieuses, on évite l'oxydation et on donne aux instruments une précision remarquable : le cadran d'une horloge astronomique grecque fait ainsi à peu près exactement un tour par année solaire.

Pour suivre la variation de la durée d'une heure de jour, les clepsydres comportent une multitude d'orifices d'adduction ou d'écoulement d'eau, que l'on ferme, selon le besoin, avec des bouchons de cire. Le système a été perfectionné et on connaît par exemple, dans la Grèce alexandrine, une grande clepsydre de table ayant cent quatre-vingt-trois trous et pouvant servir aussi de calendrier astronomique. Ces clepsydres sont assorties d'automates, avec sonneries et personnages, utilisant toutes les technologies du temps : trompe, siphon et air comprimé. Elles sont d'une étonnante complexité. Même s'il y a ni vis, ni ressort, ni spirale, ni engrenage, des leviers et des tuyaux habilement percés forment leur architecture.

On n'utilise pas le poids des solides pour actionner les cadrans. Pourtant, ses propriétés sont connues : l'emploi d'une masse pesante suspendue à une cordelette enroulée sur un tambour horizontal pour animer certains appareils de levage remonte probablement à la période alexandrine.

La Grèce alexandrine est d'ailleurs fertile en autres inventions techniques dont les conditions sociales n'incitent pas à l'usage. Telle, par exemple, la machine à vapeur qui n'est utilisée que pour l'ouverture automatique des portes d'un temple ou la mise en mouvement d'automates décoratifs. Héron d'Alexandrie décrit « un autel creux et hermétiquement clos ainsi que son soubassement. On y verse un liquide où plonge l'extrémité inférieure d'un tube qui traverse une statuette debout devant l'autel et va se terminer dans un vase qu'elle tient renversé au-dessus. Lorsqu'on allume du feu sur cet autel, la chaleur fait dilater l'air qu'il contient ; et le liquide, forcé de remonter dans le tube, sort du vase tenu par la statuette qui semble offrir une libation [247] ».

Mais toute la théorie physique des mécaniciens grecs est fondée sur l'articulation de l'eau et de l'air. Les concepts de Philon sont vagues ; l'eau y est un corps comme l'air ; elle est tirée par l'air à cause de la continuité qui existe entre eux deux, « à la façon de la glu ou par tout autre mode d'attache. Ceci est démontré par le vase rempli d'air et renversé sur une bassine d'eau. Si on fait un petit trou dans le vase, l'air s'en va, et on l'entend siffler, et l'eau monte en quelque sorte collée à l'air ». [247]

Une des plus célèbres et des plus complexes horloges astronomiques à eau que l'histoire ait retenues est celle construite en 75 avant J.-C. au pied du Parthénon, l'Horologion d'Andronicos ou Tour des Vents. Elle marque, par sa technique et sa renommée, un point d'aboutissement des clepsydres à peu près jamais dépassé ensuite.

Une tour de vingt mètres porte neuf cadrans solaires, une girouette, une clepsydre et d'autres instruments. Un des cadrans tournants porte une carte du ciel et un soleil mû hydrauliquement derrière un treillis représentant l'horizon, l'azimut et l'altitude. Un autre cadran donne l'heure. Elle est alimentée par une source dont la légende veut qu'elle se nomme « Clepsydre », d'où le nom donné ultérieurement à toutes les horloges hydrauliques.

En Grèce comme ailleurs, il faut, pour fabriquer ces instruments, une grande connaissance de l'astronomie, de l'astrologie, de la mécanique, de la physique de l'eau et de celle du temps. Jusqu'en Grèce, les prêtres en ont le contrôle et conservent jalousement la maîtrise de la théorie du temps et celle des techniques de fabrication des instruments servant à sa mesure. En s'y substituant, les ingénieurs grecs ont fait progresser le système technique et l'ont rendu profane. Mais celui-ci se fige ensuite pour plusieurs siècles dans le monde méditerranéen.

En Europe, en tous cas, les Romains n'y ajoutent presque rien, même s'ils y recourent : on connaît des clepsydres romaines datées de 200 avant J.-C. mais elles n'offrent aucune originalité. Vers 500 après J.-C., ce sont des Romains qui construisent à Gaza l'horloge d'Hercule, clepsydre monumentale à figures animées. Hercule y bat les heures sur une caisse de résonnance et une méduse y roule des yeux. « Elle était sommée d'une tête de Gorgone en bronze qui, à la fin de chaque heure, commençait à rouler les yeux d'une manière, paraît-il, fort sinistre. Deux séries de douze ouvertures correspondaient aux heures du jour et de la nuit : des signaux lumineux y apparaissaient aussi. Le dieu solaire, Hélios, se mouvait lentement le long de cette colonne. A chaque heure écoulée, l'une des portes du jour s'ouvrait pour montrer l'un des douze travaux d'Hercule. Des aigles perchés au-dessus des portes couronnaient son chef de laurier. Un pan et quelques faunes accompagnaient la scène en soufflant dans leurs flûtes et leurs chalumeaux. »[247]

L'Europe des premiers siècles les utilise aussi sans leur faire faire de progrès particuliers. On sait par exemple qu'en 507, Théodore le Grand fait construire par Boethios un cadran solaire et une clepsydre dotée d'une sonnerie par des boules tombant dans un bassin de métal, ainsi que d'une statue de Diomède.

En fait, en ce millénaire où l'Europe est en ruines, le centre du monde se trouve ailleurs. Des métropoles et des empires s'organisent en Orient, en Afrique et en Amérique. C'est là que conduit la piste des instruments de mesure du temps, outils du pouvoir et reflets de ses exigences : de la Grèce à la Perse, de la Chine à l'Islam et à l'Inde s'organisent les calendriers du premier millénaire et progressent ses instruments.

Les réfugiés chrétiens, échappés d'Alexandrie après la conquête arabe, apportent en Asie mineure les sciences grecques. Les Nestoriens émigrés dans la région d'Antioche y transportent, avec la tradition alexandrine, la connaissance de l'astrolabe. Après la prise d'Alexandrie par les Arabes, le savoir sur le temps émigre en Syrie, à Byzance, à Bagdad, à Ctésiphon. Plus tard, la précision du rite islamique conduit à utiliser un astrolabe dans la mosquée principale de chaque ville pour déterminer l'instant du début des prières. Les Arabes font alors œuvre originale et, à partir du IXe siècle, produisent des clepsydres, des automates à flotteurs et à mouvements transmis par des chaînes et des cordelettes. Un des maîtres de cette école, le mécanicien Al Djazari, rédige d'ailleurs un « Traité des Automates » où il reprend certaines des inventions de Ktésibios, tel l'orgue hydraulique. Un autre « Traité des Automates » daté de 850 après J.-C., des frères Barrin Hassan, en fait la synthèse et démontre la continuité d'Alexandrie à Bagdad.

Les Empires d'Asie, comme les autres, affichent leur

pouvoir par la sophistication de leurs instruments de maîtrise du temps. Ainsi, à Ctésiphon, capitale de l'empire des Sassanides, la plus grande ville du monde au début du VIIe siècle, on trouve, dans le palais de Khusro II, d'innombrables horloges hydrauliques astronomiques. A. Christensen rapporte : « la plus grande merveille était le trône en forme de coupole que Ta Alibi décrit de la manière suivante : " Il y avait un mécanisme qui indiquait les heures du jour. On voyait figurer sur le trône les douze signes du zodiaque et les sept planètes, et la lune brillante dans les constellations qu'elle traversait, et les astronomes y voyaient les étoiles fixes et les étoiles errantes ; ils y voyaient quelle partie de la nuit était passée, et combien le ciel avait marché au-dessus de la terre. "[48] »

En Chine, la mesure du temps n'utilise que tardivement le savoir grec. A côté des cadrans astronomiques qui organisent le calendrier, pour mesurer l'écoulement du temps, jusqu'au Ve siècle, on utilise surtout les chandelles. Des horloges à encens brûlent une poudre combustible répandue le long d'un petit labyrinthe. On se sert aussi d'une pièce de bois enduite de colle : on creuse sur la colle une légère entaille remplie de la poussière d'une plante qui brûle très lentement ; de chaque côté de l'entaille, on perce à des distances déterminées des trous pour pouvoir y ficher des clous. Près de ces trous, on marque la longueur des heures du jour et de la nuit pendant six mois, depuis l'équinoxe de printemps jusqu'à celui d'automne. Pour les six autres mois, on substitue les indications des heures du jour aux indications des heures de nuit et vice versa. On emploie aussi des allumettes composées de bois de santal pilé et réduit en pâte.

Puis, l'Empire chinois récupère l'ensemble des innovations grecques et musulmanes. Maîtres du calendrier et de la terre, les empereurs nourrissent leur prestige de la sophistication de leurs instruments de mesure du temps, dont le spectacle reste secret. Les statuettes articulées, les horloges hydrauliques y connaissent un développement fantastique et racontent les légendes héroïques des Dieux dont la terre est un champ de bataille. Au vie siècle, des horloges astronomiques à eau très remarquables sont construites par des astronomes, Thao Hung Ching et Keng Hsün. Ils rendent compte du mouvement de la voûte céleste autour de la terre. En 721, l'Empereur Hsüan Tsung, mécontent de l'imprécision de la prévision des éclipses, demande à un moine bouddhiste, Yi-Xong, de préparer un nouveau calendrier astronomique. Après quatre années de travail avec l'ingénieur des armées Liang Long Tsan, celui-ci présente un nouveau mécanisme qui permet la détermination exacte des différentes phases de la lune[61]. Une sonnette y indique les douze heures du jour et un tambour les « quarts d'heure ». Cette horloge astronomique hydromécanique semble avoir été munie du premier échappement non entièrement hydraulique. Au cours des siècles suivants, les Chinois continuent, sous la pression de leurs empereurs avides de maîtriser le calendrier, à perfectionner les horloges astronomiques.

Des contacts se nouent alors entre la Chine et l'Iran, et les deux cultures échangent leurs progrès. Les Chinois et les Turcs sont eux-mêmes présents à Samarcande dès le ve siècle puisque des fabricants de papier, des tisserands, des orfèvres et des peintres chinois étaient déjà installés à Kufa (l'actuel Karbala, au sud-ouest de Bagdad) et à Samarcande au moment de la conquête arabe.[104] A la fin du viie siècle, à l'occasion de l'expansion arabe, les Chinois entrent en contact plus étroit avec le monde islamique.

Cette rencontre permet le commencement de la transmission des techniques chinoises à l'Islam et à l'Europe. Les procédés chinois de fabrication du papier se répandent vers l'Iran et la Syrie. De là, ils se diffusent en Egypte, au Maghreb et en Espagne musulmane. Il semble que les techniques hydro-mécaniques chinoises aient suivi le même destin. Vers le milieu du ixe siècle, le médecin Kon

Rabban Al-Tabari voit ainsi à Samarra une gigantesque horloge en cuivre qu'il décrit ainsi : « J'ai vu, devant le palais de l'observatoire à Samarra, un appareil construit par les frères Mohammed et Ahmed Ben Musa, astronomes mécaniciens. Cet appareil, qui affectait la forme d'une grande sphère, représentait les constellations et les signes du zodiaque. Il était mis en marche par un mécanisme hydraulique. A l'instant même où une étoile se couchait, son image disparaissait, passant sous un cercle représentant l'horizon, et quand elle se levait, son image réapparaissait au-dessus du cercle. »[104] Il est à peu près certain que les techniques de cet instrument sont issues de l'influence chinoise.

Le savoir chinois progresse encore jusqu'au XIe siècle, et son apogée se situe sans doute au moment où est construite l'horloge dite de Su Sung, en 1090. Elle fonctionnera trois siècles, dans le secret de la Maison du Calendrier des empereurs. Ayant la forme d'une tour d'une dizaine de mètres de hauteur, surmontée d'une sphère en bronze actionnée mécaniquement, elle indique les heures et les autres « moments spéciaux » du jour et de la nuit. A l'intérieur de la tour, un globe mobile montre les étoiles et l'endroit où l'on peut observer chacune d'elles du haut de la plate-forme. Sur la façade de la tour, des petits personnages portant des cloches annoncent les heures. L'ensemble du système fonctionne grâce à une roue dont le mouvement, entraîné par l'eau, est régulé par un échappement mécanique : la roue se déplace d'un cran tous les quarts d'heure. Utilisant le premier échappement mécanique connu, et encore très imprécise, cette horloge constitue sans aucun doute le point ultime d'aboutissement des calendriers astronomiques hydrauliques.

Le savoir chinois chemine ensuite vers le monde islamique et espagnol. Tous les ruisseaux technologiques affluent en effet peu à peu vers l'Europe. Les traces de leur présence se font ainsi de plus en plus nombreuses, d'abord sous forme de cadeaux venus d'Orient. On sait par exemple que, vers 760, le Pape Paul 1er fait don d'une horloge à eau à Pépin le Bref. En 807, Charlemagne reçoit de Bagdad, en cadeau de Haroun al Rachid, une clepsydre de laiton avec des figures mobiles, décrite dans les Annales d'Eginhard comme semblable à l'horloge d'Hercule de Gaza. Un texte du xviie siècle la décrit ainsi : « Une machine qui, actionnée par la force motrice de l'eau, marque les heures par un nombre approprié de petites boules en bronze qui retombent sur un timbre d'airain. A midi, douze cavaliers sortent par douze fenêtres qui se referment sur eux. » Cette description, même tardive, semble vraisemblable, car un « Livre de la connaissance des dispositifs mécaniques ingénieux », de Badi al Zamanibal Rezza al Tazari, écrit au ixe siècle, établit que de telles clepsydres sont alors connues dans tout le monde arabe.

Peu à peu, l'Europe récupère ainsi, par des traductions apportées par des marchands ou laissées en Espagne par les conquérants arabes, l'ensemble du savoir grec, arabe et chinois. Les princes d'Europe en font ensuite la collecte systématique. Au xiiie siècle encore, Alphonse, roi de Castille et de Léon, entreprend de faire traduire par un groupe de lettrés juifs et chrétiens cinq livres arabes sur les instruments de mesure du temps, deux sur le cadran solaire, un sur la clepsydre, un sur une horloge à mercure, un sur une horloge à chandelle.

L'Europe chrétienne prend alors le relais de l'Orient musulman, en un dernier avatar du Temps des Dieux.

2. *Couvents et clepsydres*

Dans l'Europe de la deuxième moitié du premier millénaire, au-dessus des décombres de l'Empire romain et à côté des grands Empires d'Orient, n'existe aucune structure politique d'ensemble. Aucun calendrier, aucun temple ne circonscrivent la violence proliférante. Jusqu'au VIIIe siècle, l'Europe est presque vide et les villes y sont minuscules, les nations n'ont d'existence que marginale : Soissons, capitale du royaume franc au VIe siècle, a un périmètre de 1 600 mètres. Le pouvoir est entièrement dispersé. L'économie et la monnaie sont inexistantes. Quelques grands propriétaires fonciers maintiennent un pouvoir en renforçant la villa romaine, héritage des empires passés et première fondation de l'Europe à venir. Fermes gérées selon l'ordre militaire le plus rigoureux, protégées du déferlement des bandes venues d'Asie, elles aident à construire, entre le VIIe et le Xe siècle, le dernier ordre du Temps des Dieux, le temps Chrétien.

Tel est ce millénaire en Europe : prise du pouvoir superficielle par l'Eglise, contrôle chrétien du calendrier, ultime conception sacrée de la maîtrise de la violence.

Comme tout pouvoir nouveau, l'Eglise veut d'abord changer la désignation du point zéro de l'ère et le fixer à la date de sa propre origine. Elle y réussit en plusieurs siècles, parce que son intérêt rencontre celui des maîtres du temps à venir, les marchands. C'est, semble-t-il, un moine scythe, Denys le Petit, qui propose en 532 de l'ère chrétienne de compter les années à partir de la naissance du Christ. D'après ses recherches, Jésus-Christ serait né le 25 décembre 753 de l'ère de Rome, ou la quatrième année de la cent quatre-vingt quatorzième olympiade. L'Eglise, avant de reprendre à son compte cette idée, la déplace de sept jours, afin de la fixer sur une date stable, le 1er janvier. Pour autant, l'Europe n'adopte pas rapidement un tel calendrier. Le rythme de la vie européenne épouse encore pour longtemps celui des saisons, celui de l'agriculture et des rites ancestraux, gaéliques, celtes ou gaulois. Le temps paysan reste un temps d'attente et de patience, de permanences, de recommencements, de lenteur, d'immobilisme et de résistance au changement. Le temps de

Rome suffit aux rares bourgades. Vont d'abord vivre au rythme nouveau imposé par l'Eglise des îlots d'ordre dans un océan de désordre : les premiers *couvents*, fermes de l'Eglise calquées sur les villas romaines. Au rythme des prières et des offices, le temps clérical s'installera ensuite dans les campagnes et les cités. Ce n'est que beaucoup plus tard que, laïcisé, déritualisé, le temps chrétien, vidé de son sens, s'imposera.

Le contrôle du Temps par l'Eglise part donc du mouvement monachique. Celui-ci apparaît en Orient à partir de la seconde moitié du IIIe siècle, puis se structure en Syrie, en Palestine, en Asie mineure et en Egypte. D'abord des moines errants, les Gyrovagues, se déplacent de ville en ville. Puis d'autres s'enferment, « reclus », Sarabaïtes regroupés en de minuscules communautés de deux ou trois personnes. Enfin, en Occident, au tout début du Ve siècle, se développent des couvents. Et d'abord le premier, fondé à Lerins, sur une petite île au large de Cannes, connaît une grande prospérité et fournit beaucoup d'évêques à l'Eglise des premières villes. Certains des abbés des premiers monastères, tel Jean Cassin, insistent sur les dangers de l'érémétisme, et présentent le travail manuel comme le meilleur remède contre la vanité. D'un monastère à l'autre, les modes de vie varient beaucoup. Certains moines continuent à se déplacer, tels les anciens gyrovagues d'Orient ; d'autres forment de minuscules communautés, à la manière des Sarabaïtes. Certains ont des modes de vie très austères, d'autres beaucoup moins.

Au VIe siècle, le mouvement s'organise. Des moines itinérants et des moines ermites se regroupent en des forteresses économiquement autonomes, de plus en plus grandes et puissantes, capables de résister aux Vandales et aux serfs révoltés. Une vie quasi-militaire s'y installe en même temps que l'ordre chrétien s'y institue. Un moine, qui deviendra Benoît, édicte des règles de fonctionnement générales, valables selon lui partout dans les monastères. Ilot de paix, utopie d'un mouvement perpétuel aux activités réglées par un instrument de mesure du temps, le monastère, en affichant sa vie à l'extérieur, devient alors lui-même une immense horloge à l'usage du monde. Sa réussite est exceptionnelle. En deux siècles, il fait battre l'Europe entière à son rythme et impose une nouvelle façon de compter les heures et les jours, ainsi que de nouvelles dates où circonscrire la violence.

La règle de Benoît exclut la surprise, le doute, le caprice. A l'insécurité du monde, il oppose la discipline, la prévisibilité. Contre le bruit de l'histoire, Benoît propose le silence et le chant. Un calendrier très rigoureux, dans l'année et le jour, gère la vie de chacun. Les douze mois de 30 et 31 jours restent divisés selon le calendrier romain et gardent les mêmes noms. Mais les heures changent et sont nommées du nom des prières. Il n'y en a plus 24, mais sept. Les offices sont ainsi décrits dans la règle : « Le prophète a dit : sept fois le jour, j'ai chanté vos louanges. Nous remplirons nous-mêmes ce nombre sacré de sept, si le matin, à Prime, à Tierce, à Sexte, à None, le soir et à la fin du jour, nous acquittons le devoir de notre service ; car le prophète, parlant de ces heures de la journée, a dit : je vous ai loué *sept fois le jour*. De même, au sujet des Vigiles de la nuit, le même prophète a dit : je me lèverai au milieu de la nuit pour vous louer. Offrons donc à ces mêmes moments nos louanges à notre Créateur sur les jugements de sa justice, c'est-à-dire le matin, à Prime, à Tierce, à Sexte, à None, le soir et à la fin du jour et de la nuit, levons-nous encore pour le louer... »

Pour autant, la règle de Benoît ne prétend pas s'extraire totalement du temps de la Nature. Comme dans toutes les autres sociétés du sacré, le temps des hommes mime le Temps des Dieux. Les prières suivent la course du soleil, symbole de Dieu, « Soleil de Justice ». Chacune des sept heures canoniales rappelle un événement biblique comme d'autres calendriers miment des mythes. Au réveil, avant le lever du jour, le « chœur des moines vainc avec le Christ les ténèbres de la nuit et l'accompagne, lui, la Lumière du monde, tout au long de la journée. » A la nuit, « chacun remet son âme entre les mains de Dieu, car la nuit est pleine de mystères » : dans les ténèbres rôde le lion dévorant. Dieu veuille enchaîner cet ennemi et éloigner de ceux qu'il aime les « fantômes de la nuit »...

« Au temps de l'hiver, dit la règle, c'est-à-dire depuis les calendes de novembre jusqu'à Pâques, on se lèvera à la huitième heure de la nuit, que l'on comptera suivant la saison, en sorte que les frères aient reposé un peu plus de la moitié de la nuit et que la digestion soit faite quand ils se lèveront. Ce qui reste de temps après les Vigiles sera employé à l'étude du Psautier ou des leçons, par ceux des frères qui en auront besoin. Depuis Pâques jusqu'aux susdites calendes de novembre, on réglera de telle sorte l'heure des Vigiles qu'après un très court intervalle durant lequel les frères pourront sortir pour les besoins naturels, on commence aussitôt les Matines, qui doivent se dire au point du jour ».

Ainsi, à partir du Haut Moyen Age, dans les couvents puis les campagnes, change le nom des heures ; on répartit les 24 heures en quatre *quadrants,* chaque quadrant valant six heures égales. On décompte les périodes de la journée à partir de l'heure de *Prime,* c'est-à-dire le lever du soleil. Les cloches des églises « piquent » un coup à Prime ; deux coups à *Tierce,* entre le lever du soleil et midi ; trois coups à *Sexte,* c'est-à-dire à midi, etc. L'heure est divisée en quatre points : le point vaut un quart d'heure. Le point lui-même est divisé en dix moments. Le moment vaut donc une minute et demie et est partagé en douze onces (l'once vaut sept secondes et demie) ; l'once se divise en quarante-sept atomes ; l'atome est considéré comme si petit qu'il est insaisissable.

Ces sept heures canoniales représentent une rupture

avec le système horaire utilisé jusque là. Les heures du jour et les heures de la nuit cessent d'être de durée inégale. Au lieu de compter les heures de un à douze, les moines ne retiennent que sept moments dans la journée : les sept moments de l'office, les sept « instants » de Dieu.

Ce système se diffuse dans l'ensemble de l'Occident chrétien car les intervalles de temps qu'il définit, de l'ordre de trois heures, sont mieux adaptés au rythme de la vie de l'époque que ne le sont les intervalles romains.

L'année est elle aussi divisée nouvellement en quatre périodes : de Pâques à la Pentecôte, de la Pentecôte à Septembre, de Septembre au Carême, et du début du Carême jusqu'à Pâques. Suivant la saison et les commandements de l'Eglise, les moines prennent un ou deux repas par jour. Les horaires, prescrits par la règle, varient au cours de l'année. Mais, « en toute saison, on réglera l'heure du souper et du dîner de façon à ce que tous se fassent à la lueur du jour ». Ainsi, quels que soient le moment et le lieu, les moines prient à la tombée de la nuit, au moment où « chacun remet son âme à Dieu, car la nuit est pleine de mystères ».

Les moines divisent les mois en semaines de sept jours, selon la tradition hébraïque. Le dimanche, au lieu du samedi, devient un jour entièrement réservé au service de Dieu, et le temps habituellement destiné au travail manuel y est consacré à la lecture et à la méditation. D'autre part, pour déterminer les différentes dates de l'année, les moines utilisent de plus en plus le nom des différents saints et les fêtes de l'histoire du Christ. Le système romain et son calendrier des fêtes tombent progressivement en désuétude.

Chaque instant de la vie du moine est destiné à une occupation précise. La règle impose une organisation temporelle de la journée parfaitement régulière et définit aussi les horaires de travail. La durée du travail manuel est beaucoup plus importante l'été que l'hiver, plutôt consacré à la lecture et à l'étude.

Jour après jour, d'un bout de l'année à l'autre, la succession des activités se reproduit à l'identique, inlassablement. Aux variations de la vie séculière, la règle oppose sa discipline de fer. Selon les conseils de Saint-Benoît, les horaires de travail varient au gré des conditions climatiques propres à chaque région.

Au milieu d'un monde totalement dominé par les rythmes agricoles, les monastères bénédictins vivent un temps différent et sont les seuls endroits où le temps quotidien fasse l'objet d'une réglementation précise.

Le respect des horaires obéit à des règles extrêmement strictes : « A l'heure de l'office divin, dès qu'on entendra le signal, on quittera incontinent tout ce qu'on aura dans les mains, et on se rendra en toute hâte, avec gravité néanmoins, afin de ne pas donner aliment à la dissipation ». Le service de Dieu passe avant tout. Celui qui arrive en retard est placé « dans un lieu à part, (...) d'où il puisse être vu par lui (l'abbé) et par tout le monde. Il demeurera à cette place, jusqu'à ce que l'œuvre de Dieu étant terminée, il fasse pénitence par une satisfaction publique ». Le non respect du temps de Dieu entraîne donc une sanction morale, la honte.

Non seulement les horaires de l'office doivent être observés avec rigueur, mais la vie collective aussi a son importance. Ainsi, si un moine est en retard au repas, on lui en fera la remarque. S'il récidive, « on ne permettra pas qu'il participe à la table commune ; (...) il mangera seul ». L'exigence du respect de la discipline temporelle n'est pas un caprice du pouvoir des hommes ; respecter les horaires, ce n'est pas seulement faire en sorte que la vie collective se déroule dans l'ordre, c'est surtout affirmer sa soumission totale à la règle et reconnaître de façon concrète que le temps n'appartient pas aux hommes, mais à Dieu. « Règlez votre temps, ne réservez pas un instant que vous ne prêtiez au Ciel avec une sainte usure. C'est là un don inestimable que Dieu a mis entre vos mains ; c'est le germe d'une moisson éternelle ; c'est une rangée de perles et de pierreries d'un prix immense, destinée à orner votre diadème dans les cieux. A chaque moment, si court soit-il, s'attache une goutte du sang très précieux que le Sauveur a versé pour vous racheter... Le temps, il vaut le prix de votre âme, le prix de l'éternité, bien plus : le prix de Dieu lui-même, que l'emploi du temps vous fera gagner ou perdre. »

A partir du VIIe siècle, comme le montre par exemple le plan de l'abbaye de Saint-Gall, le monastère devient « un ensemble compliqué de constructions, églises, ateliers, magasins, bureaux, écoles, dispensaires, abritant une population entière de clients, d'ouvriers, de serviteurs, tout comme les temples-cités de l'antiquité. Le monastère prend la place de la cité moribonde, et devait rester le noyau de la civilisation médiévale jusqu'à l'apparition du nouveau type de cité, la commune, aux XIe et XIIe siècles[74] ».

Pour assurer une application précise de l'emploi du temps édicté par la règle de Saint-Benoît, les monastères du haut Moyen-Age se devaient d'être capables de déterminer l'heure de façon assez exacte, de conserver l'heure avec une certaine précision, et d'annoncer les sept moments à la communauté des moines.

Si la précision de l'emploi du temps dans les monastères représente une nouveauté radicale pour le monde européen de l'époque, il ne semble pas que le mouvement monachique ait beaucoup contribué au développement des techniques de mesure du temps. Pour mesurer le temps, les moines utilisent des cadrans astronomiques, des clepsydres et des cierges. Seule est nouvelle la *cloche* qui sonne les heures.

C'est l'abbé qui annonce l'heure à la communauté des moines. « La charge de sonner l'œuvre de Dieu, tant de jour que de nuit, appartiendra à l'abbé, qui l'exercera par lui-même ou le confiera à un frère tellement soigneux que tout se fasse aux heures réglées. » Les précautions que recommande Saint-Benoît en cas de délégation de cette charge montrent bien l'importance attachée à la régularité et à la précision, mais, surtout, celle du contrôle du temps dans le monastère. En cas de non respect du signal, l'abbé décide des éventuelles sanctions. Le contrôle de l'annonce du temps apparaît ainsi comme un instrument important du pouvoir : se soumettre au signal, c'est se soumettre à l'autorité, c'est-à-dire à l'abbé, et plus largement à Dieu. Les cloches des monastères sonnent « l'œuvre de Dieu », c'est-à-dire les heures canoniales.

Plus tard, en 1098, la règle des Cisterciens énonce que « le sacristain doit régler l'horlogium et le faire sonner en hiver avant les laudes ». On trouve en Flandre, au XIIIe siècle encore, des directives ayant trait à ce réglage de l'horloge hydraulique du couvent : « Après quoi, vous verserez de l'eau dans le réservoir avec le petit pot mis à proximité afin de le remplir au niveau requis... Vous devez agir de même en réglant l'horloge après les complies afin de pouvoir dormir sereinement... »

A partir de l'époque carolingienne, le temps des couvents commence à s'imposer dans les villages et les villes. Alors que le clergé urbain ne se soumet jusque-là à aucun emploi du temps précis, les autorités ecclésiastiques essaient peu à peu de le discipliner et de le mettre au pas des couvents. Chronegang, évêque de Metz, réforme le mode de vie du clergé cathédral vers le milieu du VIIIe siècle. Dans un premier temps, il dessaisit l'ensemble des clercs de la gestion de l'évêché. Par la suite, il impose au clergé de sa ville une vie communautaire à l'intérieur d'un espace clos. Le clergé de la ville de Metz adopte donc un mode de vie de type conventuel rythmé par les heures canoniales et les différentes étapes de l'office divin.

Cette réforme est ensuite acceptée dans toute l'Europe.

Dans la seconde moitié du VIIIe siècle, de nombreuses décisions conciliaires et capitulaires visent à étendre le « mode de vie canonial » à l'ensemble du clergé de l'Empire. En 813, les évêques réunis au Concile de Tours déclarent : « Nous demandons que les chanoines et les clercs qui vivent avec l'évêque dans les cités habitent à l'intérieur de clôtures, dorment dans un même dortoir, mangent dans le même réfectoire, afin d'être plus facilement disponibles pour célébrer les heures canoniales, et qu'ils soient exhortés et enseignés pour une vie de conversion. »[74] De son côté, l'Empereur relaie les autorités ecclésiastiques.

Dès la première partie du IXe siècle, les édifices épiscopaux ressemblent de plus en plus à des monastères. Les évêchés se transforment en véritables abbayes urbaines.

Une part croissante de la population vit alors dans la dépendance directe de l'Eglise à la ville et à la campagne. Ainsi, à l'Abbaye de Saint-Riquier, en plus de la population travaillant la terre et des serviteurs, il existe un quartier pour les forgerons, un pour les fabricants de boucliers, les selliers, les boulangers, les cordonniers, les cardeurs de laine, les foulons, les pelletiers, les fabricants de vin. De la même façon, les abbayes urbaines deviennent des centres de population et se transforment fréquemment en bourgs. La vie quotidienne y est alors rythmée naturellement par les heures canoniales et le calendrier de l'Eglise.

Les couvents améliorent considérablement les rendements agricoles. Tandis qu'en Angleterre, les moines se spécialisent dans l'élevage du mouton et l'exportation de la laine, en France et en Allemagne, dans certaines provinces favorables, ils plantent des vignes et exportent du vin. En Allemagne, les cisterciens d'Eberbach sont les premiers à réussir la culture de la vigne en terrasses, à flanc de colline. Située au centre d'une région minière, l'abbaye de Clairvaux, ayant acquis par donations et achats un grand nombre de gisements de fer des environs, devient productrice de fer et récupère les scories riches en phosphates pour fertiliser ses terres.

Le processus de généralisation du système des heures canoniales en Europe passe aussi par le contrôle de l'Eglise sur l'enseignement. En 789, Charlemagne donne aux abbayes et aux évêchés la responsabilité de l'enseignement religieux. Cette mesure sera d'ailleurs reprise dans les décisions du Concile de Châlon en 813. Or, cet enseignement vise à toucher la population la plus nombreuse possible, et consiste en particulier à diffuser le mode de vie canonial. Ainsi, un synode réunissant les évêques de Bavière en 798 décide « que chaque évêque fonde une école dans sa cité et y installe un enseignant savant, qui puisse instruire selon la tradition romaine, qui puisse faire apprendre la lecture sainte et ensuite le devoir liturgique, afin que chacun sache chanter à l'église les heures canoniales, en respectant le canonial ou le sanctoral ».

Pour imposer les heures canoniales comme repères de la mesure du temps à l'échelle de la journée, et pour supprimer les moyens traditionnels de détermination de l'heure, les nouveaux pouvoirs s'appuient donc sur un instrument nouveau qui marquera l'histoire de la mesure et du contrôle du temps en Occident pendant plus d'un millénaire : la *cloche*.

La cloche qui sonne l'heure dans les couvents peut être entendue à l'extérieur, c'est l'instrument nécessaire à la gestion quotidienne de masses urbaines de plus en plus nombreuses. Dès le VIIe siècle, une bulle du pape Sabinien décrète que les cloches des monastères et abbayes doivent sonner les sept heures canoniales. Par la suite, Charlemagne ordonne en 802 aux moines et aux clercs en la matière « de sonner les heures canoniales, afin d'instruire leurs peuples sur la manière et les heures auxquelles il convient d'adorer Dieu ».

Peu à peu, chaque église, chaque monastère, chaque

abbaye prend l'habitude, grâce à sa cloche, d'annoncer au monde environnant les heures canoniales. La cloche édicte le nouveau Temps de Dieu. Les références au système horaire romain disparaissent peu à peu pour ne laisser subsister que les heures canoniales, précises, régulières, commodes.

L'influence des cloches sur le rythme urbain et rural est énorme. L'étymologie que propose Jean de Garlande au début du XIIIe siècle montre d'ailleurs bien l'importance des cloches dans la vie quotidienne des populations médiévales : « les cloches (*campane*), écrit-il, sont ainsi appelées à cause des paysans qui habitent la campagne (*campo*) et qui ne savent pas estimer les heures, si ce n'est par le son des cloches »[114].

Soutenue par le pouvoir royal, l'Eglise cherche également à imposer ses rythmes longs contre les calendriers existants. Pour contrôler le pouvoir, à contrôler le temps qui est plus que jamais un enjeu vital.

Le monastère impose ainsi peu à peu son propre calendrier à la campagne et aux villes. L'Eglise fait la police, contrôle les poids et mesures, gère les jours et les années. En 802, Charlemagne interdit aussi de travailler les dimanches et les jours de fête que fixe l'Eglise. L'article 81 de l'*Admonitio Generali* stipule que le dimanche, il est interdit de cultiver la vigne, labourer les champs, moissonner, faire les foins, construire des haies, défricher les forêts, couper des arbres, tailler des pierres, construire des maisons, chasser, couper des vêtements, coudre, laver en public, tondre des brebis... Le dimanche devient donc peu à peu un jour de repos consacré, au moins théoriquement, au service de Dieu.

Comme les jours réservés à Dieu sont autant d'occasions d'offrandes substitutives des sacrifices, l'Eglise, comme d'autres maîtres du Temps des Dieux, les multiplie à l'infini. Les couvents donnent à chaque jour du calendrier romain le nom d'un saint tiré de l'épopée chrétienne ou récupéré des religions locales. Au ixe siècle, en France, outre les 52 dimanches, l'Eglise décrète 34 jours fériés : veille de Noël, Noël, Saint-Etienne, Saints-Innocents, Octave de Noël, Epiphanie, Sainte-Bathilde, Purification, Mercredi des Cendres, jeudi et vendredi Saints, mercredi de Pâques, les trois jours de Rogations, Ascencion, Saint-Jean-Baptiste, Saint-Pierre, Saint-Marcellin, Saint-Firmin, Saint-Martin, Saint-André, les trois jours des Quatre Temps de printemps, d'été, d'automne, d'hiver. A Corbie, en 822, les paysans chôment 36 jours par an en plus des dimanches. Mais l'emprise de l'Eglise n'est pas totale : le nombre de fêtes dans le calendrier est beaucoup plus important pour les moines que pour les paysans ; à l'abbaye de Cluny, au xe siècle, il y a 21 fêtes en janvier, 13 en février, 5 en mars, 11 en avril, 15 en mai, 21 en juin, 23 en juillet, 25 en août, 22 en septembre, 22 en octobre, 23 en novembre et 18 en décembre.

Seuls les moines respectent ce calendrier en totalité. Les populations laïques se contentent de respecter les fêtes les plus importantes et les interdits imposés par le Temps de l'Eglise ne sont que très rarement respectés. Par exemple, les rapports entre époux sont interdits 40 jours avant Noël, 40 jours avant Pâques et 8 jours après, 8 jours après la Pentecôte, la veille des grandes fêtes, les dimanches, mercredis et vendredis, pendant la grossesse et 30 jours après l'accouchement pour un garçon et 40 jours pour une fille, pendant la période menstruelle, et 5 jours avant la communion. Des sanctions sont même prévues ; par exemple, celui qui « rencontrait » sa femme pendant le Carême devait faire un an de pénitence. Ces interdictions semblent avoir été peu observées.

Au moment où l'unité religieuse trouve son expression politique dans l'Empire carolingien, le temps défini par la règle de Benoît s'impose donc aux populations d'Occident. Et, pendant cette période, le pouvoir royal joue le jeu de l'Eglise : dans tout l'Empire, les cloches sonnent les heures canoniales. Le début de l'hiver s'annonce comme la Saint-Martin ; le retour du printemps, c'est Pâques ; le début de l'été, c'est la Saint-Jean ; la période des vendanges, la Saint-Rémi.

Mais, dans les villes naissantes, de nouvelles menaces pèsent : les pauvres, les mendiants errent et doivent être circonscrits dans l'espace et le temps. Ce sera l'œuvre du pouvoir civil, une fois qu'il se sera débarrassé de la tutelle de l'Eglise.

IV. JACQUEMART ET BEFFROI

A partir de l'an mil, la ville européenne commence à gérer son propre temps, à vivre selon son propre rythme. Peu à peu, elle contrôle la campagne qui la nourrit. D'abord mise au pas par le couvent et le clergé, elle renverse la hiérarchie et impose son rythme à l'Eglise.

Au début, de monastère en monastère, puis de ville en ville, renaît le commerce à travers l'Europe. L'or et l'argent reviennent ; le grand commerce reprend avec le Moyen-Orient, centre économique de la planète. Le pouvoir bascule de la campagne vers la ville, du propriétaire terrien au négociant en blé.

L'autonomie urbaine naît peu à peu de cet affrontement. En 1006, Liège obtient une Charte des Libertés. En 1077, à Cambrai, la population soulevée contre l'évêque institue la première commune. En France, c'est le cas en 1099 de Beauvais, puis de Noyon en 1108-1109, et de Laon en 1115. Les populations urbaines se soulèvent contre les prélats en Lombardie, puis dans la vallée du Rhin à Cologne. Ces premières villes réalisent de grands travaux, murs d'enceinte et beffrois.

Pour cela, il leur faut lever des impôts et contrôler le temps. « Ces agglomérations d'immigrants se composent d'hommes venus de partout, de gens de conditions très différentes, d'étrangers. Entre eux, le lien naturel de la famille fait défaut. Vivant en dehors des vieux groupes domaniaux, privés de la protection et de la sécurité que les serfs trouvent dans les cadres encore solides du grand domaine... les immigrants ont recours à l'association, à la guilde, aux corporations de toute sorte. Mais ces groupements personnels ne suffisent pas. Nul n'est forcé d'en faire partie ; les clercs et les chevaliers en sont exclus... » [194]

La ville est d'abord un entrepôt permanent pour l'échange. Elle renferme de l'argent, des matières précieuses, des marchandises de toute sorte pour faire vivre l'évêché et ses dépendances. Afin d'assurer la sécurité de la ville contre les coups de main, les marchands se dotent du pouvoir de police. Ils construisent une palissade, un mur d'enceinte, et y ajoutent la protection du droit. Les villes du Moyen Age sont closes : « bonne ville » et « ville fermée » sont des expressions synonymes. Pendant la période franque, les villes n'ont été que des châteaux forts.

L'enceinte primitive n'est souvent constituée que de simples palissades flanquées de fossés. Incapable de résister à une attaque en règle, elle sert à empêcher les voleurs du plat pays de faire irruption dans la ville. Les fortifications urbaines acquièrent bientôt un caractère militaire.

La ville forme un territoire juridique : qui en franchit les portes se trouve régi par son droit. Qui y établit sa résidence pendant un an et un jour lui appartient. L'air de la ville rend libre, dit un brocard allemand. La ville devient une entité politique. La construction du mur urbain est le point de départ de la constitution des finances urbaines. Alors, la ville du Moyen Age ne peut plus laisser le contrôle du temps aux pouvoirs religieux.

L'heure et l'année, la cloche et le calendrier ne disparaissent pas, mais changent de mains. Tout naturellement, les échevins se mettent à utiliser les cloches pour convoquer aux assemblées, appeler à la défense. Elles convient aux réunions du Conseil de la ville, mobilisent les habitants, indiquent l'extinction des feux. L'instrument mis au point pour appeler à la prière, qui scande depuis trois siècles la vie religieuse et le travail rural, devient l'instrument du pouvoir citadin. Ce qui n'était que le signal du recueillement s'entend de plus en plus comme l'ordre donné par les laïcs pour signifier le début et la fin d'actions profanes. Quand, à l'aube, sonne Prime, la ville s'éveille et se prépare au travail. None, qui se fixe entre le xe et la fin du xiiie siècle aux environs de midi, marque une pause dans la journée de travail urbain. Vêpres sonne la fin de cette journée de travail.

Mais le pouvoir civil, pour faire la police de la ville, ne peut se contenter de faire sonner la cloche du couvent : il veut la sienne propre. Une cloche nouvelle monte sur un monument nouveau : le *beffroi*.

C'est dans le Nord de l'Europe qu'apparaît, après le mur d'enceinte, ce second monument urbain. C'est d'abord une tour de bois mobile, comme celle utilisée dans les sièges, carrée, surmontée d'un comble en charpente couvert d'ardoises ou de lames de plomb. L'étage supérieur est percé de fenêtres et sert au logement des guetteurs. Ainsi, un des tout premiers d'entre eux, le beffroi d'Abbeville, porte trois cloches : l'« Appelle eskevius », qui convoque l'échevinage, la « Hideuse », qui annonce les exécutions, et une troisième qui sonne les heures de travail des ouvriers. A Périgueux, une tour « à image de beffroi » est adjointe à la maison communale ; à son sommet, une cloche « scande la vie municipale et politique, comme celles de Saint-Front et Saint-Sylvain appellent au service divin ». Dans certaines villes, comme Avallon, Auxerre, Bordeaux, le beffroi est établi au-dessus d'une porte. En d'autres comme Metz, Soissons, Saint-

Quentin, la cloche communale reste dans une des tours de l'église, laïcisée.

Lorsque les habitants de Reims s'érigent en commune vers 1138, le grand conseil des bourgeois s'assemble dans l'église Saint-Symphorien dont la cloche sert de beffroi communal. Des villes comme Noyon, le Mans, Laon, Lens, Reims, Cambrai, Amiens, Soissons, n'édifient pas d'autres grands édifices municipaux que leurs murs de défense et leurs beffrois. Pour gêner l'exercice du droit communal, la puissance ecclésiastique fait défense de se réunir dans les églises pour un autre motif que la prière, et de sonner les cloches à une autre heure que celle des offices, note A. Thierry en 1842 dans sa treizième lettre sur l'histoire de France[226].

Comme celles des couvents, toutes ces cloches se font entendre à des heures réglées par des horloges hydrauliques, elles-mêmes vérifiées et réglées par des cadrans solaires. Au XIIe siècle, la clepsydre et le cadran solaire, l'horloge astronomique et le calendrier accompagnent la cloche dans son mouvement vers les villes. Ainsi, on sait qu'en 1176, la ville de Sens règle ses cloches sur une clepsydre dont l'entretien est confié à quatre marguilliers ; selon le règlement rédigé pour cette clepsydre en 1198 par l'archevêque Michel de Corbeil, si le marguillier de service oublie de remonter le mécanisme, il est passible d'une amende de six deniers. On dispose de quelques traces de l'existence d'autres clepsydres de ce genre dans les clochers et beffrois du XIIIe siècle. Ainsi, vers 1240, Guillaume d'Auvergne, évêque de Paris, utilise pour régler les clochers de Paris des horloges avec flotteurs et contrepoids. Viollet le Duc[245], dans son dictionnaire de l'architecture du XIe au XVIe siècle (tome 6), donne des précisions essentielles à ce sujet dans son article sur les horloges. Selon lui, dès le XIe siècle, il y a des horloges hydrauliques dans les églises, les halles et les châteaux. Elles sont habituellement placées à l'intérieur des bâtiments, au pied des tours où se trouvent les cloches.

En ville, les activités se diversifient ; l'énoncé du temps ne signifie plus la même chose pour chacun. Aussi faut-il, de façon continue et non plus discontinue, donner l'heure, faire participer le peuple urbain au rythme nouveau, afficher le temps. Alors que sur les tours des églises romanes, aucun espace n'est prévu pour placer un cadran, sur les beffrois nouveaux, les clepsydres montent en haut des tours pour être visibles des foules.

Vient ainsi le temps des jacquemarts flamboyants et des cadrans mystiques. Ils affichent avec orgueil la nouvelle maîtrise du temps. Figures de pouvoir et de séduction, ils interprètent sur les murs des beffrois la ronde infinie des forces ambiguës qui gouvernent le monde, forces mystiques et forces humaines, monstres et policiers. Qu'ils amusent ou bien inquiètent, ils rappellent toujours la nécessaire soumission de la vie à la mort, et son infernale répétition.

Les modèles, là encore, viennent d'Orient, où les horloges hydrauliques publiques sont déjà nombreuses. Ainsi, sur un édifice contigu à la grande mosquée de Damas, « à chaque heure, deux faucons en laiton fondu, en avançant graduellement, font tomber dans les bassins métalliques des boules qui correspondent par leur nombre à l'heure écoulée. La nuit, les heures étaient reconnaissables par des ouvertures vitrées éclairées à l'aide d'une lumière rouge qui se déplaçait en indiquant les subdivisions horaires... [147] »

Peu à peu, le spectacle que donne le jacquemart s'infléchit vers une rationalité rigoureuse. Il répond ainsi aux exigences des pouvoirs nouveaux, soucieux de créer, sous une apparence ordonnée, un consensus culturel, politique et économique autour d'autres valeurs laïques et contre d'autres violences. Au XIIe siècle, le jacquemart acquiert son autonomie et devient véritablement un instrument de mesure, c'est-à-dire qu'il assigne une valeur au nombre qu'il énonce. L'automate du beffroi devient recommandation morale et politique, par un défilé des corps de métiers affichant de nouvelles divisions des tâches.

Dès le xie siècle, il possède d'ailleurs une perfection mécanique capable d'ouvrir un champ infini à ses applications. Ses perfectionnements en font l'origine du progrès de la mécanique. Roger Bacon décrit ce prodigieux essor technologique dans un texte stupéfiant : « On peut réaliser, pour la navigation, des machines sans rameurs, si bien que les plus grands navires sur les rivières et sur les mers seront mûs par un seul homme... On peut également construire des machines telles que, sans animaux, elles se déplaceront avec une rapidité incroyable. On peut aussi construire des machines volantes de sorte qu'un homme assis au milieu de la machine fait tourner le moteur, actionnant des ailes artificielles qui battent l'air comme un oiseau en vol. Et l'on peut réaliser de telles choses presque sans limites, par exemple des ponts jetés par-dessus des cours d'eau sans piles ni supports, et des mécanismes et des engins inouïs. »

En la personne de la figurine articulée mécaniquement, le Moyen-Age exhume une cohorte de héros légendaires et mythiques. Chacun d'eux témoigne de l'ambiguïté d'être entre le divin et l'humain et réinvente dans leur statue l'automate rituel.

Le beffroi orné de jacquemarts s'impose donc comme le symbole essentiel du nouveau pouvoir urbain. Il en devient même l'enjeu : lorsqu'un prince ou un roi veut s'opposer aux bourgeois, son premier acte d'autorité en est la démolition. Retirer à une ville ses cloches et son jacquemart, c'est lui retirer non seulement le moyen mais le droit de s'assembler, de communiquer, donc de gérer ses affaires. Pendant toute la durée de l'interdiction jusqu'au retour du droit des cloches, les affaires sont dévolues à des officiers royaux. Ainsi, en 1322, Charles IV ordonne, à la demande de l'évêché et du chapitre de Laon, « qu'à l'avenir, en la ville, cité et faubourg de Laon, il ne pourra y avoir commune, corps, *beffroi, cloche,* ni autre chose appartenant à l'état de commune »[267]. En 1331, Philippe VI confirme qu' « il n'y aura plus à Laon de tour de beffroi et les deux cloches qui y étaient en seront ôtées et confisquées au roi. Les deux autres cloches qui sont en la tour de la Porte Martel y resteront, dont la grande servira à sonner le couvre-feu du soir, le point du jour au matin et le tocsin, et la petite pour faire assembler le guet.[267] »

Quand s'affirme le pouvoir de l'échevin, quand la ville devient espace de violence, le temps finit de basculer pour échapper au rituel. L'horloge hydraulique devient mécanique, le calendrier rituel devient celui des marchands. Le temps des Dieux devient celui des Corps.

Ainsi qu'il sera écrit sur le fronton de la première horloge mécanique installée sur un des murs de l'Hôtel de Ville de Paris, en 1370 :

« *Observateur de la loi de Dieu, respecte le droit royal*
La machine qui divise avec tant de justesse les douze heures du jour
Nous avertit d'observer la justice et d'obéir aux Lois. »

CHAPITRE DEUXIÈME

Poids et foliot

I. LE TEMPS DES CORPS

1. Poids et foliot
2. Les mécaniques du temps
3. Horlogers et astronomes
4. Horloges et cœurs
5. Le Temps des Corps

II. CARNAVALS ET FOIRES

1. Temps rural et temps urbain
2. Cloches de police
3. Fêtes de police

III. RESSORT ET CHRONOMÈTRE

1. Ressort et pendule
2. La montre et l'homme-machine
3. Le chronomètre sur l'océan

Court le temps des carnavals et des carêmes, des foires et des hôpitaux, des étals et des prisons, des marchands et des policiers, des horloges et des pendules.

Quand les cloches quittent les couvents pour monter sur les beffrois, s'estompe en Europe la peur de l'invisible. Le calendrier du sacré ne suffit plus à organiser le temps des Européens, une violence nouvelle apparaît et les calendriers et leurs rites ne peuvent plus la contenir. Des hommes rôdent qu'aucun espace ni aucun temps sacré ne peuvent plus circonscrire.

En même temps, un nouvel espace de paix apparaît, celui de la ville. Ses échevins inventent un temps nouveau, celui de la police. Il ne s'agit plus de dater des sacrifices, mais d'organiser des carnavals où la violence soit libre, des foires où les échanges se dénouent. Il ne s'agit plus de mimer le Temps des Dieux mais celui des Corps. Corps à glorifier ou à enfermer, corps des rois et corps des misérables.

En cette aube du second millénaire, en un lieu jusqu'ici délaissé par les grands empires, s'amorce une formidable libération du corset jusque-là dominant : rupture du Temps des Dieux, aboutissement de la lutte des serfs contre l'autorité des villas et des couvents.

Mais les révoltés ne profitent pas de leur victoire.

Esclaves libérés, ils deviennent des errants, des mendiants. D'autres puissants, les marchands des villes, maîtrisent l'espace et le temps. Les menaces changent alors de nom, les sacrifices changent de sens, les fêtes changent de prétextes, les calendriers changent de maîtres. Pourtant, l'obsession des échevins, des princes et des rois, reste la même que celle des prêtres et des empereurs : canaliser la violence en des lieux et à des dates adaptés aux nouvelles conditions du développement technique, économique et culturel ; réduire les menaces que les pauvres font peser en un simulacre, un spectacle dissuasif, à des dates fixées d'avance, pour l'élimination périodique des corps dangereux.

Tout change : les théories du temps, les outils de sa mesure, les maîtres de son cours. De l'astrologie à la mécanique, du prêtre au policier, de la clepsydre à l'horloge, du clocher au beffroi, basculent les lieux de l'énoncé du temps. Au temps qui s'écoule goutte à goutte, au mouvement à peine maîtrisé de l'eau et des astres, au spectacle terrorisé de l'irréversibilité de la nature, à l'espérance inquiète du retour de l'ordre succèdent le jeu des rouages, la mécanique des corps, la dynamique des artefacts. A l'eau et aux étoiles, durées inscrites dans la nature, succède le *poids,* fabriqué par l'homme mais obéissant aux lois les plus explicites de la nature, celles de la gravitation. Au cadran, qui mesure un mouvement continu, succède un *foliot* qui interrompt à intervalles réguliers la course accélérée des masses en chute. L'horloge astronomique mime alors un monde nouveau, libéré de l'écoulement de l'eau et de l'ombre, où l'ordre est équilibre de forces et non plus peur du sacré, où le synchronisme est celui de la cloche de travail et non plus celui du calendrier, où la violence s'inscrit dans les Carnavals et la régénérescence dans les Foires.

I. LE TEMPS DES CORPS

A l'orée du Moyen Age apparaît la première machine industrielle : l'*horloge*.

Fantastique machine, très en avance sur la technologie de tous les autres objets dont se servent les hommes du Moyen Age, si précoce même qu'elle passe presque inaperçue. Peu de théoriciens, en effet, y ont vu l'instrument et le symbole essentiel de la puissance du nouveau monde urbain. Sans doute parce que la richesse va en ce temps-là au commerce et non à l'industrie, que les villes-phares sont celles des commerçants et non celles des mineurs, des marins et non des horlogers. Et pourtant, reflet de la nouvelle conception du temps et de sa nouvelle organisation, la généalogie du nouveau temps révèle l'essentiel sur la naissance de la puissance de l'Europe du second millénaire.

Prédictrice des saisons et des fêtes, des foires et des carnavals, parfaite métaphore d'un monde d'équilibre et de forces en opposition, l'horloge fournit, par l'histoire même du temps, une histoire neuve de la société, scandée au rythme du calendrier qui vient. Ernst Junger écrit à propos de l'horloge dans son *Traité du Sablier*[133] : « Ce fut l'une des grandes inventions, plus révolutionnaire que celle de la poudre à canon, de l'imprimerie et de la machine à vapeur, plus lourde de conséquences que la découverte de l'Amérique. Elle proclame publiquement des résolutions qu'ont dû prendre vers l'an mil des esprits solitaires, au fond de leurs cellules, et qui n'ont pas cessé d'agir. Elle est signe d'immenses percées. »

1. *Poids et foliot*

Comme par un étrange rendez-vous manqué, c'est au moment même où le Moyen Age découvre l'usage industriel de l'eau, où le moulin à eau devient le moteur essentiel de l'agriculture et de l'artisanat, que le solide remplace le liquide comme source d'énergie de la mesure du temps.

Pourtant, malgré son extraordinaire importance sociale, politique et culturelle, malgré le rôle qu'il joue aux XIIe et XIIIe siècles dans la première révolution industrielle, les conditions historiques de ce bouleversement technologique sont encore très mal connues, et sans doute le resteront-elles à jamais.

En fait, il semble que, de la clepsydre à l'horloge mécanique, il n'y ait pas de rupture : la seconde n'apparaît pas brutalement, mais se réalise peu à peu par le perfectionnement progressif des clepsydres et des astrolabes, des rouages et des cadrans. Et par le remplacement progressif du poids de l'eau par celui d'un solide.

Très tôt, la théorie de la gravitation conduit en effet à penser à utiliser comme source d'énergie la chute d'autres corps que l'eau. Dès le Xe siècle, en Islam, on utilise des poids pour mouvoir des calendriers automatiques dotés d'engrenages complexes décrivant les configurations des astres. Il subsiste encore un spécimen d'un tel objet provenant d'Ispahan et datant de 1221.

Vers 1130, Al Khazimi, dans le *Livre de la Balance et de la Sagesse,* indique que « la mécanique doit étudier la détermination des centres de gravité, les conditions des différents équilibres qu'elle commande, la construction et l'usage de la balance et du peson ». Ces instruments servent aux pesées, et à la mesure du temps par la variation de la valeur ou de la place des poids qui équilibrent les rouages des clepsydres.

Tous les instruments astronomiques se précisent ; les cadrans solaires s'inclinent de façon à marquer, tout au long de l'année, une heure régulière ; l'ombre y fait un tour en vingt-quatre heures à vitesse constante. Sur les clepsydres apparaît parfois un cadran analogue à celui du cadran solaire, et le mouvement d'une aiguille y mime le mouvement de l'ombre sur un plateau rond chiffré, en tournant dans le sens dans lequel tourne l'ombre sur les cadrans solaires en Europe. Malgré les réticences de l'Eglise, qui y voit des machines sacrilèges remettant en cause la centralité de la terre, les planétariums monumentaux, les équatoriaux, les clepsydres à cadrans astronomiques et les astrolabes à engrenages se multiplient.

On cherche alors pour eux une autre source d'énergie que l'eau afin d'animer la machine d'un mouvement cyclique plus long, perpétuel même.

Eternelle recherche, que les hommes du sacré ont résolu dans le mythe de la régénérescence et que les techniciens tentent de résoudre par la mécanique : ils ne cherchent plus à mimer un Dieu source de vie et de mort, d'écoulement et de cycle éternellement répétitif, mais à construire une mécanique réversible au fonctionnement parfait parce que sans frottement. Les ingénieurs du xiiᵉ siècle la réalisent presque : un moulin à vent sur une colline, un moulin à eau construit sur un cours d'eau, sont des mouvements presque perpétuels, puisque l'énergie venue de l'extérieur n'est pas explicitement sollicitée. Puis on construit des mouvements mécaniques quasi-perpétuels sans source d'énergie extérieure. Les premiers viennent, semble-t-il, des ingénieurs du Nord de l'Inde : au xiiᵉ siècle, vers 1150, l'astronome et mathématicien indien Bhaskara écrit, dans son *Siddhanta siremani* : « Construisez une roue en bois léger ; dans sa circonférence, mettez de petites baguettes creuses, de même diamètre ; disposez-les à égale distance les unes des autres et presque perpendiculairement à la roue ; remplissez alors ces baguettes de mercure : la roue, une fois placée sur un axe soutenu par deux montants, se mettra, sans intervention extérieure aucune, à tourner. »[107]

L'Islam a contribué à leur perfectionnement et à leur diffusion. Un traité arabe connu en Europe vers 1200 contient par exemple six mouvements perpétuels dont l'un ressemble à la roue à mercure de Bhaskara ; deux autres sont des roues à marteaux et des roues à tubes de mercure montées sur pivots. Dès le début du XIIIe siècle, l'Europe a accès à ces connaissances mécaniques, en même temps qu'elle retrouve le savoir grec. Elle les utilise à des machines agricoles et à l'horlogerie.

En 1245, l'ingénieur Villard de Honnecourt décrit le schéma de ce qui semble être une scie hydraulique à deux temps utilisant de telles roues à mercure. Gimpel[107] signale que sous le schéma de cette scie, Villard a écrit qu'il s'agit aussi du « plus ancien schéma d'un mouvement d'horlogerie. Ce mécanisme est relié par un axe à la statue d'un ange posée sur le toit d'une grande église ».

Mais ces machines ne sont évidemment pas vraiment perpétuelles ni réversibles. Le mouvement exige apport d'énergie extérieure et l'on se met alors en quête de sources d'énergie aussi stables que possible. Toutes sont connues : la pesanteur, le magnétisme et la chaleur. Seule la première correspond aux exigences sociales du temps.

Le magnétisme, à partir du XIe siècle au moins, sert aux Chinois, puis aux Européens, comme moyen de s'orienter en mer. La boussole marine est citée à la fin du XIIe siècle dans le *De Naturis rerum* d'Alexandre Neckham et dans la Bible de Guiot de Provins, composée entre 1203 et 1208. Il est possible que, pour une fois, l'Europe ait connu cette innovation chinoise avant l'Islam, car la première référence musulmane connue ne date que de 1232 ; et il faut attendre 1282 pour en trouver mention dans un texte arabe. La généralisation de l'usage de la boussole donne une impulsion aux recherches sur l'utilisation du magnétisme comme source d'énergie autonome. En 1269, dans son *Epistola de Magnete,* Pierre de Maricourt, que Roger

Bacon considère comme le plus grand savant de son époque, dessine un mouvement perpétuel à moteur magnétique. C'est en fait une sorte d'horloge composée d'un aimant sphérique faisant un tour sur lui-même à vitesse régulière une fois par jour. L'idée vient alors de s'en servir pour faire tourner une carte des cieux, c'est-à-dire pour confectionner une horloge astronomique à énergie magnétique. Il est possible que quelques exemplaires en aient été construits, mais l'énergie en était trop faible pour animer les immenses rouages des calendriers astronomiques et des clepsydres. On y renonce vite.

Dès le XIIe siècle, des clepsydres utilisent, en complément de l'eau, le poids des corps solides. La première horloge à eau utilisant aussi un poids et dont un dessin rende compte est une horloge de la cour royale de Paris, qui date du milieu du XIIe siècle. Sur l'axe d'une roue sont fixés quinze cônes de métal, l'eau s'écoule lentement d'un cône sur l'autre, freinant ainsi l'accélération de la rotation de l'axe entraîné par un poids. Elle n'a pas de cadran, mais un index indique les heures. On retrouve un système analogue dans une horloge de la cour d'Alphonse X de Castille, vers 1277, sauf que du mercure y remplace l'eau.

A la fin du XIIIe siècle, les ingénieurs commencent à attendre davantage de la pesanteur. Ils déduisent du mouvement des corps célestes la théorie de l'inertie selon laquelle chaque corps porte une énergie autonome, isolable et récupérable, dépendant de sa seule position dans l'espace. Ils en déduisent que tout corps est doué d'une énergie propre qui peut être utilisée pour faire tourner un cadran, un index, une sphère ou un engrenage.

Un traité français du XIIIe siècle décrit ainsi le mécanisme d'une clepsydre astronomique à poids : une corde, avec un flotteur à un bout et un poids à l'autre, passe autour d'un axe qui fait tourner le cadran et actionne un timbre.

Aussi étonnant que cela puisse paraître, on ne connaît pas avec précision la date à laquelle l'horloge astronomique s'est affranchie de l'eau, ni qui a mis finalement au point cette invention nouvelle. La difficulté de détermination de l'époque à laquelle les horloges deviennent entièrement mécaniques est en partie due à l'ambiguïté du terme « horloge », formé des mots grecs « hora » (heure) et « legain » (dire). Il désigne, depuis le xe siècle, aussi bien une clepsydre, un sablier, qu'une horloge à poids. Les documents du Moyen Age mentionnant des horloges n'apportent donc pas de témoignages décisifs sur leurs mécanismes, en tout cas avant le xive siècle. On est cependant presque sûr que l'horloge est la première machine à utiliser la seule gravitation. Il semble que cette innovation a eu lieu dans les premières villes marchandes du xive siècle, et que c'est sans doute en Italie que l'horloge dépasse le stade des essais infructueux. Ceux qui attribuent cette invention au moine Gerbert d'Aurillac en 996, ou à Guillaume d'Hirsau en 1091 à Cluny, sont sans doute victimes d'une confusion avec des horloges hydrauliques.

Dans les tout premiers prototypes d'horloges totalement mécaniques, le poids — une pierre ou un bloc de métal — est suspendu à une corde enroulée autour d'un cylindre. Mais la réalisation de ces prototypes se heurte immédiatement à un problème très difficile pour les savants de ce temps. Comment stabiliser la vitesse de ce cylindre alors que la chute du poids l'accélère, selon les lois que la mécanique ne théorisera qu'à la fin du Temps des Corps ? Un mécanisme régulateur est nécessaire, un *échappement*. Ce problème, déjà posé pour les clepsydres et à peu près résolu, on l'a vu, par le jeu de récipients successifs qui se renversent une fois pleins, met deux siècles à trouver sa solution pour les horloges à poids. Au xiiie siècle, elles ne marchent toujours pas : dans un traité sur les mécanismes de son temps, un certain Robertus Anglicus, en 1271, déplore qu'une horloge à poids ne puisse garantir la régularité de son mouvement tout au long d'un cycle équinoxial. « Les horlogers essaient, écrit-il, de faire une roue, ou un disque, qui aura un mouvement exactement semblable en durée au cycle équinoxial ; mais ils n'y arrivent pas. S'ils le pouvaient, cependant, ils auraient alors un instrument extrêmement précis, beaucoup plus valable que l'astrolabe ou tout autre instrument astronomique servant à marquer les heures. » Plus loin, il décrit le mécanisme qu'essaient alors de réaliser des ingénieurs horlogers : « Une roue serait montée sur un arbre, ce qui permettrait un mouvement de rotation très régulier ; puis un poids de plomb serait pendu au bout de l'arbre de telle sorte que la roue n'effectue qu'une seule révolution du lever au coucher du soleil. » Le problème de l'échappement régulier ne sera en fait résolu qu'à la toute fin du XIIIe ou au début du XIVe siècle, quand on aura mis au point le *foliot*.

L'histoire de cette mise au point est inconnue, et pourtant elle constitue un exploit théorique et pratique de très grande importance. Cette innovation est à la fois simple et subtile : elle consiste à bloquer le poids et donc la rotation des rouages, cadrans et aiguilles, pendant un temps bref et à intervalles réguliers.

Enrayer la dégradation de l'énergie est un des problèmes les plus complexes que l'humanité ait eu à résoudre, sous de multiples formes et à toutes les époques. Le foliot fournit une solution satisfaisante, lorsque l'énergie utilisée est celle de la gravitation. Il est composé de deux palettes, fixées sur un axe horizontal mobile, qui s'engrènent alternativement sur une roue en forme de couronne dentée, dite « roue de rencontre », placée verticalement sur un axe horizontal tournant sous l'effet du poids. L'axe horizontal du foliot lui-même est posé sur un axe vertical fixe, une « verge ». Les impulsions alternatives que lui donne la roue de rencontre font osciller le foliot sur son axe de manière à peu près régulière. Ce mouvement est ensuite transmis à des rouages qui entraînent les divers cadrans et aiguilles. Les oscillations du foliot constituent en quelque sorte une horloge dans l'horloge. Elles rythment le mouvement des aiguilles. La période de ces oscillations dépend de la forme des palettes et de la longueur de l'axe horizontal.

Etrange mécanisme que ce foliot : il mime la théorie même du temps. En arrêtant l'énergie à intervalles réguliers, il la libère à des dates circonscrites, tout comme le calendrier libère la violence à des dates déterminées.

Le mot « foliot » semble avoir été forgé par Jean Froissart [98] en 1360, pour un poème intitulé *Li Orelage Amoureux,* où il décrit les mouvements de l'échappement qui danse follement, qui « folie ». Le premier croquis connu d'un mécanisme pouvant passer pour un foliot se trouve dans le recueil de Villard de Honnecourt, rédigé vers 1245. Avant 1321, Dante [63] semble décrire un foliot dans l'horloge du Paradis. En 1344, il est certain que c'est un foliot que dessine Dondi.

Là commence l'histoire de l'horloge mécanique.

2. *Les mécaniques du temps*

A partir du xive siècle, l'horlogerie mécanique se développe sans que les instruments antérieurs disparaissent pour autant. Au contraire, certains, même, réapparaissent ou connaissent une gloire nouvelle — tel le sablier utilisé dans les églises, les fabriques et sur les bateaux. Le premier texte qui en révèle l'usage en Europe est l'inventaire dressé en 1380 à la mort de Charles V, roi de France, où il est question d'une « grant horloge de mer et de deux grans fioles pleines de sable en un grant estuy de gaine d'archel [laiton], trouvé dans la petite chapelle du Louvre ». Les clepsydres, continue ce texte, sont moins durables et plus fragiles que les sabliers, car « si le sable s'amoncelle quelquefois, s'il s'humecte si bien qu'il ne coule pas toujours, [mais] l'eau coule perpétuellement s'il y a le moindre trou, et elle se consume ; il y en faut plus mettre ».

Les repères utilisés quotidiennement pour la mesure du temps demeurent, pour l'essentiel, les mêmes que par le passé : des fleurs, des chandelles, des animaux. En 1564, encore, Viret [246] écrit : « Les gendarmes et nommément les Allemands portent ordinairement des coqs avec eux quand ils vont en guerre, lesquels, de nuit, leur servent d'horloge ».

Les clepsydres, elles, disparaissent peu à peu : il est impossible de les utiliser en Europe du Nord, où l'on ne peut les monter dans les clochers ni les beffrois. Alors les cadrans astronomiques se mécanisent.

Les horloges à poids apparaissent à des dates mal connues : il est démontré qu'il en existe avant la mise au point du foliot, mais leur fonctionnement devait être incertain. Le *Libro del Saber de Astronomia* espagnol décrit en 1276 une horloge à poids, mais nul ne sait où elle pouvait se trouver.

S'il est possible que l'horloge de la cathédrale de Canterbury soit mécanique dès 1292, et celle d'Exeter en 1297, c'est loin d'être avéré. Vers 1300, Pierre Pipela aurait construit une première horloge à Paris. La cathédrale de Beauvais reçoit une horloge pour partie à poids à la même époque, et c'est la plus ancienne dont il reste une trace physique. Au chant X du « Paradis » de la *Divine Comédie*, intitulé « Chant du quatrième ciel », écrit avant 1321, Dante [63] mentionne une horloge mécanique, ses rouages et même sa sonnerie : « Comme une horloge alors qui nous appelle à l'heure où l'épouse de Dieu se lève pour chanter les matines en l'honneur de son époux, afin d'obtenir son amour, et dont un rouage tire et pousse l'autre, en sonnant tin-tin d'une note si douce que l'esprit bien disposé se gonfle d'amour... »

Richard Wallingford, abbé de Saint-Albans, conçoit vers 1327 une horloge astronomique compliquée, qualifiée d' « œuvre magnifique » par Thomas Walsingham, chroniqueur de Saint-Albans. Elle semble avoir disposé d'un mécanisme voisin du foliot, mais nul n'en est certain.

Il faut attendre le milieu du XIVe siècle pour trouver avec certitude, en Italie, une horloge utilisant à la fois poids et foliot sans eau. En 1344, Giovanni di Dondi, physicien et astronome, commence à construire une horloge pour la ville de Padoue. Il met seize ans à la terminer et à la mettre en place. La même année, une horloge du même type, sonnant les heures, est installée dans l'église Beate Vergine à Milan. C'est la plus ancienne des horloges encore en service.

L'horloge de Dondi est une réalisation technique exceptionnelle : un calendrier perpétuel donne les mouvements du Soleil et de cinq planètes et fournit la date de toutes les fêtes religieuses, mobiles et fixes. Des engrenages elliptiques tenant compte des irrégularités observées de l'orbite de Vénus reconstituent les orbites de la Lune et de Mercure. Ce système d'engrenages constitue un très grand pas en avant, incompréhensible encore aujourd'hui par rapport à tout ce qu'on sait de la technologie de l'époque et des siècles antérieurs, y compris les fragments du planétarium hellénistique trouvés en mer Egée. Il semble donc qu'on ignore encore beaucoup des progrès partiels réalisés aux XIIIe et XIVe siècles.

Giovanni di Dondi détaille les trains d'engrenages de son horloge : « Rotation du cercle horaire en 24 heures, 144 dents, pignon de 12 porteur d'une roue à 20 dents s'engrenant dans une roue à 24 dents sur un tambour. Le tambour tourne donc 10 fois en 24 heures ; grande roue de 120 dents en prise avec un pignon de 12 porteur d'une seconde roue de 80 dents qui tourne donc 100 fois en un jour. La seconde roue s'engrène dans un pignon de 10 porteur d'une roue d'échappement à 27 dents qui fait donc 800 tours par jour, chaque tour provoquant 54 oscillations du balancier, soit 43 000 oscillations par jour, donc un battement toutes les 2 secondes. » Ce battement est le battement standard.

A cette époque, en Italie, le jour est divisé en vingt-quatre heures, et commence au coucher du soleil. Dondi construit donc un cadran muni de tables gravées et divisées des deux côtés en mois et en jours. On peut y déterminer le lever et le coucher du soleil pour chaque jour de l'année. Dondi fait débuter son cycle de vingt-quatre heures à midi, trouvant ce moment plus sûr que le coucher du soleil pour servir de point de départ à ses calculs astronomiques. Le cadran des heures tourne dans le sens inverse des aiguilles d'une montre actuelle : on lit l'heure au bord inférieur de chaque graduation horaire. Quant au calendrier des fêtes mobiles, il exige des rouages d'une complexité inouïe, et c'est seulement en 1842 que l'horloger Jean-Baptiste Sosime Schwilgué parvint à en construire un autre, aussi précis, celui de la troisième horloge astronomique de Strasbourg.

L'horloge de Dondi est tout de suite connue, admirée et dessinée par les astronomes, les ingénieurs et les amateurs du monde entier. Elle sert longtemps de prototype à la construction d'autres horloges astronomiques des grandes cités d'Europe, particulièrement en Italie et en Allemagne du Sud où elles ornent les murs des bâtiments publics et les tours des églises.

L'abbé Pierre de Chastellus, vers 1350, donne à l'abbaye de Cluny une horloge remarquable en ce que son mécanisme présente un calendrier perpétuel qui marque l'année, le mois, la semaine, le jour, l'heure et les minutes, et un calendrier ecclésiastique qui désigne les fêtes et les offices de chaque jour. Cette horloge indique aussi les phases de la lune, les mouvements du soleil ; quantité de petites figurines mobiles représentent le mystère de la Résurrection, la Mort, saint Hugues et saint Odilon, abbés de Cluny, la Sainte-Vierge, la Passion, etc. Les heures sont annoncées par un coq qui bat des ailes et chante à deux reprises : en même temps, un ange ouvre une porte et salue la Sainte-Vierge, le Saint-Esprit descend sur sa tête sous la forme d'une colombe, le Père Eternel la bénit ; un carillon harmonique de petites clochettes joue un air ; des animaux fantastiques agitent leurs ailes, font mouvoir leurs yeux : l'heure sonne, et toutes les figurines rentrent dans l'intérieur de l'horloge.

Les sonneries de ces horloges sont presque toujours accompagnées de jacquemarts qui frappent sur des timbres avec des marteaux. Quelques beffrois des villes du Nord, notamment celui de Compiègne, conservent ces jacquemarts qui jouissent à l'époque d'une grande popularité.

A partir du milieu du XIVe siècle, toutes les villes d'Europe se précipitent : pour faire savoir haut et fort qu'ils contrôlent le temps des citadins, les échevins ou les princes ne laissent aucun beffroi, aucun clocher sans horloge. A Londres, la première horloge publique, fabriquée à Gênes, est installée en 1348. En 1354 est construite la première horloge de la cathédrale de Strasbourg, dite « des Trois Rois ». En 1356, celle de Bologne. La même année, c'est le « Mänleinlaufen » de la Frauenkirche de Nuremberg. En 1362, celle de Ferrare. En 1364, la ville d'Augsbourg finance sa première horloge publique.

Giovanni di Dondi achève en 1364 le traité détaillant l'historique de la construction de son horloge et l'illustre de croquis. Ce document est essentiel : c'est le plus ancien texte décrivant avec certitude une horloge totalement mécanique.

En 1370, Henri de Wyk construit pour le roi Charles V une horloge destinée à un clocher de Paris. En 1386, une horloge est montée dans un clocher de l'église de Salisbury. En 1382, le duc de Bourgogne, Philippe le Hardi, avant d'incendier Courtrai, « fit oster — selon Froissart [98] — de dessus les halles, un orelige qui sonnait les heures, l'un des plus biaux que on evist decha au dela de la mer et cet orelige mettre tout per membres et par pierhes sur cher et la cloice aussi, lequels oreliges fut amenés et acheines en la ville de Dijon en Bourgogne et le fut remis et assis et y sonnait les eures vingt-quatre entre jour et nuit ».

Les premières horloges à poids, comme les dernières horloges à eau, sont donc avant tout des astrolabes automatiques et des calendriers des fêtes rituelles. L'homme ne mime plus le Temps des Dieux, mais le mouvement des corps célestes dans le cosmos.

Ces premières horloges du xive siècle sont très peu précises. Elles varient fréquemment de plus d'une heure par jour, et se détraquent constamment. Elles ne servent donc que comme calendriers annuels et ne donnent l'heure que si elles sont réglées en permanence par des clepsydres et des sabliers. D'ailleurs, lorsqu'il y a cadran, la taille des chiffres romains utilisés et la grosseur de l'aiguille unique ne permettent qu'une lecture approximative de l'heure.

Elles ne sont pas encore autonomes. Il leur faut un servant permanent, un « orlogeur », qui remonte les poids, surveille les mouvements et les sonneries, chauffe de l'huile en hiver pour éviter que les rouages ne gèlent, les remet à l'heure solaire du lieu à l'aide de clepsydres et de cadrans solaires.

L'horloge donne toujours des indications astronomiques très précises, et contient la plupart du temps un calendrier religieux, les signes du zodiaque, la date et les phases de la lune, le lever et le coucher du soleil.

Les plus anciennes horloges d'édifice n'indiquaient l'heure que par la sonnerie et ne possédaient pas de cadrans extérieurs. « Sur les tours des églises du xiie au xiiie siècle, aucun espace n'est disposé pour le placement des cadrans pouvant être aperçus de loin, ce qui fait supposer qu'avant le xve siècle, si les sonneries indiquaient les heures aux habitants des villes, il n'y avait point de cadrans extérieurs. On ne voit apparaître ceux-ci que vers la fin du xve siècle. Ils sont alors couverts de petits auvents et façonnés soit en bois, soit en plomb et revêtus de peinture », écrit Viollet-le-Duc dans son dictionnaire de l'architecture française du xie au xvie siècle (Paris, 1857, tome 6, p. 88).

Les cadrans sont introduits vers le xve siècle, lorsqu'on ressent le besoin de pouvoir distinguer l'heure sans devoir attendre le moment de la sonnerie des quarts et des heures.

La mécanique s'installe ; le cadran des horloges devient un cercle divisé en vingt-quatre heures, pourvu d'une aiguille unique indiquant les heures. L'indication des minutes n'est introduite qu'à la fin du xviie siècle.

Selon Thorndike, la division des heures en soixante minutes et des minutes en soixante secondes apparaît vers 1345.

Comme, bien plus tard, pour les autres objets de l'industrie, ce sont les classes les plus riches qui s'emparent les premières de ces objets et les vulgarisent ; en partie parce qu'elles seules peuvent les acquérir, en partie aussi parce qu'elles découvrent que le temps, c'est du pouvoir. Etre « aussi régulier qu'une horloge » devient l'idéal urbain et la possession d'une horloge devient le symbole de la réussite d'un marchand.

Le rythme croissant du commerce augmente la demande d'énergie ; en retour, l'énergie accélère le rythme de la vie et des affaires.

Les horloges du xve siècle diffèrent des précédentes par leur variété, leurs dimensions et leur diffusion. Au lieu de rester symboles discrets du pouvoir, elles servent de plus en plus d'ornement aux églises, aux édifices publics et aux palais. Elles deviennent de gigantesques mécaniques, non plus seulement de merveilleux jouets. Elles acquièrent une fonction utilitaire précise, mais restent un rituel.

Placées d'abord à l'intérieur même des églises, elles servent à déterminer les jours de fêtes et à réglementer les services religieux. L'Eglise dispose ainsi d'une mesure du temps à peu près fiable pour attirer les gens vers le lieu du culte en leur offrant en même temps un spectacle, une distraction pendant les offices souvent incompréhensibles, parce qu'en latin. L'horloge mécanique, à l'image des horloges hydrauliques, doit donc rester le reflet ou la métaphore du Temps des Dieux. Ainsi, tout autour des cadrans des premières horloges de la cathédrale de Strasbourg, au début du XVe siècle, sont fixés des tableaux représentant la Création du monde, la Résurrection des morts, le Jugement Dernier, les figures du Vice et de l'Innocence. A chaque coin du calendrier, les quatre monarchies antiques sont symbolisées : Assyrie, Perse, Grèce, Rome. Enfin, sur les panneaux de l'armoire se côtoient les portraits de Copernic et d'Uranie, muse de l'astronomie. Les sept jours de la semaine sont représentés par leurs dieux tutélaires : Apollon, Diane, Mars, Mercure, Jupiter, Vénus et Saturne. Les quarts sont sonnés par deux anges, l'un frappant une clochette, l'autre montrant un sablier. A chacun des quarts correspond un des quatre âges : un enfant, un adolescent, un guerrier et un vieillard. Aux douze coups de midi, les apôtres défilent devant le Seigneur qui les bénit. Les heures sont frappées par la Mort avec sa faux. Enfin, un coq chante par trois fois lors de la procession des apôtres.

A la fin du XVe siècle, elles deviennent plus précises et plus petites, donc transportables. Elles n'ont plus besoin de serveur permanent et descendent des clochers et beffrois pour meubler les maisons des riches. On les équipe de sonneries automatiques indiquant l'heure. Pour rappeler leur localisation d'origine, les mouvements sont souvent montés dans des reproductions en miniature de clochers gothiques. Se multiplient ainsi les horloges à automates sur les clochers et les beffrois, et leurs miniatures dans les palais des princes et les maisons des échevins. La première horloge publique de Besançon est construite en 1440 ; destinée à l'église Sainte-Madeleine, elle est ensuite déplacée en 1486 sur l'une des tourelles de l'hôtel de ville à Dôle. Celle de Prague, installée en 1486, constitue un exemple encore en place de ces horloges du xve siècle : on y trouve un calendrier astronomique de toutes les fêtes chrétiennes fixes ou mobiles. Des jacquemarts en symbolisent le cours. Les heures y sont données en « heures bohémiennes », c'est-à-dire que la première commence au coucher du soleil. En 1497, Ambrosio dalle Ancore confectionne les deux « Maures » de bronze grandeur nature pour l'horloge de la place Saint-Marc à Venise, dont le mouvement est terminé en 1499.

A la fin du xve siècle, toutes les principales églises et les principaux beffrois d'Europe sont équipés d'une horloge à poids et à foliot. Ces horloges astronomiques sont encore réglées par des cadrans solaires.

Au siècle suivant, les horloges prennent toutes les formes, dans les beffrois, les clochers et les hôtels. Instruments astronomiques et repères du calendrier, elles entrent dans les maisons des marchands détenteurs du pouvoir urbain. Ainsi, en 1500, à Florence, Lorenzo Benvenuto della Volpeia construit pour un roi de Hongrie, Mathias Corvin, une horloge de fer, haute d'une aune, avec de nombreuses indications astronomiques. Après 1550, les horloges de tables et les horloges-tours sont de plus en plus richement décorées, l'indication de l'heure étant toujours reléguée au second plan. En 1583, Jost Burgi construit à Cassel des horloges d'observation. Il invente le remontoir et améliore considérablement la finition des pièces. Vers 1585, il construit une horloge fonctionnant trois mois sans être remontée.

Mais la mesure du temps ne se réduit pas encore à

l'horloge : clepsydres et cadrans solaires continuent d'être utilisés à son réglage. De plus, il n'est pas d'église, de manoir ou de demeure d'échevin qui ne possède aussi un sablier, pas de laboratoire d'alchimiste où celui-ci ne voisine, comme dans *La Mélancolie* de Dürer, avec un « carré magique ». Ainsi, en 1468, selon les registres de l'époque, on en trouve trace « lors des tournois donnés à l'occasion du mariage de Charles le Téméraire et de Marguerite d'York » : pour marquer la durée des joutes, un nain dresse son horloge, « qui estait de verre plain de sablon portant le cours d'une grande demye-heure, et puis sonne la trompe ». L'un des chevaliers ayant été désarçonné, « suyvant l'ordonnance du Pas, fut l'horloge couchié, afin que le sablon courrut à la perte ».

Si, à la fin de la Renaissance, les progrès de l'horlogerie mécanique font oublier quelque peu les horloges à sable, on continue d'en produire et au XVIe siècle, on fabrique partout en Europe des sabliers « en buffet d'orgues » à quatre fioles — renfermées dans la même monture et mesurant respectivement le quart d'heure, la demi-heure, les trois quarts d'heure et l'heure. Entre 1517 et 1612, Hans Ducher, célèbre fabricant de cadrans solaires et d'instruments de mathématiques à Nuremberg, confectionne des sabliers à usage maritime. En 1656, on en utilise encore puisque, dans sa seconde *Provinciale,* Pascal écrit : « Je l'ai bien dit ce matin en Sorbonne ; j'y ai parlé toute ma demi-heure, et *sans le sable,* j'eusse... [185] » Au XVIIIe siècle, le roi Louis XVI, visitant à Lyon les ateliers de Grolliers de Servière, voit un sablier se retourner automatiquement au bout d'une heure et actionner un cadran horaire où apparaît le chiffre correspondant.

Le chanoine Pingré fait allusion aux sabliers dont se servait, pour dire la messe, l'aumônier à bord du *Comte d'Argenson,* vaisseau de la Compagnie des Indes sur lequel il avait embarqué en 1761. Et cet homme d'église, qui n'était pas précisément dévôt, raconte que l'aumônier ne se servait que de sabliers usés, coulant plus rapidement, « dans l'espoir d'abattre sa messe en vingt minutes, ce qui était du goût des officiers du bord ».

3. *Horlogers et astronomes*

Etrange profession que celle des horlogers. Héritier des prêtres et des sorciers, des forgerons et des armuriers, des astrologues et des devins, de tous ceux qui fabriquaient les horloges à eau dans les couvents et les cours, l'horloger du Moyen-Age doit être en outre un technicien. Il doit savoir fabriquer des rouages et des pièces, manipuler le métal et le feu. Aussi la technique de fabrication des horloges astronomiques à eau rejoint-elle celle des serrures et des clés, des armes et armures.

Il plane autour d'eux un mystère inquiétant : le peuple les tient pour magiciens du feu, du métal et du ciel. Leur caste se ramifie en de nombreux métiers : ferronniers, taillandiers, chaudronniers, dinandiers, orfèvres, serruriers et mécaniciens.

Détenteurs des secrets industriels les plus avancés de leur temps, les horlogers nourrissent le reste de l'industrie de leur savoir multiforme : ainsi, c'est pour faire progresser la précision de l'horlogerie que sont inventées les premières machines-outils, utilisées ensuite dans la serrurerie, l'industrie textile et l'armement. Si, aux XIVe et XVe siècles, l'horloger ne dispose que d'un archet en guise de tour, du tour à perche, il invente au XVIe siècle le tour moderne, le tour à fileter, la fraise rotative, les machines à fendre les pignons, à tailler les fraises, à adapter la largeur des palettes de l'échappement et leur écartement à ceux des roues de rencontre, celle à tailler les limes.

Installée en général près des centres sidérurgiques, l'horlogerie prend donc très tôt son autonomie professionnelle et devient art de cour. Dès la fin du XIIe siècle, on connaît à Cologne une corporation de fabricants d'horloges regroupés dans une « rue des horlogers ». Au XIIIe siècle, on trouve mention à Paris d'un horloger nommé Jehan d'Aulogier, « demeurant en la Grand'Rue Saint-Benoist, figurant pour deux sols au registre de la taille ». L'utilisation du nom professionnel sous cette forme indique qu'il ne s'agit pas là d'un cas exceptionnel, mais d'un métier déjà assez spécialisé pour que son nom ait eu le temps de passer en sa forme primitive à la forme générique.

Jusqu'au XVe siècle, leur nombre est faible : une centaine pour toute l'Europe, voyageant de ville en ville et de cour en cour pour construire, régler et réparer les horloges de tout le continent. A cette époque, un horloger se fixe souvent auprès de l'un de ses chefs-d'œuvre pour le remonter, le régler, le réparer, tirer ses cloches, faire du feu en hiver afin d'empêcher l'épaississement de l'huile des rouages. Puis, quand l'horloge s'émancipe, l'horloger s'installe.

En Allemagne d'abord, puis en France, en Italie et en Flandres, des corporations se constituent sous le contrôle du pouvoir urbain. En 1544, à Paris, sept serruriers ayant fait de la fabrication des horloges leur spécialité, demandent à François Ier l'autorisation de se constituer en corporation. Ils exposent au roi combien il est nécessaire « pour le bien public qu'il y ait des personnages experts connaissant et sachant sûrement le métier d'horloger, et qu'ils fassent ces ouvrages de bonnes matières premières pour obvier aux abus, malfaçons, fautes et négligences qui, journellement, sont faites par plusieurs dudit métier, tellement que les horloges ainsi mal faites ne vont de mesure et ne peuvent être réparées et ceux qui y employent leur argent le perdent ». [267] Ces statuts sont accordés et réservent aux seuls maîtres de la corporation « le droit de faire horloges ou réveille-matin, montres grosses et menues et autres ouvrages dudit métier ». Ils prennent pour devise : « *Solis mendaces arguit horas* », et leurs armoiries sont « d'azur à une pendule d'or accostée de deux monstres d'argent marquées de sables ».

Des corporations d'horlogers sont ensuite créées en 1565 à Nuremberg, en 1597 à Blois grâce à Gaston d'Orléans, en 1601 à Genève, en 1632 à Londres. Jusqu'au XVIe siècle, dans toute l'Europe, la plupart des horlogers sont en même temps serruriers et armuriers.

En 1572, Charles IX confirme les statuts des horlogers de Paris. Jusqu'en 1629, les serruriers français conservent le droit de construire des horloges, alors que les horlogers n'ont plus celui de construire des serrures. En 1617, les horlogers de Paris obtiennent le droit de faire des boîtiers en or, ce que les bijoutiers voulaient leur voir interdire.

Les règles de ces corporations révèlent la grande complexité du métier en même temps que la fluidité des règlements médiévaux. A Paris, l'apprentissage, réservé aux catholiques, commence à douze ou treize ans chez un maître. A la fin des six années d'études, l'apprenti devient compagnon pendant quatre ans, après quoi il peut prétendre à la maîtrise. Durant les dix premières années, on est « jeune maître » ; les dix années suivantes, on est « maître moderne » ; au-delà de vingt ans d'exercice, on devient « maître ancien ». Si l'on exerce une des charges de la profession, on est « bachelier ». La profession est administrée par des jurés élus pour deux ans parmi ses notables. Ils s'assurent de la bonne fabrication des ouvrages, gèrent les finances de la communauté, la représentent aux cérémonies religieuses et civiles et procèdent à l'examen des chefs-d'œuvre.

Mais, comme souvent, les failles du système corporatif sont grandes : le fils d'un maître et l'époux de la veuve d'un maître deviennent maîtres de droit. Dans certaines villes manquant d'horlogers, on admet facilement à la maîtrise, avec la connivence des échevins ou du roi qui vendent les lettres de maîtrise. Au XVIIe siècle, on ne trouve à Rouen qu'un seul maître horloger ayant exécuté un chef d'œuvre, les autres ont acheté des lettres du roi, de la reine, du dauphin, ou même du légat du pape. Un Parisien peut obtenir la maîtrise en échange d'un enseignement gratuit dispensé aux enfants abandonnés et indigents élevés à l'hôpital de la Trinité aux frais du roi. Enfin, s'il a des relations, un candidat peut être nommé « marchand suivant la Cour », ce qui lui permet d'exercer dans toutes les villes où séjourne le roi, ou encore d'être affecté aux Manufactures royales du Louvre ou des Gobelins. La lettre de maîtrise se lègue. Il existe ainsi des horlogers de père en fils, comme la dynastie des Martinot où figureront six « horlogers du roi », de Charles IX à Louis XIV.

Dès que les pouvoirs s'intéressent à l'industrie, ils s'intéressent à l'horlogerie. Ainsi, en 1600, Henri IV de France décide de faire construire dans les entresols de la « galerie du Bord de l'Eau », tunnel entre le Louvre et les Tuileries, des ateliers destinés à des industriels de pointe, afin d'attirer les meilleurs tapissiers, bijoutiers et horlogers d'Europe. C'est un grand succès. Les plus grands horlogers du temps s'y rassemblent : Abraham de la Garde, Antoine Fasier, Martinot, Bidault, Thuret, Leroy.

Tout au long de cette époque, une division du travail se développe à l'intérieur même du métier d'horloger. A partir du XVIIe siècle, des fabricants se spécialisent dans les outils pour horlogers, d'autres dans les verres de montres ; on commence à parler de « faiseurs d'ébauches », qui fabriquent la « cage », les pièces des mécanismes de remontage et de mise à l'heure, le barillet. Il reste aux « finisseurs » à ouvrer les roues et pignons, l'échappement, puis à rectifier toutes les pièces pour que l'ajustage soit exact.

Un siècle plus tard, en 1788, un recensement genevois distingue seize spécialités : horloger, monteur de boîtes, cadraturier (fabricant de montres à répétition), faiseur d'aiguilles, faiseur de bandes (phase préparatoire aux découpages), faiseur de cadrans, faiseur de pignons, faiseur de ressorts, faiseur de timbres, faiseur de verges, lisseur, polisseur, polisseur d'acier, doreur, pendulier, marchand horloger. Il faut ajouter à cela plusieurs spécialités communes à la fabrication des horloges et à l'orfèvrerie : lapidaire, émailleur, graveur, guillocheur.

L'horlogerie est donc une industrie de pointe. En général, elle s'installe là où se trouve le métal, et se vend là où se trouve le commerce. Le déplacement de ses centres de production est donc en soi révélateur de l'économie du Temps des Corps.

4. *Horloges et cœurs*

A partir du XIIIe siècle, le capitalisme européen s'organise autour d'une « ville-cœur », selon l'expression d'Immanuel Wallerstein[32] : centre des échanges de l'économie-monde et des marchés, entrepôt et bourse, où se fixent les prix et les commandes, les risques et les profits. Le déplacement de ce centre à travers l'histoire ne recouvre pas celui des centres de l'horlogerie. Plus précisément, la localisation de l'horlogerie révèle une dimension un peu masquée de l'économie-monde européenne au temps du pouvoir urbain ; elle dévoile la présence, entre les villes-cœurs du commerce, de centres industriels essentiels et plus stables qu'elles : si le cœur du capitalisme marchand oscille entre les Flandres et l'Italie jusqu'au XVIIe siècle, le cœur du capitalisme industriel s'installe, lui, en Europe centrale, jusqu'à ce qu'il rejoigne au XVIIe siècle le cœur de l'Europe marchande sur les rives de la mer du Nord.

Il est impossible, on l'a vu, de déterminer avec précision quand et où les premières horloges sont mécanisées. Il semble en fait qu'au début du XIVe siècle, elles voient simultanément le jour dans les couvents et dans les villes minières d'Angleterre, d'Allemagne, de France et d'Italie, c'est-à-dire en tous lieux où se joue le sort de l'Europe.

Jusqu'à la fin du siècle suivant, on ne peut parler de domination de l'une ou de l'autre de ces régions en matière d'horlogerie. Certes, les villes du Nord contrôlent ou gèrent beaucoup plus efficacement le temps urbain que celles du Sud. Des villes industrielles moins riches que les villes commerçantes développent l'horlogerie. Mais rien ne désigne alors un centre unique de l'industrie horlogère.

En ce temps, l'économie marchande est pourtant déjà dessinée. Bruges en est le premier cœur, l'axe Bruges-Champagne-Italie du Nord l'artère vitale. F. Braudel[32] écrit à ce propos : « L'Occident ne possède pas une seule région polaire, mais deux, et cette bipolarité qui écartèle le continent entre l'Italie du Nord et les Pays-Bas durera des siècles. » Cet axe reste en effet celui du développement de l'Europe pendant trois cents ans. Au début du XIVe siècle, le centre de l'économie marchande bascule de Bruges vers l'Italie et les routes se déplacent vers l'Allemagne, devenue industriellement active, provoquant l'exclusion relative de la France hors du capitalisme européen. Pour autant, l'horlogerie ne reste pas confinée sur cet axe : ainsi, on a vu que des horlogers apparaissent en Angleterre dès la fin du XIIe siècle, alors que ce pays ne joue encore aucun rôle économique dans l'Ordre des Corps. Mais, malgré tout, les principales horloges urbaines s'installent là où le pouvoir des échevins est le mieux structuré, c'est-à-dire là où l'industrie textile et celle des machines-outils sont les plus avancées : Italie du Nord, France septentrionale, Allemagne, Flandres, Angleterre méridionale.

C'est à partir du XVe siècle que l'Allemagne, zone seconde du commerce, passe en tête du développement industriel et horloger, avant tout à cause du développement de ses activités minières. A partir de ce moment, en effet, les Allemands deviennent les spécialistes du cuivre et de l'argent. De grandes maisons, les Fugger, les Welser, les Haug, font fortune sur le commerce de ces minerais et réinvestissent leurs capitaux dans le commerce et les transactions financières de l'Europe. Les Allemands deviennent alors les fournisseurs en métaux de tout le continent. Ils livrent aux marchands de la Sérénissime du fer, de la quincaillerie, des futaines, des horloges, puis, après le milieu du XVe siècle, en quantités grandissantes, de l'argent. L'Allemagne centrale devient alors une véritable zone industrielle. Elle aurait pu être le « cœur » même de l'économie-monde si le temps avait été à l'industrie et non au commerce, à l'Etat et non à la ville. Braudel écrit : « Si le centre de gravité était resté à mi-chemin de l'Adriatique et de la mer du Nord, il aurait pu se fixer à Nuremberg, par exemple, où confluent une douzaine de grandes routes, ou à Cologne, la plus grosse des villes allemandes. »

L'exploitation des mines s'y développe dans la seconde moitié du XVe et la première moitié du XVIe siècle. Le travail y devient salarié. Les XVe et XVIe siècles sont alors, pour l'essor de l'horlogerie, les siècles de l'Allemagne, alors qu'au sens du Temps des Corps, le XVe est le siècle de Venise et le XVIe celui d'Anvers.

Nuremberg, en effet, n'est pas seulement le lieu où sont inventés la montre de poche ou « œuf de Nuremberg » et un appareil acoustique, le « cornet de Nuremberg » ; l'alliage du laiton, le globe terrestre, la clarinette, l'arquebuse pneumatique, la platine à batterie et la pédale y sont également conçus et réalisés.

A Nuremberg et Augsbourg, les modèles d'horlogerie les plus divers se multiplient (horloge-ostensoir, horloge-tabernacle, horloge-beffroi, montre-boule, horloge en croix, horloge à automates). Ces deux villes se partagent alors les tâches. Des deux centres germaniques, c'est Augsbourg le plus fameux pour la diversité de ses horloges et l'habileté de ses artisans, et Nuremberg pour les montres.

Au XVe siècle, Venise aide à ce développement industriel de l'Allemagne. « Elle interdit pratiquement à ses propres marchands d'acheter et de vendre directement en Allemagne. Le résultat, c'est pour les Allemands l'obligation de gagner Venise en personne, d'y acheter les draps, les cotons, la laine, la soie, les épices, le poivre, l'or... [32] » La maison Haug est représentée à Anvers, Venise, Cologne, Nuremberg, Ulm et Schwaz dans le Tyrol. Elle importe de Venise des épices, de la soie et du coton ; de Schwaz, du cuivre et de l'argent ; d'Anvers, des épices et du drap anglais. Puis, à la charnière des XVe et XVIe siècles, l'Allemagne participe au basculement du « cœur » de Venise vers Anvers.

Les horlogers allemands en ont une maîtrise technique absolue. Les fabricants d'Augsbourg, grâce à un marché en pleine expansion, incorporent des automates à leurs mécanismes, en des formules d'une infinie variété. L'abondance de métaux dont bénéficie l'Allemagne étonne encore Montaigne [171] lors de son voyage de 1580 en Autriche : « Ils ont si grande abondance de fer, qu'outre que toutes les fenêtres sont grillées, et de diverses façons, leurs portes et même leurs contre-fenêtres sont couvertes de lames de fer. »

Au début du XVIIe siècle, la guerre de Trente ans et le déplacement du centre du monde vers l'Atlantique sont fatals à l'industrie allemande. Les secteurs où les rapports de production capitalistes sont apparus le plus tôt, où est né ce qu'on a appelé le « capitalisme précoce » du XVIe siècle, se figent puis déclinent. Ce n'est même pas là qu'apparaîtra le Temps des Machines à la fin du XVIIIe siècle.

D'autres villes horlogères se développent, à partir du XVIe siècle, telle Blois où, de 1515 à 1610, le nombre d'ateliers d'horlogerie passe de cinq à soixante-trois. Une guilde y est fondée en 1597. Puis d'autres cités comme Genève, Amsterdam et Londres profitent du déclin allemand : alors qu'en 1600, il n'y a que vingt-cinq maîtres horlogers à Genève, il y en aura cent en 1700. Les mouvements y sont plus simples que ceux d'Allemagne du

Sud, ce qui leur assure un plus long usage et une marche plus sûre.

Or, les XVIIe et XVIIIe siècles sont aussi, pour le commerce, ceux d'Amsterdam, « entrepôt du monde », et plus largement des Provinces-Unies. Braudel[32] écrit : « Si Amsterdam est le chef d'orchestre de tous les prix européens que tous les documents signalent, c'est en raison de l'abondance des réserves de marchandises dont elle peut à volonté régler l'écoulement. »

C'est aussi à ce moment que s'opère pour l'horlogerie un déplacement capital, et que commence à se créer l'unité du commerce et de l'industrie. Car tandis qu'Amsterdam maîtrise le commerce mondial et que l'embryon d'industrie créé en Allemagne s'écroule, l'Angleterre, reprenant bon nombre de techniques allemandes et lançant une recherche de pointe avec un extrême dirigisme, prépare, dès la fin du XVIe siècle, la révolution industrielle et commerciale du XVIIIe.

Le bois commençant à manquer, les Anglais se tournent vers le charbon. La petite métallurgie (coutellerie, fabrique de clous, d'outils...) ne cesse de croître, l'industrie textile progresse. Simultanément, la Grande-Bretagne devient le centre mondial des instruments de mesure du temps. En 1622, les horlogers anglais, qui ont tant profité de l'apport extérieur, protestent contre la présence de trop nombreux étrangers. En 1632, ils obtiennent l'autorisation de fonder leur propre guilde, de « Maîtres gardiens et compagnons de l'Art et du Mystère de construire des pendules et des horloges », et de se protéger des importations. Aussi, pendant que les Français mettent l'accent sur le raffinement de la décoration, les Hollandais sur la recherche d'un style national, et alors que les Suisses copient un peu tout le monde, les Anglais améliorent-ils leurs appareils en précision et en fiabilité, et préparent-ils les bases d'une industrialisation massive des instruments. Ils y sont aidés par la révocation de l'Edit de Nantes, qui conduit un grand nombre d'horlogers protestants à s'exiler et à offrir leurs secrets et leurs services à l'Angleterre et à la Suisse. En 1730, parlant de l'Angleterre, Savoy de Brulons [209] écrit dans le *Dictionnaire universel de Commerce* : « Il serait aisé de justifier que plus des trois quarts des montres qui viennent de ce pays sont faites par des Français. »

Plusieurs techniciens assurent à l'Angleterre sa suprématie. Un des plus importants est sans doute un émigré suisse, Nicolas Facio, venu en Angleterre en 1687, qui a découvert les moyens de percer et de façonner les pierres précieuses et d'utiliser les trous ainsi pratiqués pour y fixer les axes des rouages. Brevetée le 1er mai 1704, cette invention est exploitée à Londres. L'invention paraît mineure ; en fait, elle va assurer à l'Angleterre la maîtrise de l'industrie horlogère européenne. Jusqu'alors, les pivots des roues tournaient directement dans les trous dont les pierres étaient percées ; bien que celles-ci fussent huilées, il se déposait du vert-de-gris. Au bout de quelque temps, un sédiment tenace augmentait le frottement, faussant le mouvement des montres et des horloges. Une variation d'une demi-heure en vingt-quatre heures était alors fréquente. Un avis, paru dans la *London Gazette* du 11 mai 1704, annonce que des montres dotées de rubis percés sont à la disposition des intéressés dans un atelier de Soho. Le succès est foudroyant. A partir de 1730, les pierres dont on se sert en Grande-Bretagne sont des diamants bruts du Brésil. Le secret de la fabrication de ces pierres n'est connu en Europe centrale qu'en 1775.

Au XVIIIe siècle, Sully, horloger anglais, fonde une manufacture à Versailles et une autre à Saint-Germain.

Comme Londres, Genève reprend une partie de la puissance industrielle allemande en concentrant tous ses efforts sur la production en série. En 1650, on y compte cent maîtres horlogers employant trois cents ouvriers, et 80 maîtres bijoutiers avec 200 ouvriers. En 1661, Genève produit 5 000 montres par an. En 1680, la montre émaillée de Genève remporte un énorme succès. A la fin du XVIIe et au XVIIIe siècle, Grande-Bretagne et Suisse écrasent tous les autres fabricants du monde.

5. *Le Temps des Corps*

Les horloges jalonnent un temps nouveau. Tout au long du Moyen Age, la science du temps et l'horlogerie participent d'un formidable changement des mentalités. L'Europe, dominée par des marchands et des princes dont l'ambition première est d'organiser la libre circulation des marchandises, de rendre les routes sûres et de garantir que les échéances pourront être tenues, se pacifie. Dès lors, la violence menaçante n'est plus celle que peut expliquer l'invisible, sa conjuration n'est plus assurée par le sacrifice. La violence est bien réelle : c'est celle des pauvres, des errants et des paysans que la grande peste et le progrès des techniques agricoles ont jetés sur les routes. Celle des mendiants qui vivent dans les villes et y menacent l'ordre en permanence tout en aidant, par un travail irrégulier, à leur puissance et à leur gloire.

Il s'agit certes toujours de circonscrire la violence, de la régulariser, de la dater, de donner son déroulement en spectacle ; mais les acteurs changent de nom ; les Corps sont désormais la menace et la force principales des sociétés. Ce sont eux qu'on condamne, qu'on enferme, qu'on contrebalance, qu'on contient. A certaines dates, avec des mécaniques nouvelles, selon des calendriers différents. Le Temps des Corps est advenu, l'histoire de l'horloge en scande le récit.

Des millénaires de peurs et de rites, de sacrifices et de fêtes, s'effacent peu à peu. Après les menaces de l'invisible et de l'espace, rôde la réalité bien tangible des errants qui tuent, volent et pillent. Pour gérer le monde urbain, avec ses pauvres et ses mendiants, ni l'Eglise ni ses anathèmes ne suffisent à assurer l'ordre, pas plus que les sacrifices et les boucs émissaires.

Si, comme au Temps des Dieux, il convient de laisser la violence s'exprimer à certains moments, de la montrer en spectacle pour que le pouvoir puisse établir qu'il est capable de la maîtriser, le calendrier de ces ruses n'est plus celui du rituel mais celui de la police. Le rapport mental au temps change. L'énergie n'est plus un écoulement, mais le résultat de la position d'un corps dans l'espace.

Tout comme le monde du sacré se mime dans ses instruments de mesure du temps, le monde du Moyen Age est à l'image de l'horloge que l'homme a su construire. Comme l'horloge — où l'accélération d'un corps est rythmée par un foliot, qui date les accélérations permises d'un corps en chute — le temps urbain se vit comme une succession d'équilibres et de violences de corps en mouvement. L'ordre social est vécu comme un équilibre de forces, comme une balance entre des poids libérés à intervalles réguliers.

Pour Bodin[28], par exemple, le pouvoir politique est un équilibre des poids des divers groupes sociaux. Or l'instrument métaphorique par excellence du pouvoir, dit Bodin, est la balance : « Aussi tous les législateurs, qui recommandaient au peuple de n'avoir qu'une forme de poids, balances et mesures, lesquels fussent encore justes, ne l'entendaient simplement des artificiels servant à la distribution des choses qui entrent en commerce, mais aussi le voulaient rapporter aux mœurs et actions, qu'un chacun doit à bien composer, peser et mesurer, qu'il puisse être juge de lui-même... La monnaie est l'un des droits de la souveraineté, aussi est la mesure et les poids ».

Bodin suggère donc de diminuer les risques de violence en interrompant à intervalles réguliers les jeux des forces sociales : le pouvoir, dit-il, doit être structuré comme l'échappement d'une horloge ; il doit osciller entre des forces contradictoires et s'appuyer sur elles pour établir un équilibre : « J'appelle régulier tout arrangement raisonné qui produira le bon ordre. Ainsi la manière la plus assurée de faire exécuter le plan sera la plus régulière : un pouvoir en arrête un autre et le ramène. Depuis que le gouvernement du tout populaire le gagna par l'ambition des tribuns, comme le contrepoids d'une balance trop forte, d'un côté, donne contre terre... il s'ensuivit une discorde bien fort grande entre les citoyens, qui continua jusqu'à ce que l'état fût changé ».

Le pouvoir politique doit donc être, comme une horloge, un équilibre de forces sociales aussi parfaitement réversible que possible. La mécanique des Corps, que l'horloge met en pratique, en fournit une image réussie, idéale. Peu à peu, la métaphore de l'horloge elle-même s'installe comme la représentation majeure de l'ordre du Moyen Age, comme une image de la perfection, à la fois réversible et irréversible, de la société urbaine du XIVe siècle. L'Eglise elle-même se met à représenter Dieu comme l'horloger du monde. En 1382, l'évêque de Lisieux Nicolas Oresme emploie le premier cette métaphore et compare le monde à une « horloge mécanique créée et mise en marche par Dieu, qui donne aux rouages un mouvement aussi harmonieux que possible ». Saint-François de Sales [94] écrit : « L'amour est la vie de notre cœur. Et comme le contrepoids donne le mouvement à toutes les pièces mobiles d'une horloge, aussi l'amour donne à l'âme tous les mouvements qu'elle a. » Dans une de ses lettres, il confirme cette métaphore : « Je passerai ce calme à rhabiller un peu mon âme, c'est une horloge détraquée ». Ou encore, dans *l'Introduction à la vie dévôte* : « Il n'y a point d'horloge, pour bonne qu'il soit, qu'il ne faille remonter ou bander deux fois par jour, au matin et au soir, et puis, outre cela, qu'il ne faut au moins une fois l'année démonter de toutes pièces pour ôter les rouillures qu'il aura contractées, redresser les pièces forcées et réparer celles qui sont usées. Ainsi celui qui a un vrai soin de son cher cœur doit le remonter en Dieu au soir et au matin, par les exercices marqués ci-dessus ; et outre cela, il doit plusieurs fois considérer son état, le redresser et accomoder et enfin, au moins une fois l'année, il le doit démonter et regarder par le menu toutes les pièces, c'est-à-dire toutes les affections et passions d'icelui, afin de réparer tous les défauts qui y peuvent être. Et comme l'horloger oint avec quelque huile délicate les roues, les ressorts et tous les mouvants de son horloge, afin que les mouvements se fassent plus doucement et qu'il soit moins sujet à la rouillure, ainsi la personne dévote, après la pratique de ce démontement de son cœur, pour le bien renouveler, le doit oindre par les sacrements de confession et de l'Eucharistie ».

Si Dieu n'est plus le temps lui-même, il reste l'administrateur du temps des activités humaines, celui qui contrôle sa répartition : Dieu est le poids de l'horloge.

Puis celle-ci aide à expliquer un monde où les forces qui s'opposent sont purement humaines : l'univers n'est plus alors qu'un mécanisme d'horlogerie, un mouvement perpétuel matériel. En même temps et par une autre voie — celle de la monnaie —, le temps s'éloigne davantage encore des Dieux. Voici que réapparaît, avec l'échange marchand, un étalon de comparaison des valeurs. Une nouvelle langue s'instaure entre marchands. Elle aussi va exprimer le Temps des Corps et y organiser un nouveau compromis entre l'irréversible et le réversible pour une réhabilitation de l'intérêt et la mise en place de la comptabilité annuelle. Le temps acquiert de la valeur. Le calendrier devient enregistrement des valeurs et non plus seulement des rites. Le Temps se quantifie pour le marchand et non plus pour le prêtre. Pour le prêt et non plus pour l'offrande.

Alors que l'Eglise a tenté, au moins jusqu'au xe siècle, de s'opposer au prêt à intérêt, dès le début du xiiie, celui-ci est rendu nécessaire par le commerce à distance. Le problème est tourné par l'invention de la lettre de change. Au XIIIe siècle, les polices des villes s'en mêlent et fixent des taux maxima : au-dessous de 20 % en Italie, en Champagne, en Flandre. L'Eglise réagit encore en 1293 dans son concile de Lyon, puis en 1311 dans son concile de Vienne, en demandant la disparition du prêt à intérêt. A partir du XIVe siècle, elle accepte de ne pas considérer la lettre comme un prêt et accepte l'intérêt comme une rémunération du risque de change. Ses interdictions sont alors de moins en moins respectées. Au XVe siècle, elle organise elle-même des monts de piété en Italie et en Allemagne, même si les conciles de Latran en 1511 et de Milan en 1565 renouvellent encore l'interdiction.

En même temps émergent des cycles d'un genre nouveau, au terme desquels les dettes s'annulent. A chaque crise, les taux d'intérêt augmentent ; en période d'optimisme, les marchands accordent une forte valeur à l'avenir où se joue la survie quotidienne des villes.

Surgit en ville un temps laïc, qui a besoin des horloges et des beffrois pour exercer son contrôle, pour éviter la rupture d'équilibre entre des forces sociales qu'il faut combattre ou compenser. Les ennemis, exclus du Temps de l'Ordre, ne sont plus alors autorisés à s'exprimer que dans ces interstices où chacun refait ses forces : Carnavals et Foires.

II. CARNAVALS ET FOIRES

Quand s'organise l'économie-monde européenne et que se structurent les villes, le pouvoir de dater les événements majeurs de la vie des groupes sociaux n'appartient plus aux prêtres, même si ces dates sont encore nommées religieusement. Il n'est pas encore entre les mains des industriels, même si le temps de travail devient un des enjeux centraux. Un espace et un temps spécifiques, ceux des villes, s'installent pour quatre siècles ; le pouvoir de police y fixe les dates qui rythment les cycles et le temps de la vie et de la mort.

1. Temps rural et temps urbain

Pour l'immense majorité des hommes d'Europe, le rythme de la vie dans les campagnes reste celui du sacré. Malgré les horloges des villes et des couvents, les durées restent mesurées en « credos ». On dit d'un tremblement de terre qu'il a duré « deux credos » ; la cuisson d'un œuf correspond à un *Ave Maria* dit à haute voix. Au xve siècle, l'*Oxford English Dictionary* évoque des durées sous le nom de « pater noster wyle », « miserere wyle » (1450), et, dans le *New English Dictionary,* on parle même de « pissing wyle », ce qui semble être une unité quelque peu arbitraire. Au xvie siècle, dans les *Contes de Canterbury,* le coq apparaît encore dans son emploi de réveille-matin naturel :

> « Leva les yeux vers le soleil radieux
> Qui alors s'était engagé dans le signe du Taureau
> D'un peu plus de vingt et un degrés
> Et sut par instinct, et non pas par science,
> Qu'il était six heures, et chanta d'une voix triomphante...
> Bien plus précis était son chant en son logis
> Qu'une pendule ou qu'une horloge de couvent. »

Selon Le Roy Ladurie [149], au xviie siècle, un petit bourgeois tarasconnais parle du « temps de deux patenôtres » pour évoquer un bref moment. Les Archives communales de Lourdes, années 1660-1670, évoquent aussi le *Pater* comme mesure du temps. Généralement, les expressions demeurent vagues : « une courte pause », « une grande pause ». Dans toute l'Europe, les coupures du temps restent indiquées par des repères alimentaires, même si quelques-uns utilisent les repères liturgiques de tierce, none et vêpres. Pour indiquer les divisions de la nuit, les Ariégeois utilisent des repères visuels ou auditifs : « après le coucher du soleil », « à la nuit noire », « à l'heure du premier sommeil », « à l'heure de la moitié du premier sommeil », « au premier chant du coq », « alors que le coq a déjà chanté trois fois ».

Les cloches de l'église du village qui marquent l'heure des enterrements et des messes ne semblent pas servir à découper le temps rural en périodes précises, qui restent étrangères aux besoins d'une civilisation paysanne.

L'Europe vit jusqu'au XIVe siècle avec un double système d'heures : les 24 heures romaines et les 7 heures canoniales. On n'a pas besoin de plus.

Dans les campagnes, le soleil reste donc, avec la clepsydre, l'instrument essentiel de mesure du temps. Mandrou[155] évoque même, dans son *Introduction à la France moderne,* tel seigneur « qui a pourtant une horloge chez lui, mais dit sans cesse : environ soleil levant, à soleil couchant ».

A la campagne, le terme de « semaine » et le nom des sept jours, exception faite du dimanche, sont peu utilisés. On dit plus volontiers huit jours, quinze jours, une quinzaine, mots qui correspondent initialement à un concept de quart ou de demi-mois, et dont on trouve les équivalents dans le calendrier de la Rome antique. L'expression « demi-année », très utilisée, présente l'avantage de se mouler aux données de la transhumance, qui partage l'année en hivernage et estivage.

Le rythme des douze mois et des quatre saisons n'est pas plus fréquemment utilisé : on préfère se référer, pour déterminer une date, aux phénomènes naturels : « à la saison où les ormes portent des feuilles ». Les travaux agricoles, moissons, vendanges, constituent aussi des repères souvent employés.

L'année comme la journée de travail rural continuent d'être rythmées par la nature. Ainsi, à propos des vignes en Bourgogne au XIVe siècle, C. Commeaux[56] écrit : « Le cycle des travaux commence bien après la récolte et la vinification. Puis vient l'hiver pendant lequel on ne fait que planter et provigner. On mettra au repos les vignes vieillissantes (...) En février ou mars vient la taille. Puis les travaux de sarclage ; (les coups) commencent (...) En juin, le second « coup » est donné (...) En Dijonnais, on a introduit le trasoyage, le troisième « coup » du mois de juillet ou d'août (...) Puis vient le temps de la vendange... » Les paysans de Montaillou se contentent d'une chronologie flottante qui s'accroche tant bien que mal aux jours de fête.

Dès qu'il s'agit de décomptes portant sur une grosse fraction d'année, un an ou un groupe d'années — « il y a trois ou quatre ans », « il peut bien y avoir vingt ans », « au temps où les hérétiques dominaient à Montaillou », « avant la rafle de l'Inquisition de Carcassonne » —, le temps rural est flottant : l'exemple des notaires de Pamiers datant leur action de « l'an du Seigneur 1320 » n'est pas du tout suivi par les paysans.[149]

En milieu rural, les fêtes sont liées aux activités collectives et notamment aux foires de bétail, et ne sont très souvent qu'un habillage des fêtes rurales préchrétiennes. Le curé reste dans toute la campagne européenne le gardien du temps. Au village, il a la charge de dire, si besoin est, quel jour de l'année on se trouve, ce jour étant désigné non par un chiffre, mais par le nom d'un saint ou d'une fête.

Pourtant, le calendrier de l'année chrétienne l'emporte peu à peu sur celui de la signalisation végétale. L'acculturation religieuse, dans ce domaine, est parvenue à un point de non-retour.

On utilise dans les villes, et pas seulement chez les lettrés, un calendrier moderne ; la culture citadine nourrit d'ailleurs des fantasmes de fin du monde : « des catastrophes vont se produire en 1318, du fait de la naissance de l'Antéchrist », dit un habitant de Tarascon. Les jours sont désignés non par une date, mais par le nom du saint ou, pour le dimanche, par celui du texte de l'Epître lue en chaire ce jour-là. L'année calendaire se divise en une part christique et divine (de Noël à la Pentecôte), suivie d'une part hagiographique et mariale (de l'après-Pentecôte à la Toussaint) aux aspects paganisants.

La ville du Moyen Age a besoin d'une organisation plus précise encore du temps. L'ordre qui y règne n'a rien à voir avec l'ordre de Dieu. Les rythmes doivent y être scandés et vécus différemment. Le temps est devenu laïc ; alors que l'ordre de Dieu a pour sanctions le sacrifice et l'excommunication, l'ordre urbain a pour sanctions les châtiments corporels. Pour en assurer le cycle, la ville doit posséder sa juridiction propre, ses institutions fiscales, sa milice, sa police.

Quand, dans la seconde moitié du XIIIe siècle, en Europe du Nord et en Italie, l'arrêt du progrès agricole, les mauvaises conditions climatiques, la stagnation démographique et la paupérisation des campagnes poussent de nombreux ruraux, acculés par la crise, vers les villes, ils y vivent d'aumônes ou de travail à bas prix. Ils forment un groupe misérable, instable et dangereux. Les riches familles de commerçants doivent alors écarter cette nouvelle violence. Elles doivent aussi organiser le calendrier des activités de la ville au rythme des entrepôts et des foires, des bateaux et des ateliers.

Le code du temps y échappe désormais à l'Eglise : les échevins fixent et enserrent leurs propres violences, nomment eux-mêmes les jours de liberté, des fêtes et des sacrifices, organisent le temps urbain.

Princes, bourgeois et échevins contrôlent leur propre emploi du temps.

Certes, pendant des siècles encore, les livres de dévotion et les heures de prières priment tous autres emplois du temps des puissants. D'un usage quotidien obligatoire pour ceux qui savent lire, les « livres d'heures » comprennent un calendrier, les quatre Evangiles et les Heures de la Vierge. Le calendrier signale les jours dangereux, jours de « malchance » peu propices pour entreprendre quoi que ce soit. Mais ceci n'est qu'apparence : simultanément, l'emploi du temps se laïcise sans rien perdre de sa rigueur. Comme au temps des Dieux, cette rigueur de l'emploi du temps des maîtres du temps est un aspect de leur pouvoir, par le spectacle ordonné qu'il dispense.

Le 8 septembre 1563, Catherine de Medicis insiste auprès de Charles IX pour qu'il suive un horaire régulier : « Je crois que vous voyant réglé en votre personne de façon de vivre, et votre cour remise avec l'honneur et police que j'y ai vues autrefois, cela fera un exemple pour tout le royaume et une reconnaissance à un chacun du désir et volonté que vous avez de remettre toutes choses selon Dieu et la raison. »

La manie de la rigueur s'impose à tous. Ainsi, en 1579, le médecin d'Henri III lui propose un programme quotidien fixé heure par heure : « Pour les mois de mai, juin, juillet, août : lever à cinq heures, dîner à neuf heures, souper à cinq heures, coucher à neuf heures. Septembre, octobre, mars, avril : coucher à dix heures. Novembre, décembre, janvier, février : lever à sept heures, dîner à onze heures, souper à sept heures, coucher à onze heures... »

Dans le même sens, Philippe du Plessis Mounay, conseiller d'Henri IV, donne en 1583 son avis au roi de Navarre sur son emploi du temps : « Le roi de Navarre pourrait être habillé à huit heures au plus tard (...) Sa Majesté dînerait à dix ou onze heures, souperait à six ou sept heures (...) Et la minute se trouverait à neuf heures en sa chambre pour prier. »

Dès qu'elles prennent le contrôle de l'Europe, les classes bourgeoises apprennent à leurs enfants le respect d'emplois du temps aussi astreignants que l'étaient ceux des couvents aux siècles antérieurs. H. de Mesmes[161] se souvient de ses études de droit à Toulouse, entre 1545 et 1548 : « Nous étions debout à quatre heures, et, ayant prié Dieu, allions à cinq heures aux études, nos gros livres sous le bras, nos écritoires et chandeliers à la main. Nous oyions toutes les lectures jusqu'à dix heures sonnées, sans intermissions ; puis venions dîner, après avoir en hâte conféré demi-heure ce qu'avions écrit des lectures. Après dîner, nous lisions, par forme de jeu, Sophocle ou Aristophane ou Euripide et quelquefois de Démosthène, Cicéron, Virgile ou Horace. A une heure aux études, à cinq heures au logis, à répéter et voir dans les livres les lieux allégués jusqu'après six heures, puis lisions en grec ou en latin. Les fêtes à la grand'messe et vêpres ; au reste du jour, un peu de musique ou de promenoir. Quelquefois, nous allions dîner chez nos amis paternels, qui nous invitaient plus souvent qu'on ne nous y voulait mener. Le reste du jour aux livres. »

Le règlement du collège de Montaigu, par où passèrent Montaigne et Erasme, est lui aussi très strict : « Quatre heures, réveil, à cinq heures tous les écoliers devaient avoir pris place sur le carreau des salles. La première leçon dure une heure, puis la messe. Récréation et repas, puis, de huit à dix heures, deuxième leçon. De dix à onze heures, discussion et argumentation. Repas, à douze heures révision des leçons. Treize heures, lecture publique. De trois à cinq heures, troisième leçon. Cinq heures, discussion, argumentation. Six heures, souper. Sept heures, récapitulation du travail de la journée. Huit ou neuf heures, coucher (selon les saisons). »

Le temps des écoliers est également contrôlé en dehors du collège. Ainsi, le théologien Théodore de Bèze déclare au père de l'un des écoliers du Collège de Genève : « Je crains bien qu'il ne sorte jamais rien de bon de votre fils car, malgré mes prières, il ne veut pas travailler plus de quatorze heures par jour. »

Pour autant, la vie des marchands, en réalité, n'est pas toujours aussi réglée que l'apparence qu'ils veulent donner : « On se lève assez tard, on passe une heure chez soi à prendre le thé en famille. Vers dix heures, on va au café, où l'on passe une autre heure. On retourne ensuite chez soi où l'on fait quelques visites d'affaires. A deux heures, on va à la Bourse. La Bourse fermée, on passe encore quelque temps au café, et de là, on va dîner vers quatre heures. Ce dîner terminé, la journée dont on donne le reste à ses amis : au lendemain les affaires ! (...) Vers dix heures du soir, on se met au lit après avoir pris un léger rafraîchissement », écrit Félix Platter [196] dans ses *Mémoires* vers 1550.

Cette précision relative fait néanmoins entrer nécessairement, dès le XVIe siècle, l'horloge dans la vie quotidienne des marchands et des citadins. Certains mémoires de bourgeois permettent de le percevoir. Ainsi Félix Platter [196] écrit : « Le repas n'était point fini quand on vint chercher en toute hâte maître Franz pour aller soigner Batt Mecer, qui ressentait les premières douleurs atteintes de la peste. En conséquence, neuf heures avaient à peine sonné que M. Jeckelamann me fit ses adieux, me souhaita beaucoup de bonheur et se retira (...). Le lendemain 10 octobre, Thomas Schoepfius et notre compagnon Robertus se présentèrent à cheval, passé 9 heures, de sorte qu'il était déjà tard quand nous fûmes prêts à partir (...). Le 28 de mai 1556, je fus reçu bachelier en médecine ; le Dr Sapporta fit la promotion au *Collegium regium*. Les *doctores medici* de l'université disputèrent seuls contre moi ; *l'actus* dura de 6 heures à 9 heures du matin (...). Le jeudi 2 septembre, je me présentai pour la soutenance qui eut lieu dans l'*aüla medicorum* ; commencée à 7 heures, elle dura jusqu'à midi (...). Dès que son père fut dehors, je me glissai dans la maison, à 9 heures du matin, par la porte de derrière qui restait toujours ouverte. N'ayant rencontré personne, car Madeleine était seule en bas dans la boutique, je grimpai furtivement au grenier ; là, je me postai près de la lucarne, afin d'entendre les cloches annoncer à midi l'ouverture de la foire. J'attendis trois heures, m'ennuyant en grelottant... »

La banalisation de l'usage des horloges d'appartement au XVIe siècle est ainsi le symtôme d'une nouvelle discipline puritaine et l'expression de l'exactitude bourgeoise. L'horloge entre sur la scène élisabéthaine et fait du dernier monologue de Faust un dialogue avec le temps : « Les astres se déplacent encore, le temps s'écoule, l'horloge va sonner... » La finitude de la vie et de l'amour est ressentie de manière plus dramatique au moment où « le mouvement d'escargot de l'aiguille » parcourt le cadran. Les images conventionnelles des élisabéthains, qui présentent le temps comme celui qui dévore et défigure, comme un tyran sanglant, comme un faucheur, bien qu'anciennes, sont chargées d'une urgence et d'une insistance nouvelles.

L'exactitude, la mathématisation du temps deviennent alors rigoureuses ; les événements importants à l'échelle d'une vie sont datés avec une précision croissante à partir du XVIe siècle. « Je naquis à Paris, le mardi 30e jour de janvier 1531 à trois heures du matin, qui était le commencement de l'année 1532 au compte romain que nous tenons à présent », écrit Henri de Mesmes[161] dans ses *Mémoires*. Ailleurs, il note : « Je fus de retour à Paris le 18 juillet 1558 où je trouvai ma famille accrue d'une fille dont ma femme était accouchée moi absent, sept mois après mon partement de France, qui fut le dernier jour de juin 1557, à onze heures et quart du soir (...). Ainsi mon beau-père ne vécut qu'environ un mois après mon maître, qui était notre Roy, et il plut à Dieu de me donner un enfant qui êtes vous, mon fils, qui naquîtes le 27 juillet 1566, entre cinq et six heures du soir, et beaucoup plus près de six que de cinq. » Quand sa fille mourut à l'âge de quatre ans, il note : « Ainsi elle n'a vécu que quatre ans, neuf mois et deux jours, vingt-deux heures et demie. »

Montaigne écrit [171] dans son *Journal de voyage* : « Nous arrivâmes sur les trois heures après-midi... Nous partîmes déjà après déjeuner, et nous nous rendîmes sur les deux heures après-midi... » Ou encore : « Je passai la montée du Mont-Cenis moitié à cheval, moitié sur une chaise portée par quatre hommes (...). La montée est de deux heures, pierreuse et mal aisée... » Au XVIIe siècle, cette précision a atteint les petites villes. A Montdidier, en Picardie, on trouve les mentions suivantes : le 12 août 1650, « entre dix et onze heures, mourut Nicolas Testard, marchand drapier demeurant à Gerberoy, âgé de soixante-quinze ans environ ». Le 25 mai 1673, « entre trois et quatre heures de l'après-midi, fut trouvé mort Philille Testard, procureur Gerberoy, âgé environ de cinquante-sept ans »...

L'homme de la ville prend donc possession du temps et le conteste à Dieu. De même qu'il affranchit sa raison de la théologie, il définit le temps comme une possibilité de gain ou de puissance ; il regarde l'avenir et non plus le passé, ses enfants et non plus seulement ses ancêtres.

Il impose alors, encore masqué par l'Eglise qu'il manipule, l'unification de la mesure du temps sur toute l'étendue de l'espace commercial européen, dont il aura besoin pour organiser son expansion.

Si l'Eglise catholique paraît encore capable d'imposer la fixation du début de l'ère et celle du début de l'année à toute l'Europe, la normalisation est en réalité le résultat de la pression des marchands, pour qui le bon fonctionnement des foires exige l'unité du temps et le synchronisme des mesures du temps au cours de l'année.

Au XIVe siècle, chaque ville, chaque échevin note le début de l'ère à sa guise. De surcroît, le calendrier julien devient complètement irréaliste : comme il est fondé sur une année légèrement plus longue que l'année solaire, le décalage atteint alors une dizaine de jours. La fête de Pâques en vient à être célébrée en été, alors que le concile de Nicée, en 315, l'a fixée au 21 mars. On ne peut tolérer de telles ruptures avec les rythmes officiellement précisés. Pour rétablir l'ordre, une commission est convoquée en 1582 par le Pape Grégoire XIII. Elle propose de supprimer dix jours immédiatement et d'en supprimer trois tous les quatre siècles. Ainsi, toutes les années dont le millésime se termine par deux zéros cessent d'être bissextiles, sauf celles dont le nombre de siècles est divisible par quatre, telles 1600 et 2000. Cette réforme est très vite adoptée. En Italie, en Espagne et au Portugal, le lendemain du jeudi 4 octobre 1582 devient le vendredi 15 octobre. En France, par ordonnance d'Henri III[267] en date du 3 novembre 1582, le lendemain du 9 décembre 1582 est le 20. Aux Pays-Bas, le lendemain du 14 du même mois de cette année-là est le jour de Noël. Quelques-uns se plaignent : « Où sont passés nos dix jours ? » En 1584, les Etats catholiques d'Allemagne et de Suisse adoptent la réforme. La Pologne, malgré quelque résistance et une révolte à Riga, l'adopte en 1586, la Hongrie en 1587. Dans les pays protestants où ce calendrier est ressenti comme une emprise de l'Eglise catholique, la résistance est plus longue. Kepler écrit : « Les protestants aiment mieux être en désaccord avec le soleil que d'accord avec le pape ». Il faut attendre le XVIIIe siècle pour que les protestants des Pays-Bas, d'Allemagne et de Suisse s'inclinent. Dans certains villages suisses et allemands, il faut même recourir à la police pour imposer l'emploi du calendrier grégorien. En Angleterre, lorsque le 2 septembre 1752 eut pour lendemain le 14 septembre, des cortèges parcoururent les rues en criant : « Rendez-nous nos onze jours ! »

Le processus de normalisation du début de l'année dans l'espace européen se fera beaucoup plus difficilement encore. Jusqu'au XIIe siècle, l'anarchie est totale, certaines villes commencent l'année au 1er mars, d'autres le 15 décembre, d'autres encore à Noël, au 1er janvier, à Pâques ou au 1er avril. En France sous les Capétiens, l'année commence presque partout à Pâques. En 1235, le concile de Reims rappelle que « l'usage de la France » pour le début de l'année est la date de l'Annonciation, c'est-à-dire le 25 mars, et que les cadeaux de Nouvel An s'échangent au début d'avril. Il y a là source de grande confusion : l'année 1347 commence le 1er avril, c'est-à-dire à Pâques, et se termine aux Pâques suivantes, soit le 20 avril.

De tels décalages ne facilitent ni l'établissement des contrats d'intérêts, ni la tenue des comptes des marchands et des foires, ni celle des archives de police ou des budgets des villes. Les grandes compagnies commerciales prennent alors l'habitude de faire commencer l'année à la seule des fêtes liturgiques importantes dont la date soit fixe et simple, c'est-à-dire à la Circoncision, au 1er janvier, premier jour de l'année julienne. Elles arrêtent leurs comptes tous les six mois : le 1er janvier et le 1er juillet. En quelques siècles, elles imposent cette date de début de l'année contre l'opposition de l'Eglise, pour qui le mois de janvier porte le nom de Janus, divinité païenne par excellence et jour des étrennes selon les lois de Rome.

Si le premier janvier s'installe peu à peu dans la pratique, il faudra néanmoins des siècles pour qu'il soit accepté partout et ratifié par les pouvoirs. En 1506 encore, Bouchet[30] peut écrire dans sa *Généalogie des rois de France* : « Charles VIII alla à trépas avant Pâques, le 7 avril 1497, à compter de l'année à la feste de Pâques ainsi qu'on le fait à Paris, et en 1498, à commencer à l'Annon-

ciation de Notre Dame ainsi qu'on le fait en Aquitaine. »
C'est seulement en 1560 en Allemagne, et en 1563 en
France, qu'un édit fixe le commencement de l'année au
1er janvier. L'Edit de Charles IX de janvier 1563 (art. 39)
dit : « Voulons et ordonnons qu'en tous actes, registres,
instruments, contrats, ordonnances, édits, lettres tant
patentes que missives, et *toute écriture privée,* l'année
commence dorénavant et soit comptée du premier jour du
mois de janvier ». Cet édit rencontre une vive opposition
et le Parlement, qui refuse d'abord de l'enregistrer, ne s'y
soumet qu'en janvier 1567.

La mutation calendaire s'achève dans les campagnes au
XVIIe siècle ; au premier quart du XVIe siècle, les paysans
du Cambrésis utilisent couramment le millésime de l'année. Le moindre montagnard des Cévennes ou des Pyrénées sait qu'il vit « en 1686 » ou « en 1702 ».

La révolution intellectuelle du temps peut dès lors
s'achever au niveau des masses rurales, même si le temps y
reste rythmé par la nature. Le temps urbain, quant à lui,
s'est approprié la précision de l'horaire des couvents : leur
sonnerie, désormais couverte par la cloche des beffrois,
contribue à assurer cette maîtrise de ses propres rythmes.

2. *Cloches de police*

Contrôler le temps, c'est pouvoir l'annoncer. Cloche et
horloge sont alors les outils de la maîtrise du temps urbain
par les échevins. Fait significatif, les villes rebelles à
l'autorité royale sont encore temporairement privées de
leur horloge. Ainsi, à la suite d'une révolte en 1548,
Bordeaux la perd jusqu'à ce que, rentrée en grâce auprès
d'Henri III, elle réinstalle son cadran en 1557.

Symboles du pouvoir des échevins, l'horloge et la cloche
le sont peut-être plus encore quand elles deviennent, dans
le cadre d'une capitale, le signe du gouvernement d'une

nation. Ainsi, l'une des plus célèbres horloges construites au Moyen Age, celle commandée en 1370 par Charles V à de Wick pour l'une des tours du Palais Royal à Paris, est symbole de royauté. L'énoncé du temps par les cloches est d'ailleurs un des éléments essentiels de la police royale dans Paris. Charles V en fait construire deux autres, l'une à l'hôtel Saint-Paul, l'autre au Château de Vincennes et il ordonne que toutes les églises de Paris sonnent les heures exactement en même temps que les pendules royales, afin que les habitants de la capitale règlent leur vie privée et leurs activités professionnelles sur un seul et même rythme fixé par lui.

Au-delà de ce fantasme de prince, l'installation de l'horloge dans la ville change la nature du temps. On passe du « temps vrai », Temps des Dieux, au temps mécanique, Temps des Corps. Les horloges mécaniques imposent en effet la substitution, aux heures variables de Rome et aux heures canoniales de l'Eglise, d'heures égales qui divisent mécaniquement les journées en vingt-quatre parties de longueur identique, les « heures équinoxales ». Charles V impose ainsi le temps laïc aux cloches des églises. Seul le début du comptage continue longtemps de se faire de façon variable suivant les pays : en Italie, la journée commence au coucher du soleil ; ailleurs, au lever du jour ou au passage du soleil au méridien local, tellement le temps préindustriel a de peine à décrocher du temps naturel. Montaigne [171], dans son *Voyage en Italie*, après d'autres voyageurs des XVe et XVIe siècles, note la confusion qui résulte de l'origine changeante du temps d'une ville à l'autre.

Pour indiquer son temps propre, chaque ville couple une horloge mécanique à la cloche du beffroi, ou à celle de la cathédrale si les rapports avec l'évêché sont bons. D'abord le couplage est manuel. Ainsi, l'horloge mécanique installée sur le vieux pont de Rouen ne sonne pas les heures elle-même ; un gardien, « gouverneur » de l'horloge, la surveille et sonne les heures et les demi-heures sur une cloche. Puis la cloche est branchée mécaniquement sur l'horloge. Elle rythme alors la vie de tous.

A Genève, « on se lève tôt, à quatre heures du matin ; par une sonnerie de trompettes et de cors, ainsi que par le branle de sa petite cloche de *rappel,* le temps de Saint-Pierre tire de leurs lits monumentaux ceux qui, maîtres comme serviteurs, s'y sont généralement hissés quand tambours et cloches ont annoncé de par la ville la retraite à vingt et une heures. Encore y a-t-il plus matinaux qu'eux. A cette heure, les artisans sont déjà au travail, tapant du marteau, jouant de la scie, remplissant la ville de mille bruits sourds ou aigus... [171] » Ailleurs, on utilise d'autres instruments sonores. Au Japon, l'heure est annoncée au public pendant la nuit par les gens du guet frappant deux rouleaux de bois l'un contre l'autre. Ici ou là, on fait connaître la première heure après le coucher du soleil en battant un tambour ; la seconde, en battant un gum-gum ; la troisième, ou minuit, en sonnant une cloche ou plutôt en la battant avec un bâton de bois. Puis on recommence pour les suivantes. La cloche du temple sonne le lever et le coucher du soleil. Dans les districts textiles du West Riding, dans les Potteries et sans doute en d'autres régions, on utilise la corne pour réveiller les gens.

Jusqu'au XVIIe siècle, c'est un office si essentiel que les riches paient pour que soient sonnées les cloches tôt matin et au couvre-feu. Ainsi, Richard Palmer de Wokingham, dans le Berkshire, fait don en 1664 de terres dont le revenu doit servir à payer le sacristain « pour qu'il sonne la grosse cloche pendant une demi-heure chaque soir, à huit heures, et chaque matin à quatre heures ou à une heure aussi proche que possible de ces deux heures, entre le dix septembre et le onze mars de chaque année, non seulement pour que le plus grand nombre possible de ceux qui vivent à portée de ces cloches soient par là invités à se retirer à une heure convenable le soir, et à se lever assez tôt le matin pour accomplir les tâches et les devoirs afférents à leurs occupations respectives (toutes choses qu'accompagnent et que récompensent d'ordinaire une saine économie domestique et une bonne compétence professionnelle)..., mais aussi pour que les étrangers et tous ceux qui entendent les cloches les soirs d'hiver puissent être informés de l'heure et se voient ainsi indiquer la bonne direction ». Ces fins rationnelles, estime-t-il, « ne pouvaient qu'emporter l'approbation de toute personne de bon sens et de bonnes mœurs, semblable chose étant faite et appréciée dans la plupart des villes et des bourgs des royaumes... »

Durant la nuit, pour que chacun puisse connaître l'heure, la police l'annonce. « Aussitôt que l'heure sonne à Londres, les policiers de nuit, chacun dans les rues de son district, doivent la répéter et annoncer aussi à haute voix le temps qu'il fait et quel est le vent qui souffle ».

Ainsi, quand l'horloge rythme le temps du loisir et du travail, le temps des échevins et celui des foulons, l'espace de la ville du Moyen Age est géré par le bruit. Chaque activité humaine de chaque groupe social commence et finit par un bruit codé qui en scande l'avènement et l'achèvement. La cloche de police est ainsi la forme majeure de transmission des ordres de la classe dominante à la classe ouvrière et aux pauvres. Ordres stricts qui sonnent le travail autorisé et définissent la production possible. Ordres débonnaires puisque nul ne peut contrôler vraiment dans le détail le respect de ces consignes : qui ira voir si l'ouvrier drapier travaille après que le repos a sonné ?

Alors qu'au Temps des Dieux le temps se voit, au Temps des Corps, il s'entend. Aucune coupure qui ne soit signifiée par la sonnerie des horloges ou par la cloche de police. L'homme de la ville médiévale échappe à la menace de l'invisible mais confine la violence des pauvres dans les coupures qu'il laisse ainsi entendre. Lorsque les cloches s'installent, la ville prend le pouvoir ; lorsqu'elles se tairont, l'usine l'aura remplacée. Le Temps ne s'entendra plus, il se lira.

En ville, le travail est plus complexe qu'à la campagne et ne peut plus être mesuré seulement à la tâche. Aussi la durée du travail conditionne-t-elle le revenu et devient-elle un enjeu essentiel de l'ordre social : enjeu des premiers conflits dans les villes et l'un des premiers pouvoirs dont les échevins s'empareront.

L'office de sonneur des cloches du beffroi devient une fonction de police essentielle. Le mayeur et les échevins et jurés de la ville le vendent à vie ou le donnent, selon le cas, « tant qu'il leur plaira et jusqu'à leur rappel ». Le premier capitaine de la ville fait parfois nommer un homme à lui à cet office.

La durée de la journée de travail est une des clés de la sécurité de la ville du Moyen Age. Elle circonscrit le chômage, régule la présence des pauvres dans la ville et contrôle donc la violence. La plupart des villes drapières du Moyen Age, en Flandre comme dans toute l'Europe occidentale, règlent ainsi la durée de la tâche journalière de chacun. Dans son *Livre des métiers* rédigé au XIIIe siècle, Etienne Boileau[261] écrit à l'article 11 du « Tiltre des Mestiers des Foulons de Paris » : « Les vallets ont leurs vesprées : c'est à savoir que ceux qui sont loués à la journée laissent œuvre au premier coup de vespres de Nostres-Dame (...) et au samedi au premier coup de none de Nostres-Dame ».

Ainsi, à Paris, en 1251 puis en 1277, les foulons se rebellent pour obtenir l'allongement de la durée du travail. A Arras, en janvier 1315, une commission mixte de délégués des maîtres drapiers et des valets des foulons fait droit à leur demande. En général, un Conseil de la ville contrôle les poids et mesures et la durée du travail. Ainsi les échevins encadrent l'activité de la classe ouvrière organisée en corporations, régulant en même temps « en creux » le travail des catégories sociales moins protégées.

POIDS ET FOLIOT

A Amiens, le 24 avril 1335, Philippe VI fait droit à la requête du maire et des échevins qui lui ont demandé « que ils peussent faire une ordenance quand les ouvriers de ladicte ville et banlieue d'icelle chascun iraient jour ouvrable à leurs ouvrages au matin, quand ils deveraient aler mengier et quand ils deveraient refairier à leurs ouvrages après mengier ; et aussi au soir, quand ils deveraient laissier œvre pour la journée ; et que par ladicte ordenance que ils feraient, ils peussent sonner une cloche que ils ont fait pendre au beffroi de ladicte ville, laquelle se diffère des autres cloches ».

En cette même année 1335, le bailli d'Amiens entérine le désir de l'échevinage que « le son de la cloque nouvelle » serve à une nouvelle réglementation des « trois mestiers de la draperie », comme cela existe déjà à Douai, Saint-Omer, Montreuil et Abbeville. Ainsi, dans les cités drapières, le temps nouveau étend son emprise sur la ville.

Les cloches de police s'installent avant les horloges dans les centres de production textile du Nord. Une des premières semble être celle qu'en 1355, à Aire-sur-Lys, ville drapière du Nord, les échevins installent avec l'accord du gouvernement du comte d'Artois : « Jehan de Picquigney, chevalier, seigneur du Fluy, Gouverneur du comte d'Artois, à tous ceux qui les présentes lettres verront ou oiront, salut : Comme les mayeurs échevins et communautés de la ville d'Aire ont fait faire en ladite ville une halle pour vendre plusieurs marchandises et aussi y ont établi leur chambre de conseil et la bretèche pour faire publier les cris et les bans selon les coutumes et privilèges d'ycelle ville, néanmoins y ont fait un clocher pour le guet, corner vêpres et aviser par là des périls et inconvénients qui pourraient survenir par le feu de meschief ou autrement, parce que ladite ville est gouvernée par le métier de draperie et autre métiers, où les ouvrières à la journée vont et viennent à certaines heures à leur travail, et aussi parce que lesdits mayeurs et échevins et plusieurs bourgeois et manants de cette ville viennent et sont en la halle pour faire droit et foi selon la coutume plusieurs jours par semaine, il serait nécessaire d'avoir cloches sur ledit clocher. »

Là où la draperie n'a pas une position dominante, à Paris par exemple, les « Werkglocke » demeurent longtemps absentes.

A Paris, dès qu'il prend la responsabilité de la police, le prévôt s'occupe de la durée du travail et donc gère les cloches de la ville. Il écrit en 1320 : « Pour ce qu'il est venu à notre connaissance que plusieurs gens de métier, comme tisserands, foulons, maçons, charpentiers... veulent s'efforcer d'aller en besogne et de laisser œuvre à telles heures comme bon leur semble, bien qu'ils se fassent payer de leur journée tout autant, comme s'ils faisaient besogne tout au long du jour, qui est au grand grief et préjudice des maîtres tenant ouvroir... ordonnons que dorénavant toutes manières de gens lesdits métiers gagnant et ouvrant à journées aillent en besogne pour ouvrer de leur métier des heures de soleil levant à heures de soleil couchant »[267].

La cloche s'est vite identifiée au temps de travail. Aussi, pour obtenir l'allongement de la durée de travail, des ouvriers se mobilisent pour faire taire la cloche de travail. A Padoue, en 1390, la tour qui abrite l'horloge de Dondi est attaquée. Parfois les ouvriers obtiennent cet allongement : à Gand, le 6 décembre 1349, les échevins permettent aux tisserands de commencer et de cesser le travail aux heures qu'ils voudront. En 1367, à Thérouane, le doyen et le chapitre de l'abbaye promettent aux « ouvriers, foulons et autres gens mécaniques » de faire cesser de sonner « à jamais la cloche des ouvriers ».

Pour fixer les heures de travail auxquelles on fait sonner les cloches, on s'appuie d'abord sur un étrange mélange de repères laïcs et religieux. Par exemple, le 23 février 1328, le prévôt de Paris « enjoint aux couvreurs de maisons d'aller travailler sitôt que l'on aura fait les sacrements des premières messes aux moustiers où ils ont coutume d'aller voir Dieu ; et doivent travailler jusques à crieurs à souper, tous les jours de la semaine hors le samedi qu'ils travaillent jusques aux Vêpres ; et en Carême tous les jours de la semaine jusques à complies »[267].

Plus tard, on n'utilise plus guère que des repères civils : ainsi, le 12 mai 1395, la journée de travail à Paris commence « dès l'heure du soleil levant jusqu'à l'heure du soleil couchant, en prenant les repas à heures raisonnables... » Les horaires ainsi fixés sont parfois très précis : « Les valets à journée de ce métier qui seront alloués chez un maître seront tenus d'entrer en œuvre à douze heures de nuit, depuis la saint Rémi à la Chandeleur, et travailler bien et diligemment jusqu'au jour que l'on puisse voir ; et après, pourront aller boire ou faire ce que bon leur semblera et demeurer une demi-heure qui leur est ordonnée pour leur boire de matin, et après, reviendront en besogne, et travailleront jusqu'à neuf heures.[267] »

Quand les horloges s'installent, les ordonnances ne parlent plus seulement des cloches, mais des horloges qui les actionnent. Le règlement du prévôt de Paris pour tondeurs de draps du 3 juin 1415 prévoit qu'ils travailleront et besogneront à tondre draps « devers le soir en la saison de entre la Toussaint et la Chandeleur, jusqu'à cinq heures sonnées à l'horloge du palais... »

Parfois, sous la pression des ouvriers, le travail de nuit, généralement interdit, est autorisé. Ainsi le prévôt de Paris, le 3 novembre 1440, autorise aux potiers de terre le travail de nuit en hiver : « dit à la chandelle, en la saison d'hiver, depuis cinq heures du matin jusques à plein jour ; et sur l'anuitement, jusques à sept heures sonnées à l'horloge, sans pour ce encourir en amende au danger de justice... » Mais, en général, ce travail est interdit « sous peine de six sols parisis d'amende... » Ainsi encore, le 10 juillet 1456, il est décrété que le travail est interdit « en un autre temps de nuit, à la chandelle, sous peine de vingt sols parisis... »

Dans le *De Re Metallica* de 1556, Agricola[1] décrit ainsi le travail des mineurs : « Les 24 heures du jour et de la nuit sont divisées en trois services et chaque service dure sept heures. Le trois heures restantes se placent entre ces services et donnent aux ouvriers le temps d'entrer et de sortir de la mine. Le premier service commence à quatre heures du matin et dure jusqu'à onze heures (...). A l'heure du travail, le son d'une grosse cloche (...) avertit les ouvriers qui, en l'entendant, se précipitent à travers les rues vers les mines. »

Au moins jusqu'au milieu du XVIe siècle, toute l'Europe du Nord et l'Italie vivent ainsi aux rythmes fixés par la cloche de travail. Puis les horaires de travail échappent peu à peu à la police des échevins : d'une part, les progrès de l'éclairage permettent le travail de nuit dans des conditions de sécurité satisfaisantes ; d'autre part, les marchands commencent à imposer le contrat contre la loi, à rompre le synchronisme urbain.

A la fin du XVIIIe siècle, dans les ateliers de métallurgie de Derby en Angleterre, la journée de travail débute en hiver à six heures du matin et se termine à six heures du soir ; une demi-heure est consacrée au déjeuner et une heure au dîner.

Mais la ville ne gère pas seulement par ses cloches la durée quotidienne du travail. Cette durée est aussi un enjeu sur l'année. Ainsi, quand les corps de métiers urbains s'organisent, l'Eglise les marque de son empreinte en les plaçant sous la protection d'un Saint Patron à qui des jours de repos spécifiques sont dûs en plus des autres. Par exemple, au XIVe siècle, les boulangers doivent s'abstenir de cuire le pain quatre-vingts jours en plus de tous les dimanches de l'année.

Cette extension des fêtes du calendrier religieux réduit partout la durée du travail et donc le revenu des ouvriers.

Le règlement des mines de Bourgogne stipule en 1578 : « Aux fêtes de Pâques, Noël et Pentecôte, il ne sera besogné que demi-semaine. »

Puis apparaissent les fêtes proprement laïques. Le lundi est chômé dans presque toute l'Europe. Dans certaines branches, les petits patrons eux-mêmes acceptent cette institution et occupent le lundi à la réception ou à la distribution des travaux. A Sheffield, en Angleterre, c'est « une habitude et une coutume bien établie » que les aciéries elles-mêmes respectent : « Cette oisiveté du lundi est dans certains cas officialisée par le fait que le lundi est la journée que l'on réserve aux réparations à effectuer sur les machines des grandes aciéries ». Duveau[77] écrit à propos des ouvriers français : « Le dimanche est le jour de la famille, le lundi celui de l'amitié. »

Souvent les ouvriers se plaignent de perdre ainsi des jours de travail. La Fontaine fait dire à son savetier :

« Le mal est que dans l'an s'entremêlent des jours
Qu'il faut chômer ; on nous ruine en fêtes ;
L'une fait tort à l'autre, et monsieur le Curé
De quelque nouveau saint charge toujours son
[prône. »

Au début du XVIIIe siècle encore, selon Vauban[241] (dans son *Projet de dîme royale,* 1706), le tisserand ne travaille que 180 jours, déduction faite des 52 dimanches, 38 jours de fêtes chômées, 50 jours de chômage pour raisons climatiques, 20 jours de foires, 25 jours de maladie.

Dès le XVe siècle, la police urbaine gère les journées de travail et l'Eglise en perd le contrôle. Même si, à ce moment, les jours chômés restent désignés comme des fêtes religieuses, des jours consacrés à Dieu, c'est la police qui en fixe le nombre. Dans les villes du Nord, lorsque les draps se vendent moins bien, les échevins limitent le nombre de jours de travail, et inversement. Ainsi est-il dit dans le statut des manufactures textiles de Paris, établi par le prévôt de police : « Article 1 : il est expressément défendu à tous les marchands, maîtres, compagnons (...) de travailler, vendre ou faire vendre, pour quelque cause et sous quelque prétexte que ce soit, les jours de dimanches et fêtes annuelles. »[267]

Parfois, un roi assure lui-même ce pouvoir de police. Ainsi Louis XIV, pour concentrer les travaux sur le Louvre, interdit, le 6 novembre 1660, « à toute personne de faire travailler à aucun nouveau bâtiment » sans sa permission. Tout contrevenant est puni de prison, puis de galères. Dans le même sens, le 20 octobre 1666, Colbert négocie avec l'archevêque de Paris, Hardouin de Perefixe, la suppression de nombreux jours fériés.

Dans les commandements de la Vie à Nevers à la fin de l'Ancien Régime, de L. Guéneau, on peut lire : « On s'est plu quelquefois à dire que le régime corporatif avait eu certaines conséquences heureuses sur la vie des salariés. Ainsi la durée moyenne de la journée de travail n'aurait pas été excessive, car elle était calquée sur la marche du soleil. Longues en été, les journées étaient courtes en hiver, le travail à la chandelle étant réputé désavantageux pour le client et même dangereux pour le maître à cause du péril d'incendie. Par exemple, jusqu'à la Révolution, les ouvriers menuisiers de Nevers travaillent de 5 heures du matin à 8 heures du soir, hiver comme été. Telles sont les heures ordinaires de travail, aussi bien pour les apprentis que pour les compagnons. En tenant compte des repas, c'est donc une moyenne générale qui dépasse 12 heures par jour d'un bout de l'année à l'autre. »[117]

Mais le contrôle du temps urbain ne fait pas qu'enserrer le travail. Il libère aussi la violence en des coupures efficaces, les carnavals et les foires.

3. *Fêtes de police*

Les calendriers des Corps, comme ceux des Dieux, ne marquent pas que des temps de peine. Tout au long de l'année, le Temps ménage des coupures, des interstices entre lesquels se glissent des fêtes et des violences qui achèvent un cycle et régénèrent un ordre. Sans compter celles que les guerres et les révoltes ne laissent à aucun augure le soin d'inscrire dans ses pronostics, les fêtes fixées par les princes et les échevins supplantent les fêtes fixées par les prêtres. La coupure du temps n'est plus celle de l'Invisible. Elle n'est pas encore celle de l'Individu. Elle est celle du corps social.

Il ne s'agit plus de régénérer l'Ordre cosmique par quelque sacrifice expiatoire, mais de régénérer l'Ordre social en effaçant les dettes antérieures qu'il a contractées à l'égard de lui-même, en créant des déséquilibres provisoires, en éliminant les Corps en excès.

« Tout est prétexte à fêtes — écrit M. Defourneaux dans la *Vie quotidienne en Espagne au Siècle d'or*[67] —, il arrive certaines années que le nombre des jours chômés, en y comprenant les dimanches, excède celui des journées de travail. Aux occasions fournies par les événements marquants de la vie nationale, naissances ou mariages princiers, visite du souverain à l'une des villes de son royaume, s'ajoutent les grandes dates du calendrier religieux, celles que célèbre toute la chrétienté et aussi celles qui sont spécialement liées aux fastes de l'Eglise d'Espagne. » A côté de ces caprices princiers, deux types de coupures du temps, régulières et efficaces, s'avèrent essentielles au fonctionnement du pouvoir urbain : les *carnavals* et les *foires,* où la violence peut s'exprimer, dates-clefs autour desquelles se codifie le Temps des Corps.

Parce que la ville est lieu de l'échange, les foires en sont les lieux et les moments privilégiés, où se réalise la transmission des richesses, où se dénouent les tractations, le terme des voyages où se régénère le cycle des affaires. Bressaud[33] écrit dans *les Foires à Lyon au XVᵉ siècle :* « Les paiements constituaient des échéances d'autant plus grosses que si, à l'origine, ils eurent pour objet la liquidation des opérations effectuées en foire, ils aboutirent très rapidement à une destination beaucoup plus large. La présence (à Lyon) de marchands et de banquiers de tous les pays, à époques fixes, quatre fois par an, l'importance des opérations qui se traitaient en foire, firent qu'aux paiements se liquidèrent non point seulement les dettes commerciales, mais toutes espèces d'autres dettes. Ils étaient un point de rendez-vous pour les nations comme pour les personnes. L'on y trouvait de l'argent à emprunter, et aussi des lettres de change sur toutes les places du monde civilisé, c'est-à-dire le moyen le plus pratique, le plus sûr et le plus rapide de se procurer de l'argent ou de se libérer. »

Aussi, dès que les villes européennes se structurent, les échanges à distance retrouvent une périodicité liée aux rythmes agricoles et maritimes, les rituels de passage se reconstituent-ils dans les foires. Le lieu de l'échange reste un lieu de retrouvailles dangereux et suspect. La violence y a libre cours. C'est, à la lettre, un lieu de *règlements de comptes*. Un moment et un lieu de dénouement des affaires et des contrats, de remboursement des prêts à intérêt, de « remise à zéro des compteurs ». Très couramment, les jours de fin de foire servent aux chartes, aux prêts et aux paiements : « Le cri hare ! hare ! promené sans doute par la voix des sergents sur le champ de foire et dans la cité entière, servait à marquer officiellement le moment où la foire se terminait (...). Ce temps est pris pour point fixe des dates dans une foule de chartes. » C'est aussi en général lors des foires que les communes paient leurs dettes et empruntent.

Dates de régénérescence et de retour, les foires s'étalent sur la totalité de l'année afin de couvrir toute l'activité des marchands de l'économie-monde européenne et d'organiser le cycle par la succession de toutes les villes-clés. Les foires organisent l'unité d'un espace économique et le défendent contre toute tentative d'échapper à leurs réseaux d'échange : les foires d'un ensemble coordonné de villes s'étalent sur toute l'année, en dehors de l'hiver, afin d'empêcher tout marchand y assistant de participer aux échanges en d'autres régions ; étant donné la lenteur des transports, il suffit pour ce faire de quatre à cinq foires par an.

Le rassemblement des échanges et des hommes d'affaires tourne d'une ville à l'autre, comme un mouvement d'« horlogerie à répétition », écrit Braudel[32]. Il constitue à travers l'Europe un gigantesque mécanisme synchronisé. Les premières foires, celles de Champagne, forment une sorte de marché continu, divisé en six époques, et passent de Lagny à Bar, de Bar à Provins, de Provins à Troyes, puis de Troyes à Provins, « de manière à remplir le cercle entier de l'année ».

Les foires de Flandre ont une aussi grande ampleur : elles s'établissent à Ypres du 28 février au 29 mars, à Bruges du 23 avril au 22 mai, à Thourout du 14 juin au 24 juillet, à Lille du 15 août au 14 septembre et à Messines du 1er octobre au 1er novembre. Les foires de Lyon suivent le même schéma : en 1420, une foire commence au lendemain du troisième dimanche après Pâques, et l'autre le 15 novembre. En 1444, il y a trois foires de vingt jours, commençant le premier mercredi après Pâques, le 26 juillet et le 1er novembre. En 1463, il y a quatre foires de quinze jours, commençant le lundi de Quasimodo, le 4 août, le 3 novembre et le lundi des Rois.

Les dates des foires échappent peu à peu aux exigences d'arrêt du travail fixées par l'Eglise et constituent des coupures originales du temps, exigées par l'Ordre des Corps pour les besoins des marchands.

Les quatre foires accordées à Lyon par Louis XI, le 8 mars 1463, sont chacune de « quinze jours ouvrables et continuels sans interruption ». A Troyes, les quatre foires annuelles violent les fêtes de l'Eglise. Deux durent

« quinze jours ouvriers », alors que la foire « chaude » et la foire « froide » durent « quinze jours continuels », ignorant donc dimanches et jours fériés de l'Eglise. En d'autres lieux, les autorités préfèrent déplacer légèrement les dates des foires pour éviter de se trouver confrontées au problème des jours fériés. Au XVIIIe siècle, le roi de France enlève aux échevins le contrôle des foires : il « octroie » les foires importantes, détermine leurs dates et y garantit en dernier ressort le respect des règlements. Un arrêt du 13 juillet 1700 [268] stipule que « le roy, ayant été informé qu'au préjudice des règlements faits concernant les foires qui se tiennent dans l'étendue du royaume, quelques-uns des marchands qui fréquentent les foires de la province de Bretagne se sont avisés depuis deux ou trois années de vendre et acheter la plus grande partie des marchandises qui sont portées auxdites foires quelques jours avant que lesdites foires soient commencées, de manière que quand les autres marchands arrivent au jour marqué pour l'ouverture desdites foires, ils trouvent presque tous les achats et les fournitures faits, ce qui pourrait empêcher les marchands des autres provinces de se rendre auxdites foires en aussi grand nombre qu'ils sont accoutumés, par l'incertitude du temps auquel elles commenceraient (...), le roy étant en son conseil, ordonne que les ordonnances, arrêts de réglements concernant la police des foires seront exécutés dans ladite province de Bretagne, selon leur forme et leur teneur... »

A côté de ces coupures régulières et policées, règlements de comptes codés, une autre date resurgit du Temps des Dieux : le Carnaval, et devient un autre lieu majeur où se localise cette fois la violence déritualisée des pauvres. Bakthine [12] écrit : « La mort et la résurrection, l'alternance et le renouveau ont toujours constitué les aspects marquants de la fête. Sous le régime féodal existant au Moyen Age, ce caractère de fête, c'est-à-dire le rapport de la fête avec les buts supérieurs de l'existence humaine, la résurrection et le nouveau, ne pouvait être atteint dans toute sa plénitude, dans toute sa pureté, sans dénaturation, que dans le carnaval et dans l'aspect populaire et public des autres fêtes (...). Par contre, les fêtes officielles du Moyen Age — celles de l'Eglise comme celles de l'ordre féodal — n'arrachaient pas le peuple à l'ordre existant, ne créaient pas cette seconde vie. Au contraire, elles ne faisaient que consacrer, que sanctionner le régime en vigueur, le fortifier. Le lien avec le temps devenait purement formel, les alternances et les crises étaient refoulées dans le passé. Pratiquement, la fête populaire portait ses regards uniquement en arrière, n'avait d'yeux que pour le passé dont elle se servait pour consacrer l'ordre social actuel (...). La fête était le triomphe de la vérité toute faite, victorieuse, dominante, qui prenait les apparences d'une vérité éternelle, immuable et péremptoire. »

Originellement, le Carême est l'époque où les païens qui se destinent à devenir chrétiens se purifient par le jeûne, l'abstinence et la prière. Pendant les quarante jours de mortification purificatoire, ils sont des ex-païens pas encore chrétiens — des hommes de l'entre-deux, des « catéchumènes ». Ce trajet, indéfiniment reconstitué par les mémoires collectives, apparaît comme définitivement constitué au XIIe siècle. A la veille du Carême, pendant les jours gras qui précèdent le mercredi des Cendres, les chrétiens enterrent leur vie de païens par des réjouissances gastronomiques et festives. « Pendant trois jours, *le sablier social est retourné.* »[12]

Carnaval est né en Europe et reste jusqu'au Moyen Age un phénomène propre aux peuples latins, germaniques et nordiques. Dans son *Essai sur la Renaissance italienne*, Burckard[37] fait venir carnaval de *carnus navalis,* évoquant certaines fêtes ayant eu cours chez les Romains le 5 mars de chaque année : on y jetait une barque à la mer au milieu de gens masqués et selon un rituel chanté. La seconde étymologie du mot marque l'adieu à la chair, qui se retrouve dans bon nombre d'expressions : « carême prenant », « charnage », « camentrant ».

En imposant partout ce mot qui annonce l'entrée en carême, l'Eglise appose son sceau sur un ensemble de rites profanes, achevant d'en convertir les apparences à sa propre liturgie, à son calendrier.

Au sens étroit du terme, Carnaval se déroule donc pendant les trois jours gras qui précèdent le mercredi des Cendres, trois jours que le Moyen Age appelle les « Quaresmiaux » : l'Eglise permet à ses ouailles un instant de libre franchise dans les mœurs, avant la période où l'on ne mangera plus que morue ou légumes sous la cendre. Chacun s'en met plein la panse. Carnaval correspond d'ailleurs au passage de l'hiver au printemps. Survivance des mythes celtiques et de rituels chamaniques que les civilisations grecque et latine ont incorporés à leurs propres mythologies, c'est le moment où l'Eglise, échouant dans sa tentative d'interdire tout rituel profane, intègre les fêtes à sa propre liturgie selon un subtil processus analogique. Carnaval prend alors son nom définitif et présente son image la plus aboutie, celle de la fête urbaine sur la place publique, une fête que le peuple se donne à lui-même, brassant tous les âges et toutes les classes.

C'est par le masque qu'on remonte aux origines du Carnaval : dans la liste des questions les plus fréquemment posées dans les Pénitentiels du haut Moyen Age revient constamment celle-ci : « Est-ce que tu as fait ce que les païens ont fait et font encore aux calendes de janvier, en cerf et en vieille ? » Une réponse affirmative est punie de trois ans de pénitence. Tous les textes de cette époque sont remplis d'interdictions ecclésiastiques portant sur les masques du cerf, du loup et de l'ours, et sur les travestissements d'homme en femme, en vieille femme...

Pendant le Carnaval, toutes les barrières tombent ; plus de distinctions d'âge, de rang social ou parental, de sexe ;

mais une communication réelle entre les citadins, un contact sans contrainte, une mise à mort du corps individuel pour sa renaissance dans le grand corps populaire collectif.

La fête carnavalesque devient une fête urbaine vécue comme temps de rupture permettant la réaffirmation, hors du quotidien, de la cohésion sociale de la ville. Le Carnaval exprime la vision du monde d'une classe populaire formant communauté, réaffirmant par cette rupture les valeurs de sa propre culture en opposition à celle du pouvoir.

Le point culminant des réjouissances est atteint au deuxième des jours gras : des dizaines de milliers de personnes envahissent la rue pour voir passer le dieu de la fête, Mardi Gras, monté sur un pont bardé de soie, tenant en guise de rênes « deux grands pends de saucisses rôties ».

A l'origine, le processus s'intègre à la mise en place du calendrier chrétien, sur la base d'un compromis. Une phase de répression accompagne et suit la Contre-Réforme, flanquée par le renforcement du pouvoir royal lui-même souvent hostile aux traditions populaires. A ce moment, la fête éclate et ce n'est plus seulement la jeunesse masculine qui organise le Carnaval ; les hommes mariés, les femmes, toute la ville y participent.

Au XVe siècle, le rituel carnavalesque s'enrichit de ressources critiques et satiriques. Le « monde à l'envers » du Carnaval ouvre aux revendications de la communauté et des pauvres. Par exemple, le Carnaval de Rouen représente une procession de « canards » qui suivent le cercueil de « marchandise morte ».

Le Carnaval devient ainsi la description colorée de la société globale, avec ses tensions contradictoires. Il voit s'affronter dans la rixe, et parfois dans la lutte violente, les groupes sociaux, les quartiers, les classes d'âges, les diverses tendances politiques qui écartèlent la ville.

Le temps carnavalesque est un temps différent où peuvent se produire des inversions des règles, des rôles, et la négation de valeurs. Il permet l'accomplissement d'une *revitalisation*. Cette vision du monde est à la base du système symbolique dont le support principal est le masque, accessoire d'une fête de rupture, d'une « sortie du quotidien ».

Le Carnaval donne une occasion idéale pour régler leurs comptes aux bannis, au cours de vendettas punitives où ils apparaissent finalement comme des mercenaires de l'étranger, des hommes mis au ban de la société, écartés d'une vie quotidienne normale et qui, au lieu de réintégrer cette société par des voies « légales », prennent plaisir à exalter leur différence en lui prêtant une forme surnaturelle.

Le Carnaval, vécu par tous comme une période de rupture, leur permet de manifester et de prendre une revanche : « Le Carnaval est une fête de révolte des classes exclues du pouvoir. Ce sont les représentants de l'opposition qui sont les acteurs de Carnaval, comme le démontrent les confréries qui constituent un Etat dans l'Etat. »

En ce sens, le Carnaval est une institution d'opposition, réglant le conflit social périodiquement, permettant aux instincts de violence de s'extérioriser, dans un contexte « permissif » de régénération du cycle social.

Il est fin du cycle annuel et terme de la vieille année. « Si vous connaissez encore des gens qui se chargent de la plus repoussante des souillures en se déguisant en vieille femme... » Cette imprécation furieuse de saint Césaire date des années 500. Tout au long du Moyen Age, l'Eglise jette l'anathème sur ce travesti de vieille femme. Ce qui n'est pas très efficace, car ce personnage reste très répandu, avec l'Ours, dans les carnavals d'Europe. Il est censé symboliser la vieille année qui vient régler ses comptes avec les humains avant que ceux-ci ne la mettent au feu avec le mannequin de Carnaval. L'Eglise l'a personnifiée en Sainte-Agathe, maîtresse du Temps, qu'on fête le 5 février en plein carnaval. Agathe est la vieille qui enferme l'hiver dans son sac. Celle dont on dit : « Au cul la vieille, c'est le printemps. »

Parfois, ces fêtes sont explicitement antireligieuses : la Fête des Fous au Moyen Age, souvenir des libertés de décembre (Saints Innocents, Saint-Etienne, Saint-Jean), est marquée par des messes parodiques. La dernière est célébrée en 1748 par les Cordeliers. Un peu partout dans les villes de province et à Notre-Dame de Paris, prêtres et fidèles barbouillés de suie chantent des chants obscènes et dansent des danses de Vénus dans la nef de l'église. Ils mangent des saucisses et du boudin sur les autels, jouent aux dés, s'adonnent à des bouffonneries sacrilèges et à des orgies. Parfois, les prêtres se mettent nus et on déverse sur eux des seaux d'eau. C'est, selon un témoin, « l'abomination de la désolation olfactive »...

A Sens, on célèbre la fête de l'Ane dans la cathédrale. L'âne tient dans les bestiaires carnavalesques une place importante. C'est un véhicule des âmes mortes. Il va les chercher dans l'antre souterrain et leur permet de s'en échapper en sortant lui-même à reculons pour ne pas risquer de se retourner et de les perdre, comme Orphée. C'est une messe dans toute l'acception du terme, mais dite autour d'un âne. Celui-ci est mené au pétrin où l'on chante la Prose de l'Ane, dont les répons sont des Hi-Hans. Tous les deux vers, on s'exclame « Evoe ! ». Ensuite, on danse avec l'animal dans la nef en chantant le *Conductus ad Eudos* du Missel : « La fleur de la branche de Jessé remplit les siècles de son fruit. C'est lui que la prophétie a prédit devoir naître de Marie ; quand cette fleur naît, le diable est confondu, et la mort meurt, et la mort meurt, et la mort meurt... »

Carnaval, émissaire des fantasmes des citadins.

III. RESSORT ET CHRONOMÈTRE

Le temps des villes est celui des marchands, temps des équilibres sans cesse contrôlés. Pourtant, souterrainement, le rythme de l'ordre suivant apparaît déjà. Comme au Temps des Dieux est né le Temps des Corps, au Temps des Corps surgit celui des Machines. Par une étrange invention, encore liée à l'horlogerie : le *ressort,* et par son application : le *chronomètre.*

1. *Ressort et pendule*

Au milieu de multiples inventions anodines, celle du ressort est passée à tort inaperçue. Stockage d'énergie contrôlable, il constitue une étape décisive dans le passage de l'ordre marchand à l'ordre industriel.

C'est encore aux horlogers qu'en revient le mérite. Du xve au xviie siècles, en effet, horlogers et mécaniciens cherchent à utiliser une source d'énergie plus facile à miniaturiser et à déplacer que le poids. Et c'est au ressort, connu et utilisé depuis l'antiquité pour les arcs, les pièges, les machines de guerre, les orgues hydrauliques ou les premiers tours à perche-ressort, que les uns et les autres pensent.

Au xiiie siècle, si les ingénieurs du Moyen Age savent que le ressort sous forme de lame permet de stocker de l'énergie, ils n'en ont pas encore l'usage, sauf dans quelques machines. Ainsi, en 1235, on trouve trace en Rhénanie d'un ressort relié, à la place d'un poids, à une pédale pour actionner un métier à tisser et un tour.

Si l'on sait qu'à partir du xve siècle, il commence à concurrencer le poids, la date et le lieu du premier usage d'un ressort dans une horloge sont très incertains. Il semble que la première horloge utilisant un ressort ait été fabriquée en 1430 pour Philippe le Bon, duc de Bourgogne. Par ailleurs, l'horloge construite par Jean de Lycbourg et décrite en 1459 dans les archives du roi de France « comme une demi-horloge dorée de fin or sans contrepoix », a peut-être utilisé un ressort.

Vers 1400, le ressort à boudin apparaît dans les serrures, puis dans les platines d'armes à feu vers 1450. Vers 1480, à Rome, Petrus Alemannus dessine des détails d'horloges à ressort montrant qu'on l'utilise déjà. Un peu plus tard, dans les archives de Modène à la date du 19 juillet 1488, on trouve cette information : « Ludovic Sforza a commandé trois costumes pour lui, sa femme et Galeazzo de San Severino, costumes qui seront chacun ornés d'une montre-pendantif : deux de ces montres auront un mécanisme de sonnerie. » Or une montre-pendantif ne pouvait avoir d'autre source d'énergie que le ressort. Il est peu probable que l'invention soit plus précoce.

L'historien allemand Cochlaüs écrit en 1507 que les horlogers de Nüremberg « inventent tous les jours les plus subtiles choses... D'un peu de fer, ils font des montres munies de beaucoup de roues et, quelle que soit leur position, elles marchent sans poids quarante heures et montrent l'heure et sonnent, même si elles sont portées au gousset ou dans la bourse... »

L'usage du ressort dans l'horlogerie pose d'abord un problème de technologie du métal : savoir fabriquer un ressort, c'est en effet savoir fabriquer une lame d'acier longue et mince, la durcir par le forgeage et l'enrouler par remontage sur un petit cylindre, la « bonde ». L'extrémité extérieure du ressort est fixée au mécanisme et, en se déroulant, fait tourner la bonde et entraîne l'engrenage.

Se pose ensuite le problème de l'échappement : alors que la chute du poids a besoin d'être freinée et régularisée, la pression du ressort, au contraire, doit être maintenue à un niveau constant, car sa force motrice décroît irrégulièrement avec le déroulement de la lame. L'énergie qu'il stocke ne renvoie donc pas aux mêmes lois que la mécanique des corps. Les horlogers ont mis deux siècles à résoudre ce problème.

Le premier échappement pour ressort utilisé au XVIe siècle consiste à intercaler une autre lame, le stackfreed, entre l'arbre et le moteur, pour égaliser la force motrice du ressort. Un peu plus tard, une invention beaucoup moins complexe donne une solution satisfaisante au problème. On en trouve une application dans la première horloge à ressort connue, datant de 1430, et on en connaît un croquis datant de 1447 : pour égaliser les variations de force du ressort, on y fixe une corde en boyau ou une fine chaîne qui s'enroule à l'autre bout au fur et à mesure de la détente du ressort autour d'un axe conique, nommé fusée. Or, la force de freinage d'un ressort dépend du diamètre de l'enroulement. L'axe étant conique, le frein est de moins en moins puissant au fur et à mesure du déroulement du ressort. On peut ainsi compenser l'affaiblissement de sa puissance et obtenir un mouvement régulier des rouages.

Ce dispositif, d'une grande élégance technique, semble être une invention militaire : dans le *Bellifortis* de Keyser en 1405, on trouve en effet un axe conique de ce type dans un dispositif servant à tendre une grosse arbalète. L'humour des ingénieurs du Moyen Age les conduit à nommer cette machine « la vierge », car elle offre moins de résistance, lorsque l'arc est peu tendu, que lorsqu'il est bandé.

En cette fin du Temps des Corps, une seconde innovation majeure dans l'horlogerie est l'invention du *pendule* et son usage comme échappement. Elle améliore de façon exceptionnelle la précision des montres et des horloges. A la différence des autres progrès de l'horlogerie, il s'agit là d'une invention d'abord théorique et parfaitement localisable. En 1638, Galilée publie la théorie du pendule dans ses *Discorsi e dismotrazioni matematiche intorno a due nuove scienze*. En 1641, son fils Vincenzo et l'horloger Vivian dessinent une horloge à poids utilisant un pendule comme régulateur. Elle ne sera jamais construite. La première horloge dotée d'un pendule est réalisée par Camerini à Rome en 1655. En 1656, à La Haye, Christian Huygens, qui travaille indépendamment de Galilée, conçoit une horloge à pendule. Il la décrit en 1657 et un horloger, Coster, la construit la même année.

C'est donc à la fin du XVIIe siècle que l'ensemble pendule-ressort est au point ; en 1660, Hooke construit à Londres la première horloge utilisant à la fois un pendule et un ressort. Il s'agit là d'un saut qualitatif considérable et du progrès le plus important depuis l'invention du foliot : la précision passe d'une heure à quelques minutes par jour.

Les Etats généraux des Provinces-Unies, alors centre de l'économie marchande et du commerce maritime, conscients de l'enjeu économique de la mesure du temps, perçoivent tout de suite l'importance de cette invention et, dès le 16 juin 1657, accordent à Huygens le privilège de sa fabrication. Dans ses *Mémoires,* Huygens décrit d'ailleurs les avantages d'un progrès dans la mesure précise du temps pour les grandes métropoles marchandes de l'Europe du Nord : « Pour découvrir avec plus de justesse la différence des méridiens, pour mesurer le temps plus exactement que ne fait le soleil, et pour servir de mesure perpétuelle et universelle. » En 1661, il met au point, pour faciliter l'ajustement de la période du pendule aux exigences de l'horloge, un poids curseur, mobile le long de sa tige. A partir de ce moment, le système du balancier comprend un pendule et un ressort de rappel, dit ressort réglant. Ce système oscillatoire amorti, entretenu par l'énergie d'un poids ou d'un ressort spiral, permet des transformations alternatives d'énergie cinétique en énergie potentielle. L'horloge est alors une application parfaite des théorèmes de la mécanique rationnelle, dont l'énoncé par Newton se dégagera plus tard de ces tâtonnements empiriques.

Mais le principe du pendule et son couplage au ressort échappent à la mécanique et sont déjà en partie un reflet de l'ordre à venir : une énergie interne, celle du ressort, est dégradée et transformée, par le pendule dont elle entretient les mouvements, en un déplacement dans l'espace. Pourtant, à la différence de la machine à vapeur où un mouvement de va-et-vient du piston moteur est transformé en mouvement de rotation continu d'un arbre moteur, dans l'horloge à ressort, les mouvements de rotation sont directement utilisés à la production d'une information.

Cette mutation technique s'accompagne d'un déplacement des lieux de production : le centre de l'horlogerie, à la fin du XVIIe siècle, traverse la mer du Nord ; plus vite qu'aux Pays-Bas, les horlogers londoniens — Fromanteel, Tompion, Knibb ou Quare — industrialisent ces inventions et multiplient les horloges de parquet à balancier et les montres de poche à ressort, dépassant de loin en précision tout ce qui se fait sur le continent. Toutes les horloges anglaises ont à ce moment des aiguilles marquant les minutes et même parfois les secondes.

En 1664, Christian Huygens publie à Paris *Une nouvelle invention d'horloges justes et portatives* où il annonce la mise au point d'un balancier utilisable dans une montre et la construction de la première montre à balancier et ressort spiral.

Les horlogers concentrent alors leurs innovations sur les organes assurant l'entretien et le comptage des périodes. Le balancier-spiral devient désormais possible : le temps pourra dorénavant se porter sur le corps.

2. *La montre et l'homme-machine*

Dès le xive siècle, les princes et les maîtres du temps s'efforcent de porter sur eux les attributs de son contrôle. Si certains textes mentionnent l'existence d'horloges portatives, ou du moins transportables, dans les carrosses et les bateaux, elles ne sont pas encore assez petites. Seul le ressort permet de diminuer suffisamment les dimensions des horloges pour en faire des instruments horaires portables et *montrables* sur les vêtements. A la Renaissance, une horloge de table à ressort a 10 cm de diamètre et 6 cm de haut; des horloges « monstrances » en forme d'œufs se fixent sur les vêtements avec le porte-parfum; on voit de petites horloges à poser, en forme de lanternes; des horloges de carrosse, placées dans les voitures, commencent à se développer. Le 4 avril 1480, Jean de Paris, horloger de Louis XI, reçoit seize livres dix sols en paiement d'une horloge sonnant les heures « pour porter avec lui en tous lieux où il ira ». A la même date, le duc de Milan et sa cour portent des montres à sonnerie fixées à leurs vêtements.

Le premier artisan dont le nom soit cité comme constructeur de montres portables est un artisan de Nuremberg, Pierre Henlein. Selon un mémorialiste de l'époque, J. Colcheüs, il fabrique en 1512 de petites horloges marchant quarante heures, que l'on peut suspendre autour du cou ou porter avec soi dans un sac, mais en forme de boîte cylindrique à arêtes relativement aiguës, probablement à foliot, sans aucun dispositif de réglage à l'exception de la fusée. En 1518, à Blois, Julien Couldray livre à François 1er, roi de France, deux poignards contenant chacun une montre dorée logée dans le manche; entre 1520 et 1540 sont fabriquées des montres dites « pommes musquées », sphères en fer blanc doré, percées, portées au poignet et dans lesquelles on place une petite éponge imbibée de parfum. A partir de 1540, les horloges-tours à poids et foliot, à coffre de métal ouvragé, apparaissent en grand nombre, mais sont encore trop coûteuses pour les petits bourgeois et les paysans. Princes et seigneurs, eux, collectionnent montres et horloges, jouets et bijoux.

Selon les Mémoires de la *Société des Antiquaires de France*[245], on trouve dans la succession de Florimond Robertet, ministre de François Ier, dressée par sa veuve le 4 août 1534 : « ... plus de douze montres dont sept sonnantes et les cinq autres à Boëster d'or, d'argent et de léton de différentes grandeurs, mais entre ce nombre, je ne fais état que de la grosse qui n'est que de cuivre doré, que mon mari fit faire, laquelle marque tous les astres, les signes et mouvements célestes qu'il entendait fort bien... »

Au XVIe siècle, les montres de poche se généralisent, sans que leur précision s'améliore vraiment : elles varient d'un quart d'heure par jour et doivent être remontées toutes les six ou sept heures. Vers 1550, le ressort commence à être logé dans une boîte cylindrique ajourée. En 1551, Jacques de La Guarde fabrique une horloge-boule de huit centimètres de diamètre. Au XVIIe siècle, la forme se fixe et l'aiguille des minutes apparaît. Toutes sont dotées d'un système pour sonner l'heure. Beaucoup comportent en outre des ergots en relief à chaque heure du cadran pour une lecture dans le noir. La miniaturisation s'accélère. De nouveaux types font leur apparition : des montres à suspendre, de forme ovale, et des montres de fantaisie. L'invention du ressort-spiral, en 1675, coïncide avec la mode masculine du port du gilet, qui se développe considérablement.

Ces montres sonnent en *passant,* comme les horloges, et un code de bon ton publié en 1644 en France déclare que ce bruit trouble la conversation : « Ceux qui ont une montre sur eux, où ils regardent les heures, les demi-heures et les quarts d'heure, s'en peuvent quelquefois servir pour la mesure et la contenance de leur visite. Néanmoins, cela sent trop son homme d'affaires d'y regarder en présence de chacun ; de plus, cela est désobligeant envers les personnes chez qui vous êtes, d'autant qu'il semble que vous ayez promis ailleurs, et qu'il vous tarde d'y aller. Pour les montres sonnantes, elles sont fort incommodes, à cause qu'elles interrompent la conversation. C'est pourquoi il faut mettre en usage certaines montres nouvelles, où les marques des heures et des demies fassent si relevées qu'en les tâtant du doigt, on pût reconnaître sans qu'il fût besoin de les tirer de sa poche pour les regarder. »

Au XVIIe siècle, elle prend des formes très diverses : boutons de fleur, fleurs ouvertes, animaux, crucifix, têtes de mort. Le chef d'œuvre nécessaire à l'obtention du statut de maître horloger est, au XVIIe siècle, une montre à réveille-matin. Non seulement l'aristocratie, mais de plus en plus largement les classes moyennes commencent à en posséder. Les femmes les portent le plus souvent à la ceinture, suspendues par un ruban ou une chaînette. Les hommes les portent attachées d'abord à une chaîne, puis, vers le milieu du siècle, les mettent dans un gousset.

Pendant le dernier tiers du XVIIe siècle, les montres de poche, dites « oignons », se développent.

Au XVIIIe siècle, les montres et horloges sont vendues comme objets de luxe par les bijoutiers, les merciers, les couturiers, les parfumeurs. Au milieu de ce siècle, le Dr Georges[103] écrit que « les ouvriers aussi bien que les artisans possédaient fréquemment des montres en argent », mais c'est sans doute exagéré. Les journaliers, une ou deux fois dans leur vie, peuvent avoir une rentrée d'argent inattendue et l'investir dans une montre. Elles s'écoulent du receleur au prêteur sur gages, voire au cabaret. En 1750, Casanova écrit dans ses *Mémoires* : « Je vois beaucoup de monde dans un coin du jardin, se tenant immobile, le nez en l'air. Je demande ce qu'il y a de merveilleux. On se tient attentif à la méridienne : chacun a sa montre à la main pour la régler au point du midi. [43] »

Horloges et montres sont donc très chères et le temps appartient encore aux classes riches, fermiers et marchands, qui l'imposent aux autres par les cloches des beffrois. Si des montres très bon marché et de qualité très médiocre apparaissent, c'est qu'elles vont servir d'instruments d'apprentissage de la valeur du temps pour les ouvriers à venir, lorsqu'ils seront débarrassés des ordres des horloges municipales.

La montre cessera alors d'être un objet de cour. Avec la précision vient l'utilité, et au XVIIIe siècle apparaissent les premières tentatives de manufactures de montres. En 1718, Sully en fonde une à Versailles. C'est un échec. En 1760, Voltaire fonde une manufacture horlogère à Ferney dans le Jura. C'est aussi un échec. En 1763, les frères Castel, horlogers à Bourg-en-Bresse, veulent établir une fabrique d'horlogerie pour produire des montres à meilleur marché et « faire tomber le commerce de montres de Genève qui fait sortir tous les ans du royaume une somme considérable, et pour s'emparer de ce commerce chez l'étranger en fabriquant des montres à si bas prix que les Genevois ne puissent pas soutenir la concurrence ».

Devenant plus précise, la montre crée un nouveau temps, scandé, rythmé, constant : temps de la précision du travail. Technique de pointe, elle ouvre sur la mesure méthodique du temps de travail. Ce n'est plus alors le corps social qui obéit au temps collectif, mais chaque individu qui est pensé comme une horloge, une machine.

Descartes [69] voit dans l'homme une sorte d'horloge, et en Dieu le mécanisme de cette horloge. La « raison » de l'homme garantit l' « équilibre » et la correspondance d'une action et d'une durée spécifiques dans un temps qui se déploie à l'infini. En 1646, il écrit : « Je sais bien que les bêtes font beaucoup de choses mieux que nous, mais je ne m'en étonne pas, car cela même sert à prouver qu'elles agissent naturellement et par ressorts, ainsi qu'une horloge, laquelle montre bien mieux l'heure qu'il est que notre jugement ne nous l'enseigne. Et sans doute que lorsque les hirondelles viennent au printemps, elles agissent en cela comme des horloges... C'est la nature qui agit en eux selon la disposition de leurs organes, ainsi qu'on voit qu'une horloge qui n'est composée que de roues et de ressorts peut compter les heures et mesurer le temps plus justement que nous avec notre prudence... Il est certain que toutes les règles de la mécanique appartiennent à la physique... en sorte que toutes ces choses qui sont artificielles, sont avec cela naturelles. Car, par exemple, lorsqu'une montre marque les heures par le moyen des roues dont elle est faite, cela ne lui est pas moins naturel qu'il est à un arbre de produire ses fruits. » Pour Descartes, la réduction de l'animal à une mécanique laisse cependant à l'homme son privilège de disposer d'une âme immortelle et d'une pensée.

La métaphore du monde-horloge et de l'horloger du monde est aussi utilisée par Voltaire[248] :

« L'univers m'embarrasse et je ne puis songer
Que cette horloge existe et n'ait point
[d'horloger... »

Les matérialistes comme la Mettrie renversent ce postulat pour pousser le raisonnement mécaniste jusqu'à sa limite. Pour eux, comme pour Descartes et Saint-François de Sales, le corps humain est une horloge, mais « immense et construite avec tant d'artifice et d'habileté que si la roue qui sert à marquer les secondes vient à s'arrêter, celle des minutes tourne et va toujours son train ; comme la roue des quarts continue de se mouvoir et ainsi des autres, quand les premières, rouillées ou dérangées par quelque cause que ce soit, ont interrompu leur marche ». Mais, à la différence de Descartes et de Saint-François de Sales, la

Mettrie [136] ne considère pas Dieu comme le moteur de cette horloge : « Qu'on m'accorde seulement, écrit-il, que la matière organisée est douée d'un principe moteur, qui seul la différencie de celle qui ne l'est pas (eh ! peut-on rien refuser à l'observation la moins contestable) et que tout dépend dans les animaux de la diversité de cette organisation. C'en est assez pour deviner l'énigme des substances et celle de l'homme. On voit qu'il n'y en a qu'une dans l'Univers et que l'homme est la plus parfaite. Il est au singe, aux animaux les plus spirituels, ce que la pendule planétaire de Huygens est à une montre de Julien le Roi. »

Diderot reprend encore cette analyse du monde à l'image d'une horloge : « Ce n'est pas de la main du métaphysicien que sont partis les grands coups que l'athéisme a reçus, les méditations sublimes de Malebranche et de Descartes étaient moins propres à ébranler le matérialisme qu'une observation de Malpighi. Si cette hypothèse chancelle de nos jours, c'est à la physique expérimentale que l'honneur en est dû. Ce n'est que dans les ouvrages de Newton, de Musschenbroek, d'Hotzoeken et de Nieuwentyt qu'on a trouvé les preuves satisfaisantes de l'existence d'un être souverainement intelligent. Grâce aux travaux de ces grands hommes, le monde n'est plus un dieu : c'est une machine qui a ses roues, ses cordes, ses poulies, ses ressorts et ses poids. »

Aussi l'horloge devient-elle la métaphore du Corps de chaque homme. L'exploration progressive de l'anatomie humaine amorcée par les chirurgiens du xve siècle rend aussi compte du corps comme d'une horloge. Cette analogie est reprise dans la notion d' « automatisme » que le supplément à l'Encyclopédie de 1776 définit comme un « mot inventé par M. de Réaumur pour exprimer la qualité d'automate dans l'animal, c'est-à-dire le système des mouvements qui dépendent uniquement de l'organisme du corps animé sans que la volonté y ait aucune part ».

La Mettrie[136] sanctionne définitivement, par son *Homme-Machine* (1747), cette théorisation de l'automate et de l'horloge. L'individu, mécanique docile et organisée, devient la cible d'un pouvoir technico-politique. « Le corps humain est une machine qui monte elle-même ses ressorts : vivante image du mouvement perpétuel (...). L'organisation est le premier mérite de l'homme (...). Si l'organisation est un mérite, et le premier mérite, et la source de tous les autres, l'instruction est le second (...) Etre machine, sentir, penser, savoir distinguer le bien du mal, comme le bleu du jaune, en un mot, être né avec de l'intelligence et un instinct sûr de morale, et n'être qu'un animal, sont donc des choses qui ne sont pas plus contradictoires qu'être un singe ou un perroquet et savoir se donner du plaisir. » Pour reprendre l'expression de Michel Foucault[92] dans *Surveiller et punir*, les horloges « n'étaient pas seulement une manière d'illustrer l'organisme ; c'étaient aussi des poupées politiques, des modèles réduits du pouvoir ». Mais, plus encore, elles vont devenir instrument de conquête de ce pouvoir.

3. *Le chronomètre sur l'océan*

L'Espace et le Temps dialoguent sans cesse. L'horlogerie, première des industries, et la mer, première voie de communication, sont au cœur de ce dialogue.

La navigation hauturière en Europe, entrée dans la pratique au début du xvie siècle, dépend très largement de la connaissance de la position : perdre la côte de vue durant des jours entiers est dangereux. Or on ne sait, jusqu'à la fin du xviiie siècle, voyager qu'à l'estime, les résultats étant partiellement rectifiés par l'observation de la latitude grâce aux instruments astronomiques classiques. Dès cette époque, les progrès de la connaissance de la position dans l'espace et dans le temps sont donc, là comme ailleurs, liés. Or, mesurer la position suppose la mesure simultanée de la longitude et de la latitude. Depuis l'Antiquité, la latitude est mesurée à l'aide du soleil et des étoiles. La longitude est beaucoup plus difficile à établir : il faut à la fois déterminer l'heure à l'endroit où l'on se trouve et à un endroit dont on connaît le méridien. Pour cela, les navigateurs utilisent d'abord la méthode des distances lunaires. Elle ne fait intervenir qu'un appareil de mesure d'angle, l'octant : à un angle mesuré entre un bord de la lune mobile et une étoile fixe de première grandeur, correspond une heure de méridien d'origine, fournie par un almanach. Il suffit au pilote d'attendre la coïncidence, octant à l'œil, pour connaître l'heure du lieu d'observation. Un calcul laborieux s'ensuit.

Le 23 août 1499, Vespucci observe une conjonction de la Lune et de Mars, prévue pas un astronome pour minuit à Nüremberg. En 1514, un astronome allemand nommé Werner parle, dans un ouvrage intitulé *Géographie de Ptolémée,* de l'usage de la lune pour mesurer la longitude. Apianus, dans sa *Cosmographie,* signale en 1545 la méthode des distances lunaires par rapport aux étoiles. En 1530, l'horloger Gemma Frisius cite la méthode des distances lunaires et évoque pour la première fois l'idée d'employer des montres sur les bateaux pour mesurer la longitude. Dès 1598, Philippe II offre 6 000 ducats à qui trouvera la meilleure méthode. Galilée croit à tort avoir trouvé, avec un pendule. En 1699, les Etats généraux de Hollande proposent 3 000 florins pour récompenser tout progrès de la mesure du temps en mer.

Jusque-là, si le pendule oscille correctement par mer calme, il marche par à-coups dès que le navire tangue. En 1660, Huygens met au point la première horloge à pendule spécialement conçue pour être utilisée en mer, suspendue par un cadre métallique. Fixé à un plafond, l'axe du pendule reste ainsi horizontal quel que soit le tangage du navire. Cette horloge est de surcroît bien plus précise que les modèles précédents. La marine française, lors d'une expédition contre les Turcs en 1669, utilise deux horloges de Huygens pour faire le point et obtient des résultats plus précis que ceux de l'estime. Un vaisseau, après avoir parcouru en tous sens 5 500 kilomètres, atterrit aux îles du Cap-Vert : l'erreur sur le point est de 150 kilomètres par l'horloge de Huygens, et de 600 kilomètres par l'estime.

En confiant à John Glansteed, en 1675, la direction d'un observatoire à Greenwich, Charles II d'Angleterre définit ainsi la tâche du premier astronome royal : « L'astronome royal appliquera immédiatement tous ses soins et toute son activité à rectifier les tables des mouvements célestes et les positions des étoiles fixes, en vue de pouvoir déterminer la longitude tant désirée des lieux terrestres et ainsi perfectionner l'art de navigation. »

Au temps de Cook et de Bougainville, à la fin du XVIIIe siècle, la méthode des distances lunaires donne encore une longitude au quart ou au demi-degré près. Mais on pense y arriver aussi en embarquant une horloge à bord du navire pour comparer l'heure du méridien de départ qu'elle donne avec celle du soleil au méridien où l'on se trouve : « Doncques, par l'aide d'iceux se trouve la longitude en cette manière. Premièrement, il faut avoir soin d'observer exactement devant que se mette au voyage les heures de ce lieu duquel nous partons. Après qu'il ne s'arrête jamais en faisant le voyage, quand on aura cheminé quinze ou vingt lieues, si lors nous voulons savoir la différence de la longitude du lieu d'où nous sommes partis, il faut attendre tant que l'indice ou l'enseigneur de l'horloge parvienne justement jusqu'au point de quelque heure, et au même moment chercher l'heure du lieu où nous sommes par l'astrolabe ou par notre globe : laquelle, si justement elle s'accorde avec les heures que notre horloge marque, il est certain que nous sommes encore dessous le même méridien ou dessous la même longitude et nous avons cheminé vers le Sud ou le Nord. Mais s'il y a différence d'une heure ou d'aucune minute, alors la même différence doit être réduite en degrés ou minutes de degrés et il faut ainsi tirer la longitude... Aussi doit être cette horloge faite exprès et que ne varie pas le changement de l'air. Pourquoi, en longs voyages et principalement en navigation, il serait très utile d'user d'horloges aquatiques ou sablonnaires, découlant exactement... »

Le problème est difficile : pour fournir une position à une centaine de kilomètres près au terme d'un périple de six semaines, une montre doit rester exacte à six secondes près par jour. La mesure de la longitude par des instruments de mesure du temps suppose donc une précision exceptionnelle que les horloges ne possèdent pas encore.

Reste à résoudre essentiellement un problème de sidérurgie, car la principale source d'erreur est l'influence des variations de température sur la marche des horloges : on observe un retard au chaud et une avance au froid. Les montres avec oscillateur balancier-spiral de l'époque subissent ainsi un retard de plusieurs secondes par degré et par jour lorsque le spiral est en acier et le balancier en laiton. Il faut donc trouver un moyen de compensation et rectifier cet effet de la température afin que la période de l'oscillateur reste constante dans un intervalle de température compris entre 0° et +40°C environ. Rien ne le permet à ce moment.

Aussi, au milieu du XVIIe siècle, préfère-t-on encore les sabliers. Le P. Fournier, arguant que les horloges mécaniques s'altèrent pendant les longs voyages, qu'il leur faut demeurer « en une même température de chaleur, froid, humidité et sécheresse », leur préfère « un instrument moins parfait en soi, mais facile », le « poudrier ».

L'ordonnance du 10 février 1664 alloue à tous les bâtiments une seule « orloge de quart », horloge de quatre heures ; et aux vaisseaux, suivant leur rang, de 18 à 12 horloges d'une demi-heure. Dans ce règlement, il n'est encore question ni du loch, ni de ses accessoires, ni d'ampoulette de loch.

L'article 6 du titre XV de l'ordonnance du 15 avril 1689 énonce : « Le pilote éprouvera souvent ses boussoles, pour savoir si l'aiguille n'a point varié, et observera le temps précis de ses horloges, pour ne point faire d'erreur dans sa navigation. »[267]

Le pilote Jean Gonduin, de la Rochelle, déterminait ses longitudes en réglant son « poudrier » de vingt-quatre heures sur l'heure de midi de ses points de départ. « Car estant par exemple du cap Saint-Vincent, voulant aller aux Azores, il avait un poudrier de 24 heures qu'il laissait couler précisément à midi, et après avoir navigué huio ou dix jours par mesme rumb, il prenoit garde de combien d'heures ou quarts son horloge de vingt-quatre heures finissoit, plus tôt ou plus tard que le midy du lieu où il arrivoit ; et connoissant cette différence de temps, il connoissoit la différence de longitude et le nombre de lieües qu'il avoit fait, donnant la quantité de lieües dües à chaque parallèle. »

Vers 1710, l'usage des montres marines pour la détermination de la longitude à la mer, et de « la manière la plus parfaite de conserver sur mer l'égalité du mouvement d'une pendule », semble devenir possible.

L'Etat anglais, après celui des Provinces Unies, décide d'intervenir pour y aider. C'est pour lui une nécessité économique vitale. F. Braudel[32] note en effet qu'aux XVIIe et XVIIIe siècles, les liens entre le navire et les bailleurs d'argent se multiplient. La « pratique fréquente du prêt à la grosse aventure » se différencie de l'opération proprement marchande pour « devenir une spécialisation presque purement financière ». De 1688 à 1700, les principes et l'organisation mercantilistes se précisent en Angleterre. L'Acte de Navigation de 1651, « la plus sage peut-être de toutes les lois d'Angleterre sur les échanges », selon A. Smith, fait dépendre du Parlement les colonies à chartes et octroie à la marine marchande anglaise le monopole du commerce colonial.

Par un acte étonnant de volontarisme technologique, le Parlement anglais organise alors la prise de contrôle des mers par sa marine et le passage du Temps des Corps à celui des Machines.

Cette initiative du Parlement vient d'une idée de Newton. Celui-ci propose, avec l'horloger Ditton, une méthode nouvelle pour mesurer la longitude en mer à proximité des côtes, par signaux lumineux et sonores émis par un canon. En publiant ce projet dans différents périodiques, il suggère au Parlement anglais d'inciter à la découverte d'une méthode de mesure de la longitude en pleine mer. Il propose qu'une récompense soit offerte par les élus du peuple pour une telle découverte. Cette idée est transmise à une commission du Parlement. Le rapport de la commission reproduit les propos tenus par Newton devant elle : « Sir Isaac Newton, participant à la commission, a dit que pour déterminer la longitude en mer, plusieurs projets existaient, valables en théorie, mais difficiles à appliquer ; l'un d'eux préconise l'emploi d'une montre afin de garder le temps de façon exacte ; cependant, à cause du mouvement du bateau, de la variation de la chaleur, du froid, de l'humidité et de la sécheresse, et de la différence de gravité selon les latitudes, une telle montre n'a pas été encore construite. »

Le 25 mars 1714, une pétition de nombreux « capitaines de vaisseaux de sa Majesté et marchands londoniens » vient appuyer ce projet. A l'issue des délibérations de cette commission, en juin 1714, un projet de loi est proposé au Parlement, dont voici l'exposé des motifs : « D'autant qu'il est bien connu à tous ceux qui entendent la navigation que rien n'y manque tant ni n'est autant désiré sur mer que la découverte de la longitude (...) et d'autant que (...) plusieurs méthodes ont déjà été découvertes, vraies dans la théorie, quoique difficiles dans la pratique, dont il y en a quelques-unes qui pourraient être perfectionnées (...) et d'autant plus qu'une telle découverte serait d'un avantage particulier au commerce de la Grande-Bretagne et ferait honneur au Royaume (...). Pour ces causes soit ordonné (...) que les personnes ci-après nommées soient constituées commissaires perpétuels pour examiner toute invention faite pour la découverte des longitudes en mer... »

En juillet 1714, le Parlement vote la promesse de 10 000 livres sterling à tout inventeur, anglais ou non, qui trouvera un moyen de mesurer la longitude à un degré près, c'est-à-dire à 60 milles marins près, 15 000 livres si elle est déterminée à 40 milles près, et 20 000 livres si elle est à 30 milles près. Une commission est créée pour examiner les projets et accorder les primes. Elle peut aussi accorder des aides à ceux qui suggèrent des idées susceptibles de faire progresser la recherche. Jusqu'en 1768, la commission distribuera 18 000 livres. A cette date, la découverte aura eu lieu.

Cette commission est composée de vingt et un membres désignés par le Bureau des Longitudes. Parmi eux, Newton, le Grand Amiral de la Flotte, trois amiraux, l'astronome royal de Greenwich, des professeurs de mathématiques, le premier Commissaire au Commerce et des marchands.

Pour affronter ce concours, les horlogers utilisent tous les progrès accomplis dans la connaissance des propriétés thermiques des métaux. En 1715, Graham construit une horloge à balancier à godets de mercure. En 1726, Berthoud propose une étuve à température constante pour abriter un mécanisme de pendule et son balancier.

La même année, John Harrisson, horloger écossais autodidacte, qui avait déjà aidé son frère à construire des horloges de précision, se lance dans l'aventure. Il y passe sa vie et réussit à inventer un dispositif compensant les effets des écarts de température sur la précision de la mesure du temps. Pour cela, il fixe le pendule à la tige par une série de tringles parallèles en acier, en laiton, en bronze et en zinc, disposées symétriquement de part et d'autre de la tige du pendule. Le nombre de ces tiges varie en fonction de la différence entre les coefficients de dilatation des métaux utilisés pour le pendule et la tige. La première horloge de Harrisson, H. 1, pèse 33 kg ; elle est essayée sur un bateau allant à Lisbonne en 1732. C'est un succès : le capitaine du bateau, Roger Wills, atteste qu'au retour, le chronomètre lui a permis de corriger une erreur d'un degré dans l'évaluation de sa position à l'entrée de la Manche. La Commission lui accorde une première prime de 10 000 livres.

Harrisson construit alors trois autres modèles de plus en plus dépouillés, établissant des précisions croissantes lors d'essais en mer en 1739, 1745 et 1761.

A la même époque, l'horloger Benjamin Huntsman améliore aussi les aciers pour les ressorts : afin de les homogénéiser, il fabrique en 1750 une matière suffisamment réfractaire pour des creusets résistant à de hautes températures. Grâce au coke, la température de fusion est atteinte et, pour la première fois, pour les besoins en ressorts d'horlogerie, l'acier est *fondu*.

Un autre horloger anglais, Lacum Kendall, exécute une copie de H. 1, K. 1. Harrisson produit lui-même un cinquième modèle : H. 5. Après trente ans d'efforts, son invention est enfin au point et se diffuse très vite. Dès 1772, des chronomètres de série, sur le modèle de Harrisson, sont utilisés dans toute la marine de commerce anglaise.

Entre 1761 et 1770, P. Le Roy, horloger français, améliore le modèle de Harrisson et invente le balancier bimétallique. Son chronomètre de marine, doté d'un compensateur de température à mercure, est exploité en Grande-Bretagne mais pas en France. A compter de 1773, les gros navires qui circulent entre l'Angleterre et les

Indes, les « Indiamen », sont dotés de ses chronomètres. En 1790, il fabrique 900 chronomètres de poche et de marine.

Simultanément, et en partie grâce à cette invention du chronomètre, la marine anglaise développe son emprise coloniale. Entre 1700 et 1780, le commerce extérieur de l'Angleterre double, et il triple au cours des vingt années qui suivent. Dans le même temps, le tonnage des navires anglais est multiplié par deux. Alors l'Etat supprime les taxes à l'exportation de produits manufacturés et de céréales. Un développement industriel s'enchaîne sur ce développement commercial et s'en nourrit. Il permet d'accroître le volume de la production industrielle, d'abaisser ses coûts, de la diversifier et d'exporter.

Ainsi, le chronomètre de marine rend possible, accompagne et accélère la révolution industrielle. Peu à peu, il donne un sens nouveau à la mesure du temps et permet une approche rationnelle du voyage, détachée de l'expérience sensible du monde : avec le calcul du point, le temps et l'espace deviennent langage mathématique. L'espace quadrillé dévoile le monde, le révèle et le démythifie. Calcul et non plus force : la mesure du temps ouvre la voie à sa mise en valeur.

CHAPITRE TROISIÈME

Le ressort et l'ancre

I. LES MACHINES DU TEMPS

1. *Ancre et machine-outil*
2. *La précision en série*

II. LE TEMPS DES MACHINES

1. *Le temps, c'est de l'argent*
2. *Gagner du temps*
3. *Pointeuse, portier et chaîne*

III. VIVRE A L'HEURE

1. *Le temps pour tous*
2. *Le temps pour chacun*

Le temps c'est de l'argent. Voici que l'ambition de l'industrie bouleverse la valeur des concepts et des mots. Le temps cesse d'être structuré autour de la peur des pauvres et du désir d'échange. Peu à peu, la vie va plus vite, le temps s'identifie à l'argent. L'industrie se libère du contrôle de l'Eglise et de la surveillance des polices urbaines.

Alors, les machines du temps ouvrent la voie à la société des machines.

Pour autant, les ordres précédents ne disparaissent pas : les jours, les semaines et les années conservent les noms que le Temps des Dieux leur a donnés. Les heures restent celles qu'a définies le Temps des Corps. Mais ce qui compte maintenant davantage, c'est la minute et la seconde. Le temps et l'espace se distribuent selon une loi ancienne mais jusqu'ici masquée, domestiquée : celle de l'argent. Le temps du Carnaval et du Carême, du poids et du contrepoids se défait. De nouveaux rythmes apparaissent : il ne s'agit plus de scander par l'horloge les étapes des échanges à l'intérieur du corps social, mais de penser chaque individu comme une machine-outil et donc comme la première d'entre elles, la pendule.

Comme dans les ordres précédents, existe un cycle qui organise l'écoulement et la répétition du temps. Mais ce n'est plus celui de la contrainte ni de l'échange, c'est celui de la production. Les coupures ne sont plus les foires ou les carnavals, où se reconstituaient les capacités d'échange, mais les pauses quotidiennes où le travailleur reprend des forces. Il faut mettre au travail chaque machine humaine, réduire la pauvreté des travailleurs et empêcher leur oisiveté, pause dangereuse.

Le temps devient de l'argent ; sa précision suppose la quantité, qui exige la vitesse ; gagner du temps, c'est produire plus par unité de temps. Dès lors, l'espace accessible aux marchandises s'agrandit et le temps prend la direction unique et privilégiée du progrès.

L'avènement du Temps des Machines apparaît alors, on va le voir, au cœur même du Temps des Corps, comme le résultat d'une nécessité : la précision des chronomètres pousse au travail en fabrique et à l'usage des machines. Comme toujours, le pouvoir permet de s'approprier le temps passé, mais il est maintenant entre les mains des propriétaires du travail accumulé des hommes, sous le nom de capital.

La recherche de la précision horlogère devient une source de l'esprit d'entreprise et de l'industrialisation de la production. C'est déjà clair, en 1802, quand un horloger français, Emile Berthoud, écrit : « C'est par l'usage des horloges que les hommes peuvent employer tous les moments nécessaires aux travaux (...) de la vie civile. L'homme règle par son moyen l'heure du travail et celle du repos, celle de son repas et de son sommeil. C'est par cette heureuse distribution du temps que la société elle-même marche comme l'horloge, et qu'elle forme, lorsqu'elle est bien organisée, une sorte de rouage dont les mouvements successifs sont les travaux de tous les membres qui la constituent. »[25]

I. LES MACHINES DU TEMPS

1. *Ancre et machine-outil*

A l'aube du Temps des Machines, la technique de la mesure du temps se modifie avant même que l'ensemble de l'ordre social ne soit remis en cause. Comme le foliot est apparu avant le remplacement de la contrainte par l'échange, la découverte de l'*ancre* anticipe sur la primauté de la production sur le commerce.

D'une part, l'horloge, lorsqu'elle devient pendule, constitue le premier système artificiel capable de produire quelque chose en série : du temps. D'autre part, la précision de la mesure du temps est elle-même améliorée par la production à la machine, *et donc en série,* de certaines pièces. Ceci fait baisser le coût des pendules et donne aux classes moyennes accès à la consommation d'objets industriels.

Sans doute faut-il situer à 1671, en Angleterre, le moment où l'horloge devient pendule. C'est là, en effet, qu'une première horloge utilisant à la fois un ressort et un balancier est fabriquée par William Clement. Ce n'est plus un instrument approximatif ; elle indique l'heure à la minute près et on peut se fier au temps qu'elle énonce. Ni le soleil ni la clepsydre ne sont plus alors capables de la régler. Mais le foliot, qu'elle utilise encore, n'est plus lui-même assez précis pour assurer la transmission régulière aux rouages de la période du pendule et de l'énergie du ressort. Le problème est réglé un peu plus tard, en 1715, par l'intervention d'un nouvel échappement. Un horloger anglais, George Graham, met en effet au point un mécanisme capable d'entretenir les oscillations du pendule des horloges et du balancier spiral des montres sans en perturber la période. Il le nomme *ancre*, selon la forme de la pièce principale. La force motrice du poids ou du ressort y retarde le mouvement du régulateur grâce au frottement engendré par la pression d'un arbre à came. Puis, en 1748, Pierre Le Roy, pour la mise au point de son chronomètre de marine, fait mouvoir l'ancre par deux bras actionnés alternativement par des pièces émergeant du balancier. Cet échappement est encore précisé en 1759 par l'Anglais Thomas Mudge. Il ne se modifie plus ensuite pendant plus d'un siècle.

A partir de ce moment, on ne construit plus de foliot et toutes les pendules nouvelles sont équipées d'une ancre. La précision change d'échelle. En 1802, Emile Berthoud écrit que « la perfection de nos horloges est telle qu'une horloge à secondes ordinaires étant une fois réglée sur le temps moyen, on peut se dispenser de vérifier sa marche pendant une année entière, sans avoir à craindre d'erreur sensible pour l'usage civil (...) Dans l'usage astronomique, en employant les corrections et les attentions nécessaires, on voit des horloges ne pas varier d'une seconde en deux mois, et de cinq secondes par an »[25]. Aucune des horloges du Temps des Corps ne peut plus servir à régler montres et pendules. Le temps qu'affichent les horloges des clochers et celles des beffrois est discrédité, au moment même où s'affaiblissent les autorités qui les contrôlent.

Ce progrès foudroyant de l'horlogerie rend possible — et n'est rendu possible que grâce à — la mise au point, en Angleterre et en France, de nombreuses machines-outils qui servent ensuite à fabriquer en série autre chose que du temps : on ne peut fabriquer des pendules et des ancres sans machines-outils ; on ne peut développer les machines-outils sans les inventions des horlogers.

En 1715, le plateau diviseur, dont l'horloger se sert depuis le XIIIe siècle pour définir la place des dents des roues, est couplé à un tour à fraiser, ce qui le transforme en une machine à fabriquer en série des roues dentées beaucoup plus précises que celles du passé. En 1725, un horloger anglais, Fardoil, met au point une machine à tailler les limes et utilise une vis sans fin pour déplacer un chariot porte-outil. De même, on a vu que c'est pour améliorer la précision des ressorts d'horlogerie qu'un horloger anglais, Huntsman, réalise en 1750 le premier acier trempé, qui se révèle ensuite essentiel pour l'ensemble de la sidérurgie. C'est aussi pour les besoins de l'horlogerie qu'on commence à substituer les engrenages métalliques aux engrenages à vis. Un peu plus tard, à la fin du siècle, l'horloger savoyard Japy invente la scie circulaire, puis un tour pour usiner les platines, les fusées, les barillets, les coulisses et les râteaux.

Souvent, les horlogers imaginent eux-mêmes d'autres usages pour leurs machines-outils. Ainsi, presque toutes les premières machines de l'industrie textile sont des inventions d'horlogers déduites d'inventions destinées à l'horlogerie. En 1768, un horloger anglais, John Day, conçoit la navette volante et construit le premier métier à filer, avec l'aide d'un autre horloger britannique, Richard Akwright. Ils utilisent pour ce faire ressorts, joints, cames, cadrans, engrenages différentiels, roulettes, pignons, ressorts-ancres créés pour leur premier métier. Un inspecteur des Manufactures de soies du Royaume, Vaucanson, utilise ses travaux sur les horloges et les automates pour mettre au point un métier à filer la soie et à tisser les étoffes façonnées, un tour à tirer la soie, une machine à faire les chaînes, un tour à charioter, une machine à percer et à fendre, une fraiseuse. C'est aussi le temps des automates perfectionnés : boîtes à musique et poupées animées.

Souvent, les horlogers s'associent à des ingénieurs pour mettre au point des machines et la *machine à vapeur* illustre cette collaboration ; c'est d'ailleurs la croissance de la taille et du poids des machines-outils qui rend nécessaire l'invention d'une machine capable de leur fournir des quantités constantes d'énergie de façon périodique.

Comme Marx l'a très justement perçu dès 1850 : « La machine à vapeur elle-même (...) n'amena aucune révolution dans l'industrie. Ce fut au contraire la création des machines-outils qui rendit nécessaire la machine à vapeur. »[57] Celle-ci n'est donc qu'une machine-outil parmi d'autres, un point de convergence des progrès de l'horlogerie depuis le XVIIe siècle. Dès 1690, en effet, Huygens, en travaillant sur le pendule, a l'idée du piston actionné par la vapeur. Un de ses élèves, Denis Papin, le met au point en 1707. En 1784, Thomas Wood utilise le principe des clepsydres pour maintenir constant le niveau d'eau dans les réservoirs. Reste alors à organiser la périodicité du mouvement. J. Watt et M. Boulton découvrent à l'automne 1787 qu'un régulateur à boules inventé par Thomas Mead, animé d'un mouvement de rotation que lui communique la machine, permet cette périodicité : lorsque la vitesse augmente, les boules s'écartent en soulevant le manchon qui, par l'intermédiaire du levier, intercepte en partie la vapeur et interrompt le mouvement, faisant ensuite retomber le manchon et ouvrant la vapeur de nouveau. A partir de cette idée, il faut encore dix ans de travail à Watt sur une machine à alléger les cylindres, avec la collaboration de l'horloger Wilkinson, pour passer du modèle réduit à la machine elle-même.

Ainsi L. Mumford a raison d'écrire que « la machine-clé de l'âge industriel moderne n'est pas la machine à vapeur, c'est l'horloge. Permettant la détermination de quantités exactes d'énergie et donc la standardisation, l'action automatique et, par son propre produit, un temps exact, l'horloge a été la première machine de la technologie moderne »[177]. Le progrès de la précision dans la détermination de la position des bateaux en mer ouvre en définitive la voie au développement de l'industrie.

Artisans méconnus, innovateurs essentiels, les horlogers du XVIIIe siècle sont donc à la pointe de l'esprit d'entreprise et du progrès technique. Première profession à sortir de l'artisanat et de l'art de cour, l'horlogerie joue un rôle déterminant dans l'amorce d'un grand basculement culturel, technologique et financier. En février 1798, demandant au Directoire la réduction de leurs impôts, un groupe d'horlogers français écrit : « Les filatures de coton et de laine nous sont totalement redevables du degré de perfection auquel les machines utilisées ont été amenées par les fabricants de montres et d'horloges dont un grand nombre a été employé depuis quelques années déjà à inventer aussi bien qu'à éveiller à l'entretien de ces machines. [25] »

2. *La précision en série*

La précision suppose la série et, par une nouvelle dynamique, pousse à la production de masse et à une nouvelle demande de précision. Au XVIIe siècle, les horlogers de la Forêt noire ne fabriquent plus eux-mêmes toutes les pièces qu'ils utilisent dans leurs horloges. D'autres artisans fabriquent pour eux certains rouages et certaines machines-outils. L'économiste anglais William Petty en est à l'époque conscient lorsqu'il cite l'horlogerie comme le secteur où la division du travail est la plus avancée et lorsqu'il souligne le lien entre précision, coût et division du travail : « Dans une cité vaste, les industries s'engendreront l'une l'autre et chacune des industries sera divisée en autant de parties que possible, pour que le travail de chaque artisan soit simple et facile. Par exemple, dans la fabrication d'une montre, si un homme fabrique les roues, un autre les ressorts, si un autre grave les cadrans et si un autre fabrique le boîtier, la montre sera *meilleure et moins coûteuse* que si on chargeait un seul homme du travail entier. [90] »

« Meilleure et moins coûteuse » : il est déjà clair que la qualité et le coût d'une montre gagnent beaucoup à la division du travail. Grande découverte qui va changer notre temps : la qualité n'est plus liée à la rareté, mais à la quantité de travail incorporé dans les machines servant à faire les objets. Au cours du xviiiᵉ siècle, le lien entre division du travail, baisse des coûts et précision de l'horlogerie se confirme. En 1747, un chroniqueur du *London Times* s'extasie devant cette diversité des métiers : « L'ouvrier mouvementaire forge ses roues en laiton aux dimensions exactes, les envoie au tailleur qui les taille pour un prix modique ; quand il les rapporte de chez le tailleur, il ne reste plus qu'à les finir et à tourner les angles des dents. L'étirage des pignons se fait en atelier pour que l'horloger n'ait plus qu'à limer les pivots et à les fixer aux zones correspondantes. Le façonnage des ressorts est confié à un artisan qui ne fait que cela ; celui des chaînes est assuré par un autre : ces deux opérations sont souvent effectuées par des femmes dans les faubourgs de Londres. Puis les ressorts et les chaînes sont vendus à la douzaine et à bas prix à l'horloger. Nul besoin d'être ingénieux pour apprendre à faire des chaînes de montres, les instruments conçus à cette fin facilitent particulièrement cette tâche qui, à première vue, paraît fort difficile. Certains ouvriers ne font rien d'autre que des chapeaux et des pitons de montres ; des orfèvres ne confectionnent que les boîtiers ; certains ouvriers ne taillent que les platines de cadran ou les émaillent. Quand l'horloger a tous les organes de la montre et tous ses mouvements, il remet le tout au finisseur qui se charge de les assembler, après que le doreur a doré les zones en laiton... [25] » En 1802, dans son *Essai sur l'horlogerie,* Berthoud énumère seize professions artisanales participant en France à la fabrication des pendules, et vingt et une à celle des montres.

Pourtant, il ne s'agit là encore que de division des tâches entre des artisans de métiers différents utilisant des machines relativement bon marché et commerçant entre eux pour fournir à un horloger l'ensemble des pièces, l'*ébauche,* qui permettra d'assembler la montre. C'est la machine qui crée la division du travail. Quand la puissance des machines s'élève et qu'elles incorporent des quantités croissantes de travail, il faut mobiliser de grandes masses de capitaux pour les obtenir. Aussi faut-il réduire les coûts du travail direct. L'idée vient alors de passer au salariat et de regrouper tout ce monde en un seul lieu, pour y fabriquer toutes les pièces du mouvement : la recherche de la précision incite à la constitution de grands rassemblements salariés.

Après que diverses tentatives de production de masse ont échoué en Angleterre, le premier à y réussir est, en 1749, un horloger français, Frédéric Japy. Grâce à l'argent de plusieurs grands seigneurs tentés par l'aventure, il devient un des tout premiers capitalistes modernes et regroupe à la frontière suisse, à Beaucourt, près de Montbéliard, 300 paysans et artisans locaux devenus salariés en une usine où sont fabriquées toutes les pièces d'une montre à ancre. Quatre ans plus tard, en 1753, sa production annuelle est passée à 100 000 ébauches. Il est le premier horloger à penser à produire un maximum de biens par unité de temps. Il est aussi le premier entrepreneur à augmenter la rentabilité de sa production par un usage optimal du temps pensé explicitement comme de l'argent. Son métier d'horloger le conduit à concevoir son usine comme un lieu de travail où les pauses des machines humaines doivent être de plus en plus réduites : « Les habitudes chronométriques, écrit un de ses assistants, ont donné aux idées de M. Japy une direction particulière qui fait de la maison une vaste horloge, dont tous les rouages concourent avec une régularité mathématique à produire l'effet demandé ; tout fonctionne avec une vitesse extrême pour éviter la non-value des énormes capitaux engagés dans l'industrie de M. Japy.[6] »

Toutes les lois du capitalisme sont déjà en germe dans ce texte ; Japy réussit très vite à s'imposer contre les artisans suisses et anglais. Pour le concurrencer, d'autres horlogers créent alors des usines en Angleterre et en Suisse. En France, une usine installée au monastère de Beauprès, près de Besançon, réunit cent cinquante ouvriers, dont quatre-vingt faiseurs de mouvements, quarante-quatre finisseurs, six faiseurs de machines-outils. Autour de l'usine de Japy, des assembleurs s'établissent dans le Doubs, le Jura, la Savoie et la Suisse.

La division du travail horloger est ainsi très en avance sur celle du reste de l'industrie. L'économiste Molinari décrit dans ses cours d'économie politique l'état de cette activité au début du XIXᵉ siècle : « Dans l'horlogerie, la division du travail paraît avoir atteint sa limite extrême. Un comité de la Chambre des Communes a constaté, à la suite d'une enquête de G. Babbage, que l'on compte dans l'horlogerie cent deux opérations distinctes dont chacune exige un apprentissage spécial, que l'apprenti n'apprend rien au-delà de ce qui forme l'attribution particulière de son maître et qu'à l'expiration de son engagement, il serait parfaitement incapable, à moins d'une étude ultérieure, de travailler dans une autre branche du même art. »[170]

Peu à peu, les artisans horlogers de l'Europe entière deviennent les employés salariés d'autres horlogers propriétaires d'usines d'ébauches. Les corporations horlogères disparaissent. En France, elles sont abolies en 1791, alors que depuis 1750 les contraintes qu'elles mettaient au progrès technique ne sont plus respectées.

Le progrès de la précision dans la production commence à passer par la série. C'est d'abord dans l'armement, depuis des siècles lié à l'horlogerie, que l'on se met à produire en série des pièces de précision. En 1790, une usine de poulies de la Royal Navy anglaise, en 1792 une usine de mousquets en Amérique, sont créées par des horlogers.

Mais c'est dans l'horlogerie que se développe vraiment la production en série : la montre est en effet le premier objet industriel produit en grand nombre pour la consommation de masse.

Alors que le lit et la commode, déjà présents dans toutes les maisons, restent fabriqués artisanalement, l'horloge est délibérement introduite comme un objet industriel. « Les habitants des campagnes — écrit un témoin du temps —, où l'aisance est devenue générale par la division des propriétés, ne sont pas moins jaloux de bien meubler leur logement que ceux de la capitale et des autres villes du royaume. Il est peu de maisons de cultivateurs et même de simples journaliers où l'on ne trouve un lit, commode et propre, une commode de noyer ou d'un autre bois, d'une élégante simplicité, une pendule plus ou moins riche, mais jolie, une paire de flambeaux et même un service de porcelaine [228] ». L'industrie fait donc, avec l'horlogerie, la découverte de la production de la demande par l'offre. Tout au long du Temps des Machines, elle ne l'oubliera plus.

En même temps, l'habitude vient d'offrir des montres et des pendules à intervalles réguliers. Au premier de l'An, « les enfants reçoivent, avec les baisers, des cadeaux proportionnés à leur âge et analogues à leur sexe, depuis les jouets et les bonbons jusqu'aux châles et aux petites montres d'or [228] ».

Dans la bourgeoisie industrielle, le port de la montre est l'emblème du pouvoir social et du contrôle du temps. Des horlogers de luxe servent cette clientèle comme ils servaient jadis les cours, tel le Suisse Bréguet installé à Paris et inventeur de la « montre perpétuelle » et du mouvement spiral : il fournit alors tous les grands de ce monde, de Napoléon à Philéas Fogg...

Pour la classe moyenne et la classe ouvrière, la possession d'une montre symbolise l'accès à la société marchande. Avoir une montre, c'est à la fois avoir l'argent pour l'acheter et espérer l'argent que pourra rapporter son prêt. C'est donc, là encore, penser le temps comme de l'argent.

La montre peut en effet, en période de vaches maigres, être vendue ou mise au clou. « Cette toquante, dit dans les années 1820 un typographe londonien cité par Thomson, m'a coûté rien qu'un billet de cinq la première fois que je l'ai achetée, et je l'ai mise chez ma Tante maintes fois, et en tout j'en ai tiré plus de quarante livres. Une bonne montre, c'est un vrai ange gardien quand on est raide. »[228]

Dans sa description du mode de vie des tisserands du Lancashire à la fin du XVIIIe siècle, Radcliffe raconte que chaque homme a « une montre dans sa poche » et que, dans chaque maison, il y a une horloge montée sur de l'acajou élégant ou dans un corps fantaisie.

Les riches achètent montres et pendules chez les horlogers et les bijoutiers. Pour les classes moyennes et les ouvriers, se constituent de nouveaux réseaux de vente chez des commerçants fournis par des fabriques ou des grossistes. A la campagne, les routes devenant plus sûres, des marchands ambulants vont de village en village avec des lots achetés aux horlogers des villes ou aux fabriques. Ils les vendent et réparent celles qui existent déjà.

Sans doute n'est-il pas exagéré de dire que la diffusion des pendules et des montres constitue une des mesures les plus exactes du développement de la société marchande, à partir du XVIIIe siècle. Cet objet, qu'on ne peut avoir que contre de l'argent et qu'on ne peut vouloir que par rapport au système de valeurs de la société industrielle, envahit peu à peu chaque lieu de travail et de vie.

C'est en Angleterre que cette diffusion commence le plus vite. Une anecdote est à cet égard révélatrice : en 1796, le Premier Ministre anglais de l'époque, William Pitt, à la recherche de recettes fiscales nouvelles, invente une taxe sur les pendules, sous prétexte que ce sont des « articles de luxe dont les propriétaires sont le plus souvent des gens qui ont largement les moyens de payer l'impôt ».

Le taux est fixé à un shilling sur chaque montre d'argent ou de métal, dix shillings sur chaque montre en or, et cinq shillings sur chaque horloge. Mais Pitt ne sait pas que la montre et la pendule ne sont déjà plus des articles de luxe : on en fabrique et vend des dizaines de milliers chaque année, et, selon les estimations les plus sérieuses de l'époque, 700 000 Anglais possèdent au moins une montre, et plus du double une pendule. Aussi l'impôt, conçu pour frapper les riches, s'avère-t-il trop lourd pour les petits bourgeois détenteurs de montres. Certains fondent leurs boîtiers en or, d'autres refusent de les déclarer. La taxe se révèle impossible à percevoir et, un an plus tard, en mars 1798, elle est abrogée. Sans doute faut-il voir dans cet incident un reflet de la naissance de la consommation de masse du premier objet industriel.

Commence en Angleterre et en Suisse, sous la pression de la concurrence de Japy, la production en série de pendules. Les fabricants suisses, les premiers, n'apprécient pas de dépendre chaque année de la livraison de 20 000 mouvements de l'usine de Japy et fondent des usines concurrentes, d'abord à Fonainmelon, puis à Genève. Un horloger suisse, Pierre-Frédéric Ingold, après avoir travaillé avec Bréguet à Paris, s'associe vers 1820 avec Japy pour fabriquer des pièces et des montres à la machine. Ils créent ensemble la French Watchmaking Company, qu'un soulèvement de paysans et d'artisans met bientôt en faillite. Ingold s'installe alors en Angleterre puis aux Etats-Unis.

Mais le progrès décisif de l'industrialisation horlogère se fait aux Etats-Unis avant aucun autre pays. Par suite du blocus britannique, un jeune horloger, Eli Terry, organise la première production de masse destinée au grand marché intérieur américain. Il apprend d'abord comment fabriquer les luxueuses horloges de parquet de l'époque, et des horloges en bois à très bon marché. En 1798, il fabrique des horloges de parquet munies de mouvements en laiton et en bois ; en 1797, il obtient son premier brevet pour une horloge à équation. Cette horloge a deux aiguilles des minutes concentriques, de couleurs et de formes différentes. L'une indique l'heure moyenne, l'autre l'heure solaire. Ce brevet est le premier que le Bureau des Brevets délivre aux Etats-Unis pour une horloge. Terry vend ses mouvements en laiton entre 10 et 15 livres sterlings pièce ; ceux en bois, 4 livres sterlings.

En 1802, il prend la décision de bâtir un petit atelier entre Plymouth et Thomaston, et y installe une roue hydraulique pour entraîner ses machines. Quatre ans plus tard, il produit des horloges par lots de 25. Quatre ans après encore, il fabrique à la chaîne 200 horloges par an. En 1808, il termine un lot de 500 mouvements d'horloges identiques. A la fin de la même année, il en produit plus de 1 000. Durant les trois années suivantes, il en vend 4 000 ; cinq ans plus tard, sa production annuelle est de 6 000. La production en série est lancée.

L'accueil enthousiaste de l'horloge de console auprès du public sonne le glas de l'horloge de parquet. Deux petites villes du Connectitut, Bristol et Waterbury, deviennent les principaux centres de fabrication aux Etats-Unis. En 1819, la moitié des habitants de Bristol travaillent pour l'horlogerie. En 1821, on y construit des horloges à console à bas prix en utilisant le laiton pour fabriquer le mouvement. Vers 1840, Bristol prendra même le pas sur l'industrie allemande de la Forêt noire, constituant ainsi le plus grand centre producteur du monde.

En 1835, deux frères horlogers, Henry et James Pitken, d'East Hartford, dans le Connectitut, réussissent pour la première fois à fabriquer à la machine *toutes* les pièces d'une montre, en réduisant au minimum le nombre de pièces. En 1838, ils produisent 50 montres de ce type ; en 1850, 400 000 exemplaires sont produits dans une nouvelle usine, la première grande entreprise des Etats-Unis. Elle utilise l'énergie hydraulique qui actionne des arbres de transmission, des scies, des perceuses et des tours. Tous les éléments, de dimension standard, sont conçus sur des gabarits.

Bristol s'adresse à des ouvriers nouveaux dans le métier et inexpérimentés, faciles à former, « au lieu d'essayer de lutter contre les partis pris de ceux qui ont appris leur métier dans une autre optique »[36].

Un peu plus tard apparaît le premier grand industriel de l'horlogerie moderne, un employé de Terry, Chauncey Jerome. Il commence par acheter les mouvements et les gaines dans le Connectitut, il les assemble dans les Etats du Richmond et de Virginie. Associé avec son frère Noble, il s'installe à Bristol en 1821. Très vite, ils y comptent parmi les plus grands fabricants d'horloges de console en bois. En 1839, Noble Jerome fait breveter un mouvement d'horloge de console en laiton à bas prix, de durée de marche de 30 heures. Il écrit : « Ce que j'ai créé ce soir-là sur mon lit à Richmond a permis à plusieurs milliers d'ouvriers de trouver un emploi pour plus d'une vingtaine d'années, et aux plus grandes manufactures de s'établir en Nouvelle-Angleterre ; cette invention a regarni de plus d'un million de dollars les caisses des fondeurs en laiton[36]. » Les horloges en laiton des frères Jerome, fabriquées et vendues avec succès, réduisent le prix unitaire à 70 cents par mouvement.

D'autres fabricants, séduits par ces méthodes, les appliquent à leur tour. La production massive d'horloges en laiton bon marché marque alors la fin des horloges en bois, le début de la domination mondiale de l'industrie horlogère américaine, et entraîne par suite le déclin des industries britannique et allemande.

En 1842, Chauncey Jerome expédie des horloges en Angleterre. Vers 1850, il possède la plus grande manufacture d'horloges américaine. Par la suite, Jerome s'associe avec Théodore Terry et avec le célèbre directeur de cirque T. P. Barnum. En 1855, son empire s'effondre, remplacé par d'autres. Le jeu de la compétition des machines a commencé.

En Europe, l'horlogerie reste artisanale. L'Angleterre n'est plus le lieu d'aucune innovation, la Forêt noire s'affaiblit, en Suisse et en France ne se développent que de petites entreprises. Le Temps des Machines peut commencer là où l'horlogerie industrielle est née.

II. LE TEMPS DES MACHINES

1. *Le temps c'est de l'argent*

Avec la technique de l'horlogerie change le concept du temps.

Quand le progrès de l'échange impose celui de la précision de la mesure du temps, il pousse aussi au développement de la production en série des instruments de cette mesure par des ouvriers non spécialisés. L'ouvrier ne produit plus un bien échangé directement sur le marché, mais un élément abstrait sans usage en lui-même. La valeur de chaque produit n'est plus alors mesurable par sa qualité ou par sa rareté, mais par la durée du travail nécessaire à le produire.

Quand l'horloge devient pendule produite en série, le temps ne se mesure plus par le jeu approximatif du poids et du foliot. Le progrès ne consiste plus à réduire seulement le temps de l'échange, mais aussi celui de la production : il faut produire davantage par unité de temps.

La pendule reflète ce nouvel ordre : elle aide à réduire l'oisiveté et à valoriser au maximum les machines. Elle produit du temps en série en transformant l'énergie du ressort. S'y succèdent des périodes de production en série et de stockage d'une énergie. Le Temps des Machines fonctionne de la même façon : le temps y est découpé en périodes de production, interrompues par des pauses où se restaure la force des machines. L'homme substitue alors son propre temps à celui des Dieux et des Corps. Par ses machines, il accélère la production naturelle. Il obtient en quelques semaines ce qui aurait demandé des siècles pour mûrir dans les profondeurs de la Terre.

Puis, les lois de la production s'imposant à la société, celle-ci est aussi pensée comme une machine où il faut valoriser le temps et où l'échange passe par l'argent reçu en échange du travail. Travail, temps et argent deviennent équivalents. Le temps prend un sens nouveau, celui du progrès, coupé de pauses nouvelles, celles du repos des machines.

La thermodynamique naissante, avec l'apparition de la machine à vapeur, introduit aussi à cette nouvelle conception du temps.

Dans ses réflexions sur la puissance motrice du feu et sur les machines propres à développer cette puissance (1824), Sadi Carnot affirme que la production dans une machine thermique est liée à l'existence d'une différence de températures entre les corps. En 1850, Thomson montre qu'on ne peut transporter de chaleur que d'un corps chaud à un corps froid. Puis, en 1865, Clausius donne à la grandeur qui mesure la quantité d'énergie par unité de température le nom d'entropie. Il montre que l'irréversibilité et l'entropie sont deux concepts quasi équivalents : tout système ouvert voit son entropie augmenter, son énergie se dégrader, sa température diminuer. Le Temps des Machines est donc orienté vers l'augmentation du désordre, sauf si le système reçoit de l'énergie de l'extérieur. Le temps se déroule ainsi selon le sens de la dégradation de l'énergie, artificielle ou humaine. Au cours des pauses, les machines reconstituent l'énergie qu'elles dégradent pendant leur travail. Pour que le rendement de chaque machine soit maximal, chaque pause doit être la plus courte possible.

La théorie politique commence elle aussi à décrire l'homme comme une machine réductible à son travail, lui-même réductible à sa durée. Ainsi Hobbes écrit : « L'homme pensé comme une machine devient gérable comme elle... La valeur d'un homme est, comme celle de toutes les autres choses, son prix, c'est-à-dire autant qu'il faudrait donner pour l'usage de sa puissance. » Adam Smith en appelle à Hobbes dans ses passages les plus célèbres sur la théorie de la valeur en termes de « travail commandé » : « Ce que met en jeu l'économie politique, c'est un discours sur l'usage de la puissance productive des hommes. [213] »

Peu à peu, la mesure du temps pousse ainsi à l'identification, à la fois pragmatique et théorique, des concepts d'ordre, de travail, de production et d'argent. De même, ceux de désordre, de repos, de loisir, de consommation se fondent-ils en une nouvelle désignation de la fin du cycle. De même encore, en théorie et en réalité, le repos, lorsqu'il est trop long, devient la menace majeure contre l'ordre ; dans les inquiétudes du pouvoir, l'oisiveté remplace l'oisif ; la pauvreté remplace le pauvre au premier rang des menaces du temps.

Ainsi, comme dans les autres Temps, une coupure, une pause apparaît, moment dangereux où la violence autorisée peut donner un coup d'arrêt à la dégradation, mais aussi où elle menace de l'aggraver.

Marx écrit : « Du temps pour l'éducation, pour le développement intellectuel, pour l'accomplissement des fonctions sociales, pour les relations avec les parents, mais aussi pour le libre jeu des forces du corps et de l'esprit, pour la célébration du dimanche, et cela dans le pays des sanctificateurs du dimanche, est considéré comme pure niaiserie. [57] »

Aussi tout instant de non-travail doit-il être bien localisé en fin de chaque période de production et être uniquement consacré à la restauration de la force de travail. A l'inverse, le temps de travail sert à produire des biens dont une partie est concédée au travailleur pour la reproduction de sa force de travail, et dont l'autre partie est appropriée par celui qui dicte l'horaire, sous forme de temps accumulé.

Dans le Temps des Machines, l'usage des objets produits en série occupe les pauses du temps de leur production. Dans ces pauses, on consomme d'une part des services rendus d'un homme à un autre, qui prennent par définition autant de temps à être produits qu'à être consommés, et, d'autre part, les objets industriels eux-mêmes dont la consommation prend un temps très variable : certains de ces objets se consomment tout seuls, tel l'horloge dont l'usage est composé d'une série de regards furtifs ; d'autres, tel les livres, ont un usage infini, si on les lit et relit, ou nul si l'on se contente de les contempler dans une bibliothèque ; d'autres enfin, tels les moyens de transport, ont un usage d'autant plus long que ceux qui en disposent sont nombreux.

Lorsque ce temps nécessaire à l'usage des choses augmente, la pause s'étire, le rendement de la machine sociale baisse. Inévitablement, ceci finit par arriver, car la durée de l'usage des objets et des services prend un temps croissant ou stable alors que celle de la production des objets diminue. Il faut alors, pour gagner du temps, effacer le passé par l'inflation et la faillite et réduire le temps des pauses en transformant des services en objets produits en série.

Le premier à avoir théorisé tout cela est sans doute Adam Smith[213], qui montre que la division du travail pousse à la création de machines : « C'est à la division du travail qu'est originairement due l'invention de toutes ces machines propres à abréger et à faciliter le travail. » Le premier, il assimile la valeur des choses à la quantité de travail qu'elles contiennent : « Ainsi la valeur d'une denrée quelconque pour celui qui la possède, et qui n'entend pas en user ou la consommer lui-même, mais qui a l'intention de l'échanger pour autre chose, est égale à la quantité de travail que cette denrée le met en état d'acheter ou de commander. Le travail est donc la mesure réelle de la valeur échangeable de toute marchandise. » Et, déjà, il pense à mesurer la quantité de travail par le temps de travail : « Par exemple, chez un peuple de chasseurs, s'il en coûte habituellement deux fois plus de peine pour tuer un castor que pour tuer un daim, naturellement un castor s'échangera contre deux daims ou vaudra deux daims. Il est naturel que ce qui est ordinairement le produit de deux jours ou de deux heures de travail vaille le double de ce qui est ordinairement le produit d'un jour ou d'une heure de travail. [213] »

Après Smith puis Ricardo, Marx achève de ratifier cette prise de conscience de la naissance d'une équivalence du travail et de la valeur des objets : « Une valeur d'usage ou un article quelconque n'a une valeur qu'autant que du travail humain est matérialisé en lui. Comment mesurer maintenant la grandeur de sa valeur ? Par le quantum de la catégorie " créatrice de valeur " contenue en lui, du travail. La quantité de travail elle-même a pour mesure sa durée dans *le temps* et le temps de travail possède de nouveau sa mesure dans les parties du temps telles que l'heure, le jour, etc. » Chacune des forces individuelles de travail est « partie intégrante de la force de travail humaine en tant qu'elle possède le caractère d'une force sociale moyenne et agit comme telle, employant par conséquent, pour la production de la marchandise, le temps de travail nécessaire en moyenne ou le temps de travail socialement nécessaire ». D'où : « La valeur d'une marchandise est à la valeur de tout autre marchandise comme le temps de travail nécessaire à la production de l'une est au temps de travail nécessaire à la production de l'autre. »

Un peu plus loin encore, Marx écrit : « La tendance immanente de la production capitaliste est de s'approprier le travail pendant 24 heures par jour. Mais cela est physiquement impossible, si l'on veut exploiter toujours les mêmes forces sans interruption, il faut, pour triompher de cet obstacle physique, une alternance qu'on peut obtenir par diverses méthodes. (...) Le capitaliste vole le temps qui devrait être employé à respirer l'air libre et à jouir de la lumière du soleil. (...) Il lésine sur le temps des repas. (...) Le capitaliste tient son droit comme acheteur quand il cherche à prolonger cette journée aussi longtemps que possible et à faire deux jours d'un. D'autre part (...) le travailleur soutient son droit comme vendeur quand il veut restreindre la journée de travail à une durée normale déterminée. (...) Entre deux droits légaux, qui décide ? La force... »

Mais ce qu'aucun de ces théoriciens ne discerne vraiment, c'est que, comme dans les autres ordres du Temps, le changement de l'organisation économique prend sa source justement dans la mutation de la mesure du temps et de ses instruments : si le pouvoir passe à ceux qui peuvent imposer un horaire de travail à d'autres et la rémunération de ce travail au temps, c'est très largement parce que la mesure du temps a peu à peu permis la production en série d'objets par du travail salarié à durée contrôlable.

Ainsi, entre 1750 et 1850, une théorie de l'ordre social naît en même temps que change la mesure du temps. Mais elle ne naît pas hors du réel : ni Smith, ni Ricardo, ni Marx n'imposeraient cette conception du travail à une société qui lui serait hostile. Au contraire, les uns comme les autres, malgré ce qui les oppose, ne peuvent concevoir leur théorie que parce qu'elle devient socialement évidente ; parce que s'installe dans tous les esprits, ceux des nouveaux maîtres comme ceux des nouveaux esclaves, l'idée du temps nouveau.

Au fur et à mesure que les hommes sont mis au travail en usine et qu'apparaissent des objets produits en série, les professeurs, les moralistes, les prédicateurs enseignent au peuple cette identification du temps à l'argent : « Souviens-toi que le temps c'est de l'argent », écrit à la fin du XVIIIᵉ siècle Benjamin Franklin. « Celui qui peut gagner par son travail dix shillings par jour et qui se promène une demi-journée et se repose dans sa chambre, même s'il dépense seulement dix pence pour des plaisirs, ne doit pas compter uniquement ceux-ci ; en plus, il aura dépensé, ou plutôt il aura jeté cinq shillings. [228] »

Dans l'Europe du Nord et en Amérique, la mutation culturelle est plus aisée qu'ailleurs, parce qu'elle ne se fait pas contre les pouvoirs anciens. Au contraire, l'église anglicane y participe. Sa morale pousse au travail et se méfie du repos. En 1830, un des plus célèbres prédicateurs de cette église, Baxter, dans un livre destiné à l'éducation des familles ouvrières, *The Poor Family Book,* conseille à l'ouvrier anglais de limiter « son temps de sommeil à ce que requiert la santé, car le précieux temps ne doit point être perdu en inutile fainéantise ». Dans un autre livre, *Christian Directory,* il écrit : « Fais usage de chaque minute comme de la chose la plus précieuse qui soit, et dépense-la entièrement comme le dicte le devoir... Le temps est de l'argent... Souviens-toi combien il est profitable de réparer le temps perdu... que ce soit en termes de marchandise ou de tout autre commerce. En agriculture ou dans tout autre activité, on a coutume de dire de l'homme qui s'y est enrichi, qu'il a bien employé son temps. [228] »

A la même époque, un autre prédicateur, américain et méthodiste, Wesley, écrit : « Veille à réparer le temps perdu ; économise tout le temps que tu pourras pour les meilleures fins ; protège chaque instant fugitif des mains du péché, des mains de la paresse, du confort, du plaisir et des choses du monde... [228] »

Peu à peu, la bourgeoisie s'installe au pouvoir et organise la vie des autres et la sienne propre en une chaîne continue d'événements datés : le temps pour le travail, le temps pour le repos, le temps pour le plaisir, mesuré lui-même « aussi méthodiquement que les exercices sexuels du Père Sandy qui avaient lieu, c'est assez symbolique — écrit Lewis Mumford — le jour du mois où il remontait la pendule ! [177] »

En même temps change le rythme des événements : les nouvelles se diffusent plus vite, grâce au télégraphe et à la poste. La production en masse et à bon marché de presses à imprimer à vapeur, à partir de 1814, permet un énorme développement de la littérature périodique. Les journaux quotidiens se multiplient. Les romans se lisent en feuilleton et la vitesse, l'ambition, l'urgence de gagner de l'argent comptent parmi les sujets dont ils traitent, de Hugo à Dickens, de Verne à Flaubert. Epargner, avoir une rente, aller dans le sens du progrès, devient une obsession des gens bien-nés de ce siècle.

En même temps changent les lieux où la violence est légalement autorisée. Dans les calendriers nouveaux, les lieux de dénouement de l'échange, fêtes, foires et carnavals, cèdent la place à d'autres dates essentielles, les moments de repos des travailleurs : fins de journée, de semaine, d'année et de vie.

Mais, tout comme le Carnaval menaçait de dégénérer en émeute, le repos fait craindre le gaspillage du temps, la paresse et la grève. L'oisiveté est à la fois utile et dangereuse. Aussi faut-il la circonscrire et la contrôler.

Benjamin Franklin écrit à ce propos : « Toute société organisée doit réduire au minimum l'oisiveté. Puisque notre temps est réduit à un étalon et que la monnaie du jour est battue en heures, les industrieux savent comment employer chaque pièce à leur avantage dans leurs professions respectives. Et celui qui est prodigue de ses heures est, dans les faits, un gaspilleur d'argent. Il me souvient d'une femme remarquable, qui était pleinement consciente de la valeur intrinsèque du temps. Son mari était cordonnier et c'était un excellent artisan, mais il ne se souciait jamais de la façon dont passaient les minutes. En vain elle essayait de lui inculquer que le temps c'est de l'argent. Il avait trop peu d'esprit pour la comprendre, et cela fut sa ruine. Lorsqu'il se trouvait à la taverne avec ses compagnons d'oisiveté, si l'un remarquait que onze heures avaient sonné : " En quoi cela nous concerne-t-il ? " disait-il. Si sa femme lui dépêchait l'apprenti pour lui dire que les douze coups de midi avaient sonné : " Dis-lui de ne plus s'en faire, il ne peut être plus tard " ; et s'il était une heure : " Dis-lui de ne plus s'en faire, il ne peut être plus tôt "...[226] »

Moralistes et éducateurs se retrouvent dans la lutte contre l'oisiveté. Dès l'école, au XVIIIe siècle, on apprend aux enfants une nouvelle ponctualité, liée au travail. Il ne s'agit plus maintenant d'enfermer les enfants des pauvres, mais de leur apprendre à accepter de travailler, quelles qu'en soient les conditions. En 1770, des prédicateurs anglais proposent qu'ils soient employés dans des manufactures où il leur serait dispensé deux heures d'instruction par jour, car, écrit l'un d'eux, William Temple : « Il est tout à fait souhaitable qu'ils soient, d'une façon ou d'une autre, constamment employés au moins douze heures par jour, qu'ils gagnent leur vie ou non ; par ce moyen, nous espérons que la jeune génération sera si habituée à une activité constante que cette activité lui apparaîtra avec le temps comme agréable et distrayante ». Un autre prédicateur de la même époque, Clayton, se plaint que les rues de Manchester soient remplies « d'enfants oisifs en haillons, ayant l'habitude de jouer », et fait éloge des écoles de Charité « qui enseignent l'Industrie, la Frugalité, l'Ordre et le Goût d'une vie réglée ; là, les élèves doivent se lever de bonne heure et respecter un horaire avec une stricte *ponctualité* ». Un peu partout à travers l'Angleterre, les élèves des Ecoles méthodistes du Dimanche apprennent la ponctualité et la discipline de l'usine : « Le Directeur sonnera à nouveau la cloche — alors, à un geste de sa main, tous les élèves se lèveront immédiatement ; — à un second geste, ils feront un quart de tour ; — à un troisième, ils se rendront lentement et silencieusement à la place qui leur est assignée pour réviser leur leçon, et il prononcera alors le mot : " Commencez " ! »

Du temps nouveau les concepts et les outils sont en place, la nouvelle violence est désignée, la nouvelle coupure est nommée. Reste à le vivre.

2. *Gagner du temps*

La maîtrise du temps échappe aux gestionnaires des villes et échoit à ceux qui contrôlent ce temps nouveau, le Temps des Machines, vécu dans le travail et accumulé dans le capital. Dire le temps ne consiste plus à fixer des jours fériés et à sonner des cloches pour indiquer vaguement des horaires de travail, mais à codifier et à surveiller des pauses quotidiennes et hebdomadaires, assez longues pour permettre la réparation des forces, mais pas trop, en évitant que l'oisiveté ne tourne à la révolte. Il faut débusquer la « flânerie ouvrière » dans l'usine, dans les transports à domicile et au cabaret. Il faut réduire les lieux de résistance de l'ouvrier, et, plus tard, ses associations et ses syndicats ; enfin, là où le regard du maître ne peut l'atteindre, lui confisquer toute capacité de contrôler son temps et d'y réfléchir.

Gagner du temps, au sens de l'ordre nouveau, c'est donc d'abord réduire le nombre de jours fériés légués par le calendrier du Temps des Corps. Lui-même détournement du calendrier précédent, il est à son tour détourné par le temps nouveau : les fêtes qu'il désigne changent de nom, de place et de nombre.

C'est d'abord le dimanche qui, menacé, ne survit qu'en changeant de légitimité. En 1778, le directeur de la Manufacture de Saint-Gobain décide de faire travailler les ouvriers le dimanche pour « les empêcher de se saouler les fêtes et dimanches ». Il s'en explique avec l'archevêque de Laon qui, remarque le directeur, « ne pouvait que m'approuver, en homme sensé, ami de l'ordre ». Un peu plus tard, d'ailleurs, l'archevêque lui donne quitus : « On voit par expérience qu'ils passent les fêtes comme si elles n'étaient ordonnées que pour satisfaire leur oisiveté, et que tout au plus ils observent les temps sans se soucier du sujet pour lequel ces saints jours ont été institués. Nous avons pensé qu'il était tout à fait nécessaire de décharger les peuples de notre diocèse de quelque nombre de fêtes, tant pour leur donner plus de liberté à vaquer à leur emploi journalier et de profiter de leur travail, que pour empêcher qu'ils ne tombent dans l'oisiveté, qui est la source de tous les maux qu'ils commettent. Nous déclarons que dans notre diocèse, il n'y aura désormais obligation de chômer sous peine de péché que les fêtes qui seront marquées au-dessous de la présente ordonnance. »

Certes, lorsqu'il y a repos hebdomadaire, il a lieu le dimanche, mais les autres jours fériés s'estompent et le dimanche même n'est plus que toléré. Par exemple, les potiers anglais cessent d'observer la Saint-Lundi. Jusque-là, seuls les enfants et les femmes travaillaient le lundi et le mardi, et leur journée de travail était plus courte ces jours-là, les potiers étant occupés quant à eux à boire leurs gains de la semaine précédente. Désormais, les potiers travaillent normalement le lundi et le dimanche, et leur journée se raccourcit.

En France, il faut attendre la Révolution pour que soient mises à mal les contraintes du calendrier du Temps des Corps et que s'organise le repos des ouvriers. On peut lire dans les Cahiers de doléances : « L'énormité des impôts et la misère extrême du peuple semblent demander que, pour lui ménager tous les moments de travail si nécessaire à la subsistance, on réduise le nombre des fêtes à celui qu'exigent indispensablement la sainteté et la majesté du culte. » Ou encore : « Que, pour donner plus d'activité à l'agriculture et augmenter les moyens de subsistance de cette classe nombreuse de citoyens qui vit et n'alimente sa famille que du produit du travail journalier, le nombre des fêtes de l'Eglise soit diminué ; que les dimanches et fêtes annuelles soient seules consacrées au culte des autels et à un repos nécessaire. [271] »

Aux Etats Généraux, l'Eglise réussit à s'opposer à la suppression du dimanche et obtient « que la loi sur la sanctification des dimanches et fêtes demeure inviolée ». Mais, peu après, la bataille est perdue par les maîtres du Temps des Corps et les lois Le Chapellier attribuent officiellement la propriété du temps des ouvriers aux propriétaires du capital : « L'employeur fixe toutes les règles relatives à l'aménagement de la discipline du travail dans l'entreprise. En l'absence de toute limite posée par la loi, l'employeur peut mettre dans le règlement ce qu'il veut. »

Alors commence en France — avec retard par rapport au monde anglo-saxon — la mise en place d'un calendrier nouveau adapté au Temps des Machines. Ce qui s'est pratiquement fait en un siècle dans le monde anglo-saxon, la Révolution française tente de le mettre en place d'un seul coup, de façon rationnelle et brutale. Elle échouera, et la faillite de cette mutation confirme que le passage d'un Temps à l'autre ne peut être rapide et ne peut découler que d'un long mûrissement. Elle montre que l'avènement du Temps des Machines exige une modification profonde des mentalités et des rythmes à l'intérieur même de la journée, et non une mutation brusquée des jours et des mois.

L'histoire de cette tentative, si manquée soit-elle, mérite cependant d'être contée[271]. Le 22 septembre 1792, un décret de la Convention abolit tous les jours fériés « qui causaient tant de préjudice aux amis du commerce et de l'industrie ». Il décide que, dorénavant, tous les actes publics seront datés de l' « An 1ᵉʳ » de la République et qu'un calendrier nouveau sera mis en chantier. En septembre, la Convention discute d'un projet de calendrier élaboré par Fabre d'Eglantine pour le Comité d'Instruction publique. Après un mois de débat, il est adopté, le 5 octobre 1792. Selon Fabre d'Eglantine, le nouveau calendrier vise, « par un vaste programme éducatif et laïc, à forger les âmes, à se saisir de l'imagination des hommes et la gouverner ». Comme l'écrit Gilbert Romme, on peut croire alors que « le temps ouvre un nouveau livre à l'Histoire ». En fait, l'expérience finira en 1805 après avoir duré douze ans, deux mois et vingt-sept jours.

Selon le projet voté par la Convention, le premier jour de l'ère nouvelle est fixé au 22 septembre 1792 du calendrier grégorien, jour de la proclamation de la République. Par un symbole révélateur, ce premier jour se trouve être un jour d'équinoxe, où le jour et la nuit sont égaux. L'année est divisée en douze mois égaux de trente jours chacun, avec, à la fin de l'année, cinq ou six jours de complément selon les années. Chaque dixième jour, nommé decadi, est un jour férié remplaçant le dimanche.

Après avoir failli nommer les mois d'après les grandes dates de la Révolution, la Convention choisit finalement des néologismes agricoles. Les jours sont nommés respectivement « primidi », « duodi », etc... L'histoire de la Révolution ne fournit donc qu'une faible partie du mythe dont le calendrier nouveau mime la répétition. Seuls les cinq jours de complément annuels portent des noms d'époque : Ils sont appelés les cinq « sans culottides ou Fêtes de la Vertu, du Génie, du Travail, de l'Opinion et des Récompenses » ; le jour supplémentaire de l'année bissextile célèbre « la Révolution Française qui, après quatre années d'efforts et de combats contre la tyrannie, a conduit le peuple français aux règles de l'égalité ». Le souci de l'égalité poussé à l'extrême incite même à prévoir que la journée devra être divisée en dix heures de dix « dixièmes » chacune, de dix « centièmes » chacun...

Tout cela échoue rapidement. Certes, en l'An II, on transforme certains cadrans d'horloges en cadrans décimaux et des horloges de ce type sont même construites. Mais il se révèle vite impossible de transformer le vécu du temps quotidien et le nom des jours. A la différence d'autres changements de noms qu'introduit la Révolution — comme ceux des rues, des poids et des mesures, très vite acceptés parce que répondant à un besoin réel de l'Ordre des Machines —, le nouveau calendrier n'est utilisé que par les armées et l'appareil d'Etat, et encore, sans que l'ancien disparaisse. La greffe ne prend pas. Le 9 septembre 1805, le calendrier grégorien, qui n'a jamais cessé d'être utilisé dans la vie quotidienne, redevient le calendrier officiel, amputé de nombreuses fêtes que l'ancien régime avait conservées. Les dimanches redeviennent jours du repos hebdomadaire, dans les limites où le capitalisme peut tolérer un tel repos car, comme le dit Napoléon, « les ouvriers doivent avoir le droit de travailler le dimanche, puisqu'ils mangent tous les jours ». Malgré son souci de légitimer un retour au religieux, la Restauration s'appuie sur la nouvelle bourgeoisie et confirme ce droit au travail quotidien. La « Loi du Dimanche » du 18 novembre 1814 autorise le travail en usine et n'en interdit ce jour-là que les manifestations extérieures.

D'autres périodes de repos apparaissent, quotidiennes, plus compatibles avec les exigences du capitalisme. Peu à peu, les ouvriers d'usine du premier tiers de siècle apprennent de leurs maîtres l'importance du temps ; ceux du second tiers se groupent en comités pour le raccourcissement du temps quotidien de travail ; la troisième génération fait grève pour obtenir le paiement des heures supplémentaires. Les capitalistes peuvent tolérer des heures et des jours de repos en fin de période si ceux-ci sont placés de telle façon que le travail reste intensif, et si le repos est consacré à la consommation d'une partie des biens produits. Aussi la durée quotidienne du travail peut-elle commencer à baisser.

Les idéologues de l'économie industrielle du premier tiers du xixe siècle et les luttes sociales organisent ainsi un nouveau calendrier social qui fixe les horaires du travail et du repos : le *Code du travail.* Une image neuve de l'homme socialement adapté se dessine : c'est l'ouvrier qui accepte de travailler aussi longtemps que le capitaliste le décide, qui obéit aux règles de ponctualité et de régularité fixées par lui, mais qui se repose assez pour consommer, comme une machine à rythme régulier. Un des plus intéressants idéologues de cette période, C. L. Bergery, écrit à ce propos en 1831, dans son *Economie Industrielle :* « Malheureusement, ce sont presque toujours ceux qui ont le plus de talent qu'on trouve hors du chemin de l'honnêteté ; ils s'imaginent que leur habileté les rend si indispensables qu'elle doit faire tolérer leurs défauts et leurs vices. Montrez, en chassant les plus mauvais sans hésitation, que vous savez préférer la *ponctualité,* la soumission, le zèle et les bonnes mœurs. Soyez sans crainte pour l'avenir, le temps consommé en bombances par les habiles vous suffira pour mettre en état de les remplacer quelques ouvriers rangés et capables. D'ailleurs, *vos intérêts se trouvent mieux d'une fabrication ordinaire mais régulière que d'un travail parfait mais décousu.* Je ne saurais trop vous le dire : l'ordre est le père de toute prospérité. »[22]

Face à ce nouveau maître, le travailleur du début du xixe siècle ne cherche plus à augmenter le nombre de jours où il est autorisé à travailler, mais à réduire le nombre d'heures où il est contraint de le faire.

Dans la première partie du siècle, le repos quotidien de l'ouvrier est très bref. Le capital, maître de l'ouvrier, dispose à sa guise de son temps, et réduit au minimum le repos quotidien. Ainsi, par exemple, vers 1800, le règlement des verreries du Vieux Rouen et de Feuquières stipule que « le chef d'usine ou le chef de fabrication pourra toujours, lorsqu'il y aura nécessité, avancer ou retarder le commencement, les arrêts et les reprises de travail ». Dans le même sens va le règlement d'une usine de la Rivière Saint-Sauveur, dans le Calvados : « Tout ouvrier, contremaître ou employé, en entrant à l'usine, s'engage à travailler le jour ou la nuit, les dimanches et les fêtes, quand le directeur le jugera utile, et à accepter tel travail qui lui sera imposé. »

Mais, très vite, les capitalistes se rendent compte qu'ils ont intérêt à soigner les machines qu'ils utilisent et à organiser eux-mêmes le repos quotidien de leurs travailleurs.

En un siècle, de 1750 à 1850, le nombre de jours de travail en Europe augmente jusqu'à atteindre 250 par an. En même temps, l'intensité du travail s'accélère et la durée des journées de travail se réduit jusqu'à dix heures.

Là encore, l'industrie horlogère joue un rôle précurseur. Après que Japy et des fabriques suisses et anglaises ont mesuré le travail en dizaines de minutes, une fabrique parisienne de montres et de bijoux, dirigée par S. M. Oppenheim, est la première entreprise européenne où le temps de travail est évalué en minutes et où des amendes pénalisent systématiquement les moindres pauses quotidiennes. Le règlement du travail dans cette fabrique, en date du 29 septembre 1809, édicte que « l'heure de travail depuis le 25 mars jusqu'au 25 août commencera à sept heures et finira à la fin du jour ; et dudit jour au 25 mars, le travail commencera à sept heures et finira à neuf heures du soir. En temps de veillée, dès que l'obscurité empêchera de travailler, on commencera à allumer, et la dernière lampe allumée, on se remettra à l'ouvrage... Celui des compagnons qui serait demandé pendant le travail et qui perdra plus de cinq minutes, sera noté et le temps diminué sur sa semaine : à cet effet, le compagnon devra prévenir

M. Oppenheim de sa sortie et de son retour, faute de quoi il serait noté pour une demi-journée. Celui qui ne sera pas à l'ouvrage à l'heure précise perdra un quart de jour. Celui qui fera des absences sans en avoir prévenu M. Oppenheim au plus tard la veille, sera tenu de lui payer le tiers d'une journée de son travail pour chaque jour d'absence... »

Au milieu du XIXᵉ siècle, le capitalisme délaisse ainsi toute contrainte autre qu'économique : alors que les oisifs du Temps des Corps étaient punis de prison, l'oisiveté des Machines est punie d'amende. On abroge les lois condamnant à la prison des ouvriers rompant leur contrat ; les engagements à long terme et les paiements en nature sont abandonnés, on paie les travailleurs à la semaine, voire même à la journée et à l'heure. Jean-Paul de Gaudemar écrit que « l'histoire de ces améliorations progressives substitue à des disciplines qui ne manifestent que l'oppression pure un développement des disciplines fondées sur l'adaptation des hommes aux techniques [102] ».

Un peu plus tard, les plus éclairés d'entre les entrepreneurs veulent protéger les machines humaines contre les excès des autres capitalistes. La loi impose alors une durée maximale du travail quotidien des ouvriers. En 1883, le Factory Act anglais limite d'abord la journée de travail des ouvriers adultes à quinze heures, celle des enfants de neuf à treize ans à huit heures. Mais cette loi n'est appliquée que dans de grandes entreprises. Les capitalistes anglais ne sont pas encore, dans leur majorité, conscients des dangers menaçant une main-d'œuvre encore très abondante. L'historien anglais Thomson raconte qu'au commencement de juin 1836, dans le Yorkshire, les propriétaires de huit grandes fabriques sont dénoncés aux magistrats de Dewbrun pour avoir violé cette loi : « Avoir mis au travail cinq garçons de douze à quinze ans, depuis vendredi six heures du matin jusqu'au samedi quatre heures du soir, sans leur permettre le moindre arrêt, excepté pour les repas et une heure de sommeil, vers minuit.[226] » Les accusés répondent que « dans leur grande compassion pour ces pauvres enfants, ils leur avaient permis de dormir quatre heures, mais que ces entêtés n'avaient pas voulu aller au lit ». En 1844, une loi plus réaliste autorise ces industriels anglais à limiter le travail des femmes à douze heures, et celui des enfants de moins de treize ans jusqu'à dix heures et demie. Plus proche des exigences économiques, elle fait coïncider le droit et l'état de fait.

Dans les autres pays industriels, les lois sur la durée du travail sont plus tardives et encore plus mal appliquées. Ainsi la loi française du 22 mars 1847, limitant à huit heures la journée de travail pour les enfants de huit à douze ans, et à douze heures celle des enfants de douze à seize ans, n'est pas respectée avant 1860 ; de même, le décret du 2 mars 1848, qui fixe la durée du travail à dix heures à Paris et à onze heures en province, et la nouvelle loi de septembre 1848, qui limite à douze heures la journée dans les usines et manufactures, mais ne s'applique pas aux ateliers.

Pour la première fois aux U.S.A., une loi du New Hampshire impose en 1847 un maximum de dix heures par jour. Mais dans les Etats de l'Est, la durée du travail dans l'industrie textile est encore à ce moment-là de douze heures par jour et de soixante-treize heures par semaine, alors qu'en Angleterre, elle n'est déjà plus à cette date que de soixante-trois heures par semaine.

La journée de travail reste donc très longue, surtout si l'on y ajoute la durée des déplacements jusqu'à l'usine. Vers 1850, un ouvrier européen passe encore quinze heures par jour, pendant six jours de la semaine, dans les grandes fabriques, et son transport vers des habitations très éloignées du centre urbain, sans moyen de transport rapide, lui prend au moins deux heures.

Le temps de repos réel est donc inférieur à huit heures. Aussi faut-il, dans l'intérêt même du capitalisme, l'augmenter. La ville est alors investie par les détenteurs du capital afin d'y améliorer le transport et l'hygiène. Elle devient une sorte d'extension sociale des usines. L'économiste L. Reybaud écrit en 1850 : « La cité est, comme la fabrique, une machine régulière qui accomplit sa fonction sans discontinuité et sans lassitude ; les classes et les individus en sont les organes, avec un service déterminé, et d'autant plus aptes à bien le remplir qu'ils le font plus périodiquement. En bas, la préoccupation ne va pas au-delà d'une tâche consciencieusement exécutée ; en haut, elle s'élève et comprend l'ensemble des opérations. [202] »

A partir de 1860, la baisse de la durée du travail quotidien s'accélère aux U.S.A. et en Angleterre et, par voie de conséquence, la productivité augmente. A l'inverse, les industriels du continent continuent d'invoquer les arguments anciens pour retenir leurs ouvriers à l'atelier : « Ne vaut-il pas mieux, écrit l'un d'eux en 1851, de longues journées de travail que de débilitantes haltes au cabaret ? » En février 1853, neuf maîtres teinturiers de la Seine demandent au Ministre l'autorisation de faire faire aux étendeurs et aux laveurs d'étoffe deux heures supplémentaires : « La journée des laveurs et des étendeurs commence à six heures, mais leur travail effectif n'a lieu qu'à partir de sept et demie ; ils n'éprouveront donc pas plus de fatigue que leurs camarades, et si nous les faisons entrer une heure et demie plus tôt, c'est pour les sauver du cabaret qui pourrait les entraîner à perdre leurs journées. Confiants en la sollicitude de l'Empereur en faveur de cette classe si intéressante des ouvriers... »

Seuls sur le continent, quelques manufacturiers de Forêt noire et d'Alsace admettent qu'ils ont plutôt intérêt à raccourcir la durée du travail afin que l' « ouvrier soit plus alerte, plus dispos ; son rendement ne diminuera pas, au contraire ». Ainsi, en 1864, dans la vallée de Saint-Amartin, dans le Haut-Rhin, les usines arrêtent leur travail à 6 heures du soir alors que 8 heures est la règle dans l'Empire.

En France, la journée de travail, fixée à 12 heures en province et à 11 heures à Paris, est réduite à 10 heures vers 1870. Pendant les dernières années du règne de Napoléon III, le travail effectif descend parfois à 9 heures par jour. La journée n'est réduite à 10 heures, sur les chantiers de chemins de fer de Rouen, qu'en 1870. Elle est encore de 11 heures pour les fabricants de fauteuils, pour les carrons, les carrossiers, et de 9 heures pour les fabricants de crin de Normandie. En 1887, à la Manufacture de Jouy, 800 ouvriers adultes ne travaillent déjà plus que 8 heures.

Puis ce mouvement est accéléré par les revendications ouvrières. A partir de 1886, les rendez-vous annuels du 1er mai se donnent autour des « 8 heures » et des « trois-huit ». Tandis que la Grande-Bretagne connaît le « mouvement des 9 heures », que la Belgique ou la Saxe voient d'analogues et gigantesques coalitions, les grèves des tisseurs à Rouen (pour les 10 heures), à Tarare (pour les 11 heures), englobent tous les établissements. A Roubaix, charpentiers, teinturiers, ourdisseurs, mécaniciens s'agitent ensemble. En 1880, 6 000 tisseurs à Reims, 40 000 à Roubaix, 2 000 mouleurs à Lille, demandent, selon leur niveau, tantôt dix, tantôt onze heures. A Vienne, en 1890, les cardeuses travaillent encore treize heures trente le jour ou dix heures la nuit, pratiquement sans interruption : « Quand elles voulaient manger leur maigre repas, il fallait qu'elles l'étalassent sur un petit banc ou plot plein de crasse, qu'elles prennent à la volée un morceau de pain qu'elles emplissent de bourre huileuse ou de teinture... »

Au total, au XIXe siècle, à travers des conflits entre les pouvoirs publics, les entrepreneurs et les salariés, avec l'appui ou l'hostilité de doctrines valorisant le travail ou « la paresse », l'activité ou « l'oisiveté », la durée moyenne d'une année de travail ouvrier passe d'environ 4 000 heures à environ 1 800 heures. Et ceux des pays qui ont organisé cette baisse le plus rapidement sont à la pointe du progrès industriel.

En contrepartie, se réduisent les temps encore libres à l'intérieur de la journée, ces « atomes » de temps dont parle Marx. Et d'abord le repas de midi. En général, il n'y a pas d'endroit où prendre son casse-croûte, les plus aisés vont à la gargote, la majorité mange sa gamelle dans un coin d'atelier. Dans les petites villes, les ouvriers venus de la campagne se battent pour préserver le droit de rentrer chez eux. Ainsi, les maçons de Versailles et de Saint-Dié, les tisseurs de Reims, de Vieux-Charmont refusent de manger aux fourneaux de l'usine, comme les pauvres du temps ancien ; les cardeuses de Vienne et les mineurs du Gard se révoltent quand on veut les obliger à apporter leur panier plutôt que de leur permettre de retourner chez eux à l'heure du déjeuner ; ils le brûlent après l'avoir promené en procession à travers tout le village aux cris de « à bas le cabas ! ».

Les loisirs des ouvriers restent les cabarets et les tavernes, les jeux de cartes et les fêtes de famille. La consommation d'objets marchands demeure exceptionnelle. Vêtements et meubles sont encore fabriqués artisanalement. Puis, peu à peu, la montre, puis la machine à coudre, puis le gramophone pénètrent dans la vie des classes moyennes et des salariés, et réduisent la durée nécessaire des pauses en remplaçant des services par des objets.

Vers la fin du siècle, l'ouvrier ne peut plus trouver le temps de rentrer chez lui. La journée cesse d'être un lieu de flânerie. A l'inverse, d'autres pauses apparaissent en fin de plus longues périodes : fin de semaine, fin d'année, fin de vie. En Angleterre, vers 1850, en même temps qu'est abandonnée la Saint-Lundi, le samedi après-midi commence d'être chômé. Puis, au tournant du siècle, l'espérance de vie augmentant, la revendication de la retraite surgit en Allemagne et en Angleterre, d'abord chez les militaires, puis chez les professeurs, les magistrats et les fonctionnaires. Elle n'assure de revenu décent qu'au haut de l'échelle sociale, où on la finance par l'épargne. Les entreprises commencent à l'accorder au rythme des luttes sociales. De même, quelques compagnies en Europe accordent des vacances annuelles. Les nouveaux calendriers sont en place. Reste à les contrôler.

3. *Pointeuse, portier et chaîne*

Le chronomètre débarque des bateaux et entre dans les usines, se fixe sur les machines-outils, les pointeuses. Il ne s'agit plus de canaliser les mouvements de foules urbaines au rythme de cloches de beffrois, mais d'imposer à chaque machine humaine l'horaire de travail de la pendule de l'usine. Comme les abbés remplissaient les clepsydres, comme les policiers contrôlaient les horloges, de nouveaux spécialistes du temps s'installent dans les usines : des portiers gèrent des pointeuses avant que des chaînes ne viennent gérer la production.

A son début, le Temps des Machines est annoncé par la cloche du beffroi, puis par celle des pendules installées dans les usines, comme celle dont parle Engels : « L'ouvrier doit être le matin dans la fabrique à cinq heures et demie ; s'il vient deux minutes trop tard, il encourt une amende, s'il est en retard de dix minutes, on ne le laisse entrer qu'après le déjeuner et il perd le quart de son salaire journalier. Il lui faut manger, boire et dormir sur commande... La cloche lui fait interrompre son sommeil et son repos. »

Ainsi la sonnerie de la cloche maintient la dimension sonore du temps et du pouvoir. L'ordre de faire s'entend encore... ou ne s'entend pas : Thomson cite le cas du duc de Bridgewater qui « reprochera un jour à ses ouvriers de reprendre le travail en retard après la pause de midi. Ils arguèrent de ce qu'ils n'avaient pas entendu l'horloge frapper le coup d'une heure. Aussitôt le duc la fit sonner treize fois à treize heures[226] ».

Mais cela ne suffit pas à contrôler le respect d'un horaire. Une nouvelle catégorie d'employés de fabriques apparaît alors : des *portiers,* qui règlent l'heure des pendules d'usine comme l'horlogeur du beffroi réglait l'horloge sur un cadran solaire. Ils surveillent en même temps l'heure d'entrée et de sortie des ouvriers, et tentent de s'assurer de ce que nul ne vole au patron le temps que celui-ci rétribue.

On connaît le détail de ce travail par le récit du créateur de la Manufacture des Gobelins, Oberkampf, qui a commencé lui-même comme portier. Il écrit dans *Les consignes pour les portiers des Gobelins,* publiées en 1802 : « Le portier n'ouvrira son guichet le matin qu'un quart d'heure avant de sonner la cloche, et la grande porte seulement pendant l'intervalle de la cloche, ou tinton : après quoi il la refermera de suite et tiendra rigoureusement à l'ordre de ne laisser entrer aucun ouvrier qui viendrait plus tard... La grande porte restera fermée toute la journée, excepté pour l'entrée et la sortie des ouvriers et pour la circulation des voitures... Aucun ouvrier ne doit sortir avant l'heure sans permis de son contremaître, qu'il doit déposer entre les mains du portier en sortant. Le portier inscrira sur un registre les noms de ceux qui sortent sans permis, et la liste en sera donnée tous les mois au caissier pour leur faire à la paye la *retenue* du temps perdu... Tout ouvrier qui quittera son poste avant l'heure, pour se préparer à la sortie, sera noté pour être puni d'une *amende* du tiers de sa journée. Inversement, quiconque viendra demander un ouvrier pendant le travail sera obligé d'attendre jusqu'à l'heure de la sortie... Les employés du bureau et des magasins, hors ceux désignés par exception, seront tenus de se rendre à leur devoir aux heures de la cloche avec cette seule différence qu'ils pourront entrer plus tard le matin et s'en aller une demi-heure plus tôt le soir lorsque l'ouvrage le permettra... Enfin, le portier n'aura lui-même qu'un jour de sortie par semaine. Du reste, il ne pourra pas s'éloigner de sa porte sans un permis donné sur son registre. [184] »

Mais, dans les grandes fabriques, un portier ne suffit pas et il faut employer d'autres moyens plus automatiques. Dans la plupart des usines, dès lors que la durée du travail est devenue déterminante, les portes sont fermées après l'heure officielle de début du travail. Dans les mines de Carmaux, en 1860, « les ouvriers doivent entrer et sortir tous ensemble, de façon à empêcher tout retard ou toute absence temporaire. Chacun doit retirer sa lampe à l'entrée et la rendre à la sortie, la lampe étant le moyen de contrôler la ponctualité des ouvriers ».

Puis des horloges sont spécialement fabriquées pour aider à ce contrôle. La première est une horloge anglaise, dite « mouchard », fabriquée par John Whitehurst à Derby en 1750. Elle permet de vérifier que les passages de rondes des portiers et des veilleurs de nuit ont bien lieu à l'heure prescrite, grâce à un système de crochets que le portier doit défaire sur l'horloge à chaque passage sous peine de la voir s'arrêter.

Ainsi, comme l'horloge astronomique était l'arbitre des Foires et Carnavals, la pendule devient l'arbitre de la durée du travail quotidien, de son respect ou de son vol.

En ce début du Temps des Machines, l'horaire de travail quotidien est donc imposé à des ouvriers incapables de le vérifier : ils n'ont connaissance de l'heure que par le son de la cloche de l'église, du beffroi ou de l'usine. Et les patrons ne se privent pas de tricher. Le journal *Voice of Industry* de New York écrit, le 26 mars 1847 : « Au lieu de quitter l'usine à sept heures et demie, il est en fait huit heures et plus quand l'ouvrier est libéré, car certaines horloges sont réglées de façon à perdre dix minutes par jour et à avancer de dix minutes la nuit... »

Aussi les rares ouvriers qui portent une montre sont-ils suspects. Bien qu'elle soit déjà un objet de consommation dont la vente est reconnue comme utile à l'industrie, son développement est stoppé par les exigences du contrôle patronnal du travail. Marx donne, dans *le Capital,* de nombreux exemples de ces pratiques. Il raconte par exemple comment, vers 1840, 30 tisseuses au métier à vapeur occupées par un certain Harrup, fabricant de draps de Lowers Mill (Westbury Heigth), se mettent en grève « parce que le susdit Harrup avait l'agréable habitude de faire une retenue sur leur salaire pour chaque retard le matin. Harrup avait aposté un jeune garçon pour sonner l'heure de la fabrique. C'est de ce dont celui-ci s'acquittait parfois avant 6 heures du matin, et dès qu'il avait cessé, les portes étaient fermées et toutes les ouvrières qui étaient dehors subissaient une amende. Comme il n'y avait pas d'horloge dans cet établissement, les malheureuses étaient à la merci du petit drôle inspiré par le maître. Les mères de famille et les jeunes filles comprises dans la grève déclarèrent qu'elles se remettraient à l'ouvrage dès que leur sonneur serait remplacé par une horloge et que le tarif des amendes serait plus rationnel[157] ».

Les patrons s'efforcent ainsi d'interdire à leurs ouvriers de porter des montres pour pouvoir mieux contrôler leur temps : « Je travaillais à l'usine de M. Braid — déclare un ouvrier anglais du début du XIXᵉ siècle —; là, pendant l'été, nous travaillions aussi longtemps qu'il faisait jour, et il m'est impossible de dire à quelle heure nous arrêtions. Personne n'avait de montre, sauf le maître et le fils du maître, et nous ne savions pas l'heure. Il y avait un ouvrier qui avait une montre... elle lui fut retirée et confiée à la garde du maître, parce qu'il avait dit aux autres l'heure qu'il était... » Un ouvrier de Dundee fait une déposition analogue : « En réalité, il n'y avait d'heures fixes : les patrons et les directeurs faisaient avec nous comme bon leur semblait. Les horloges de l'usine étaient souvent avancées le matin et retardées le soir ; et au lieu d'être des instruments pour la mesure du temps, elles servaient de paravents à la malhonnêteté et à l'oppression. Bien que les ouvriers le sachent, pas un n'osait protester ; et, en ce temps-là, un ouvrier n'osait pas porter de montre, car il n'était pas rare que celui qui donnait l'impression d'en savoir un peu trop long sur la science de l'horométrie soit mis à pied sur-le-champ. [226] »

La tricherie est parfois énorme ; selon un autre ouvrier, la cloche sonne l'arrêt du travail avec une demi-heure de retard, et la reprise deux minutes avant l'heure : « L'aiguille des minutes est lestée, de telle sorte que lorsqu'elle franchit son point de gravité, elle tombe de trois minutes d'un seul coup, ce qui laisse seulement 27 minutes au lieu de 30... » Les ouvriers s'en rendent compte. Une affiche apposée au cours d'une grève le dénonce en 1853 : « Si cette vieille ordure de machiniste de chez Robershaw ne comprend pas qu'il vaut mieux qu'il s'occupe de ses oignons et pas des nôtres, nous lui demanderons à quand remonte le dernier canon de bière qu'il a touché pour nous faire faire dix minutes de rab... [226] »

Au vol du temps par les patrons répond la tricherie des ouvriers qui s'allient aux portiers. Un patron anglais du milieu du xixe siècle raconte : « Comme j'ai été informé que certains employés ont été assez malhonnêtes pour établir l'heure à laquelle on a sonné la cloche annonçant la fin du travail à l'aide de pendules qui avançaient, et l'heure à laquelle on a sonné la cloche annonçant la reprise du travail à l'aide de pendules qui retardaient, et que les deux sombres traîtres Fowell et Skellern ont, en toute connaissance, laissé s'accomplir ce forfait, il est donc ordonné qu'aucune personne, pour quelque raison que ce soit, ne doit tenir compte d'autre horloge, cloche, montre ou cadran que celui du Surveillant, dont l'horloge ne doit être réglée que par son gardien attitré... » Le directeur de l'usine se vit « ordonner cette horloge sous clef et en un lieu assez sûr pour qu'il ne soit possible à quiconque d'en modifier l'heure... Chaque matin à cinq heures, le directeur devra sonner la cloche marquant le début du travail, à huit heures celle du déjeuner, et une demi-heure plus tard celle de la reprise du travail, à midi pour le dîner, à une heure pour la reprise du travail, et à huit heures pour la fin de la journée et le rangement... Le registre de présence devra être remis chaque mardi avec la mention : " Ce relevé du temps a été établi sans faveur ni préférence ni malveillance, et je crois sincèrement que les personnes ci-dessus mentionnées ont travaillé au service de John Crowley Esq le nombre d'heures indiquées ci-dessus. " »

Un peu plus tard, des horloges à sonnerie sont fixées aux portes des fabriques, et la loi impose que l'écoulement du temps de travail soit connu de tous grâce à une horloge publique. Ainsi la loi française de 1844 établit que « le commencement de la journée de travail doit être indiqué par une horloge publique ».

Pourtant, la durée du travail à l'usine reste encore très longtemps floue. Faute de pouvoir éclairer convenablement les ateliers, le travail suit encore le rythme des jours : douze heures, parfois davantage en été ; neuf heures l'hiver.

L'horaire du travail ne se précise vraiment que du jour où un consensus s'instaure autour du temps nouveau, quand la mesure du temps de travail s'affirme, quand l'organisation du travail se stabilise. On ne se contente plus de mesurer le temps de travail quotidien ; pour produire davantage par heure, par minute, par seconde, il ne faut plus laisser le moindre instant d'oisiveté à l'ouvrier et réduire les pores de la journée.

Jusqu'ici, l'intensité du travail quotidien n'était pas vraiment contrôlée. La durée du travail reste imprécise tant que demeurent imprécises les politiques salariales : un paiement à la journée ou à la tâche permet toutes les fluctuations, mais pas le paiement à l'heure. L'introduction du salaire horaire participe donc de la nouvelle « hantise du temps perdu ».

A la fin du xviiie siècle, déjà, un entrepreneur anglais, Sir Thomas Mordaunt, dénonce le travail à la tâche et la flânerie qu'il autorise : « Travail auquel les gens ont recours pour ne pas avoir le souci de veiller sur leurs employés : la conséquence en est que le travail est mal fait, que les ouvriers se vantent à la taverne de ce qu'ils peuvent dépenser cet argent facile, et que cela suscite le mécontentement des hommes qui reçoivent des salaires modérés. [226] » Dans la première moitié du xixe siècle se développe ainsi la rémunération au temps. La durée de chaque tâche y est fixée en commun entre l'ouvrier et le contremaître. Dans les forges de Carmaux, l'ouvrier travaille « au prix fait », ou au « marchandage » : s'il y a perte par rapport au prix fait, ce n'est pas lui qui la supporte, on ne la lui retient pas ; et s'il y a bénéfice, il en profite, on le lui compte. L'heure de travail n'est donc qu'une base de salaire et le salaire à l'heure n'est qu'un minimum : l'ouvrier ne peut pas recevoir moins, mais il peut recevoir plus. Le marchandage se fait entre l'ouvrier et le contremaître ; il n'est arrêté et définitif qu'après l'approbation de la hiérarchie. Lorsque les ouvriers doivent venir le dimanche réparer les machines ou les chaudières des ateliers, la demi-journée du dimanche matin (de cinq heures de travail effectif) leur est comptée six heures, et celle de l'après-midi sept. Pour les travaux du soir ou les travaux de nuit, entre 8 heures du soir et 5 heures et demie du matin, les heures sont majorées de moitié. [234] »

A ce moment, économiser du temps n'est plus seulement un discours d'idéologues, mais une obsession sociale, une exigence universelle et banale. Horloges et montres affichent partout l'heure et la minute, dans les entreprises, au fronton des portails, dans les cours d'usine, les ateliers et les vestiaires, sur les machines et les compteurs, au gousset des patrons et dans la main des portiers. Elles aident à contrôler le rendement de chaque machine — humaine ou artificielle — et à mesurer les quantités produites par unité de temps : d'abord par semaine, puis par journée, puis par heure, par minute et seconde. Les compteurs incorporent alors nécessairement des chronomètres. C'est ainsi que l'usine textile de la Fondre, près de Moran, paie la plupart des ouvriers de la filature d'après le nombre de divisions que marque un compteur placé sur la machine. Au début du xixe siècle, ce compteur indique le travail par semaine, puis par jour, puis, vers 1860, par heure et minute.

Cette obsession du temps à gagner est, on l'a vu, d'abord anglaise, et elle fait l'admiration de l'Europe. En 1863, le sociologue français du travail Reybaud considère d'ailleurs l'organisation du travail dans les usines anglaises de coton comme parfaite. Il écrit : « Travailler à l'anglaise, c'est travailler mieux et moins chèrement... Les ouvriers s'identifient à une besogne pour ainsi dire immuable ; ils y acquièrent une habileté de main qu'ils n'auraient jamais eue en la partageant sur plusieurs détails ; ils n'ont qu'une consigne et qu'un but : faire mieux et plus proprement ; c'est l'idée fixe appliquée à un effet déterminé. *Point de tâtonnements ni de temps perdu ;* les jours se suivent sans amener de changement. On conçoit que, dans une tâche ainsi réglée, l'homme arrive à une sorte de perfection machinale et qu'on y parvienne à obtenir la plus grande somme de produits avec la moindre somme de dépenses... Le principal secret du succès des Anglais est dans la sobriété des moyens. Quand on entre dans une de leurs manufactures, deux choses frappent surtout : le petit nombre de bras qu'elle occupe et le silence qui y règne. Pas un homme ne se détourne de ce qu'il fait, ni ne s'agite hors de sa tâche. Dans les nôtres, on ne voit qu'allants et venants, comme si chaque fonction avait ses principaux sujets et ses doublures... [202] »

Mais cette débauche d'admiration pour l'Angleterre retarde déjà sur les faits. Car à cette date, aux Etats-Unis, les techniques de contrôle du temps sont en voie d'être bouleversées. Le développement du marché de masse, l'adoption simultanée de nouvelles méthodes de communication, l'absence d'héritage des temps antérieurs permettent, là plus qu'ailleurs, à la mécanisation du temps de progresser. Il ne s'agit plus d'obtenir de chaque homme qu'il travaille seulement au plus vite, mais qu'il obéisse à des normes de temps objectives, où la durée de chaque acte est calculée par des chronomètres, puis, plus tard, lui est imposée par le mouvement d'une chaîne. Successivement, Taylor édicte le chronométrage de chaque acte, et Ford agence chaque acte chronométré en une chaîne d'actes dépendant l'un de l'autre, défilant devant le travailleur. Si c'est en 1860, à Cincinnati, qu'est d'abord expérimentée la chaîne mobile pour l'abattage des bêtes en série, elle ne se généralisera qu'après que l'objectivation du temps de travail par W. Taylor l'aura rendu possible.

En 1880, ce jeune ingénieur sidérurgiste, engagé par la Bethleem Steel Company pour étudier le rythme de fabrication de l'acier au tungstène, constate, en vérifiant le chronométrage de chacune des opérations, que leur vitesse n'est ni commune ni constante. Dans les aciéries qu'il observe, 400 à 600 manœuvres déchargent des wagons, mettent à la pelle les matières en tas, les rechargent ensuite dans les trois hauts fourneaux et les sept grands fours Martin. « Ce ne sont pas particulièrement des ouvriers indisciplinés, note Taylor. Ils sont sérieux, lents et flegmatiques, et rien ne peut les inciter à travailler plus vite. » Taylor reproche à l'organisation du travail en place d'être fondée sur des temps minima dont la détermination appartient à l'ouvrier, et non sur des temps objectifs fixés par la hiérarchie. « Le grand défaut commun à tous les systèmes anglais d'organisation du travail est que leur point de départ, leur véritable base, repose sur l'ignorance du juste prix et sur la supercherie, et que pendant toute la durée de leur application, l'élément le plus important pour le patron comme pour les ouvriers, à savoir *la vitesse* à laquelle se fait le travail, est sujet à variation au lieu d'être dirigé, contrôlé intelligemment [223] ». Il en déduit la nécessité d'une « *étude scientifique et systématique du temps* » par le patron, grâce à l'utilisation du chronomètre, afin d'engendrer une discipline du corps ouvrier et de modeler le temps de travail.

Taylor propose de fixer des normes trois à quatre fois supérieures, de diminuer le nombre d'ouvriers et d'augmenter de plus de 60 % le salaire des ouvriers restants. C'est un énorme succès, immédiatement étendu à d'autres entreprises, parce qu'il répond au besoin d'une plus grande intensité du travail sur un immense marché où les contraintes ouvrières jouent peu. Le système de Taylor permet en effet de réduire la « porosité de la journée de travail, liée à la coordination des différents actes du travail. Les temps de déplacement des matières, les temps de réparation et d'entretien, les temps liés aux changements dans la nature des tâches productives sont diminués. Il réduit aussi le temps de repos de chaque ouvrier sur les lieux de travail et diminue donc le degré d'autonomie des travailleurs en les soumettant à un contrôle permanent de l'exécution d'une norme de rendement [1] ».

La durée du travail de l'ouvrier n'est plus alors seulement contrôlée par le chronomètre, mais déterminée par lui. On place derrière chaque ouvrier un « portier » ayant mission de vérifier chaque seconde de son temps, et non plus ses seules heures d'arrivée et de départ. Ce nouveau portier est un contremaître, un homme « intelligent, ayant fait des études, bientôt instruit dans l'art d'apprécier la quantité de travail qu'un ouvrier de premier ordre peut faire chaque jour » [223]. Son rôle est de contrôler le respect de normes de durée de chaque geste définies par le chronométrage. Derrière lui se profile une nouvelle hiérarchie technicienne. Il ne s'agit plus d'occuper le temps des ouvriers pour moraliser leur comportement tout en en tirant profit, mais de gagner le maximum d'argent en maximisant la durée de l'utilisation des machines et en divisant au maximum la masse ouvrière. La flânerie ouvrière n'est donc plus considérée comme la marque d'une volonté délibérée d'échapper au travail, mais comme le fruit d'une ignorance des gestes optimaux.

« Un autre type de personnel, le bureau des méthodes, est chargé de les concevoir, de les expérimenter, de les mettre en application, de les modifier. La séparation et la spécialisation des fonctions ont pour but de combattre le contrôle sur les conditions de travail que l'autonomie relative des postes de travail peut laisser aux travailleurs. L'étude détaillée des postes de travail, conçue comme analyse des mouvements, couplée à des recherches sur les réactions psycho-physiologiques d'individus soumis à la répétition des différentes configurations gestuelles, fournit le montant d'informations qui vont permettre aux spécialistes de l'analyse du travail de dépasser cet obstacle.[1] »

Le taylorisme conduit à l'organisation du travail en équipes et au retour du travail de nuit, presque oublié depuis des siècles, qui limite les pertes de temps lors de la mise en route des machines, et qui, en les faisant fonctionner en continu, augmente leur durée d'utilisation.

Taylor fait une entrée fracassante sur le plan technique en présentant lors de l'Exposition Universelle de Paris, en 1900, ses aciers à coupe rapide. Mais son système met longtemps à s'imposer et il travaille près de trente ans à améliorer les rendements de la production d'acier. Il ne s'impose qu'en 1910, après la grève des chemins de fer de Philadelphie : dans l'usine de machines-outils pour fonderies où Taylor, aidé du mathématicien Barth, vient de réorganiser le travail, moins d'un ouvrier sur 150 participe à la grève de solidarité avec les cheminots, ce qui démontre que son système d'organisation du travail peut réduire la capacité de résistance ouvrière. Il devient alors très populaire dans les milieux patronaux américains. Ainsi, encore une fois, *organiser le temps, c'est maintenir l'ordre*.

Par contre, son système d'analyse et d'organisation du travail demeure totalement inconnu en France, jusqu'en 1907 au moins, avant d'être boudé par le patronat. Malgré les efforts de Le Catelier, seul Louis Renault tente en partie l'expérience : un de ses ingénieurs, de Ram, introduit en 1908 le chronométrage dans le département « outillage », un an à peine après la traduction en français des *Mémoires* de Taylor dans la *Revue de Métallurgie*. Cette mesure vise, selon Louis Renault lui-même, à obtenir de « l'ouvrier une somme de travail beaucoup plus considérable », à opérer « une sélection naturelle » éliminant « les ouvriers médiocres... Plusieurs personnes très au courant de la vie d'atelier nous avaient prédit que le chronométrage serait inapplicable en France par suite de la mauvaise grâce des ouvriers. Or, rien n'est moins vrai... » En fait, l'introduction de ces mécanismes est lente. Le système Taylor se révèle globalement difficile à appliquer, car « il augmente les frais généraux, nécessite une organisation méticuleuse de l'atelier et un plus grand nombre d'employés... »

Au début de 1912, la taylorisation ne touche encore que deux ateliers et elle est relativement rudimentaire. En novembre 1912, Louis Renault tente d'étendre le chronométrage à un quart de ses ateliers. Un millier d'ouvriers se met en grève le 4 décembre, et réclame la suppression totale du chronométrage et l'augmentation du nombre des manœuvres. Un compromis est alors trouvé. On organise l'élection de deux délégués par atelier pour contrôler l'établissement des normes de travail par les chronométreurs et on augmente celles qui existent de 20 %. Le conflit rebondit l'année suivante, quand les ouvriers demandent le renvoi de deux chronométreurs et la suppression du chronométrage. En Europe, seule la guerre permet de dépasser ce problème en créant l'évidente nécessité d'une production de masse. Le taylorisme s'insinue alors partout dans la production industrielle lourde, là où des ouvriers manipulent des machines coûteuses.

Les théoriciens du communisme ont eux aussi une vision positive du taylorisme, outil de l'économie de temps qui doit permettre d'augmenter le produit du travail et de réduire sa durée. Bien avant la révolution d'Octobre, Lénine écrit : « A l'insu de ses auteurs et contre leur volonté, le système Taylor prépare le temps où le prolétariat prendra en main toute la production et désignera ses propres commissaires, des commissions ouvrières chargées de répartir et de régler judicieusement le travail social. La grande production, les machines, les chemins de fer, le téléphone, tout cela offre mille possibilités de réduire de quatre fois le temps de travail des ouvriers organisés, tout en leur assurant quatre fois plus de bien-être que maintenant [148] ».

Dès 1918, il l'utilise et écrit dans *Les tâches immédiates du pouvoir des Soviets :* « Comparé aux nations avancées, le Russe travaille mal. Et il ne pouvait en être autrement sous le régime tsariste où les vestiges du servage étaient si vivaces. Apprendre à travailler, voilà la tâche que le pouvoir des Soviets doit poser au peuple dans toute son ampleur. Le dernier mot du capitalisme, sous ce rapport, le système Taylor, allie, de même que tous les progrès du capitalisme, la cruauté raffinée de l'exploitation bourgeoise aux conquêtes scientifiques les plus précieuses concernant l'analyse des mouvements mécaniques dans le travail, la suppression des mouvements superflus et malhabiles, l'élaboration des méthodes de travail les plus rationnelles, l'introduction des meilleurs systèmes de recensement et de contrôle, etc. La République des Soviets doit faire siennes, coûte que coûte, les conquêtes les plus précieuses de la science et de la technique dans ce domaine. Nous pourrons réaliser le socialisme justement dans la mesure où nous aurons réussi à combiner le pouvoir des Soviets et le système soviétique de gestion avec les plus récents progrès du capitalisme. Il faut organiser en Russie l'étude et l'enseignement du système Taylor, son expérimentation et son adaptation systématique. [148] »

Mais à l'Ouest comme à l'Est, le taylorisme n'est qu'une étape dans la soumission de l'homme aux exigences de la machine et de la valorisation du temps. Il ne permet nulle part, en effet, le contrôle automatique du respect des normes, puisque des chronomètres doivent encore en vérifier l'application. A partir de 1913, le chronométrage objectif des gestes du travail dans la production en série est peu à peu remplacé par la détermination absolue de ces gestes grâce au mouvement même de la chaîne de montage.

L'invention de Ford, comme les principales découvertes de la société industrielle, découle des exigences de la mesure du temps : parce qu'elle concerne un objet produit en série et parce qu'elle impose le chronométrage. En 1880, le jeune Ford s'engage dans un atelier de fonderie et de mécanique et, pour compléter son salaire, propose à un joaillier de nettoyer un vieux stock de montres ; passionné, il y travaille ensuite à plein temps et devient même un bon technicien de l'horlogerie. Or, à cette époque, comme on le verra plus loin, l'horlogerie cherche à devenir une industrie de production en grande série, à produire bon marché pour atteindre la classe moyenne. Ford imagine alors de produire en série 2 000 montres par jour, à 30 cents pièce, pour les vendre 1 dollar. Il conçoit tout le déroulement de la fabrication selon une *chaîne* se déplaçant devant l'ouvrier à vitesse constante. Il imagine, pour écouler toutes ces montres, une énorme organisation de vente et une campagne publicitaire à l'échelle nationale. Mais il n'a pas confiance dans le marché et, vers 1885, soit cinq ans avant le succès d'Ingersoll sur les mêmes bases, il renonce à son idée : « Je pensais que je pouvais construire une montre commode pour environ 30 cents et j'ai presque commencé, écrit-il dans ses *Mémoires*. Mais je me suis arrêté lorsque je me suis rendu compte qu'il n'y a pas de nécessités universelles motivant l'achat d'une montre. Je ne sais comment je suis arrivé à cette conclusion, mais cela n'a pas empêché de vouloir faire quelque chose en quantité... [90] »

Faire quelque chose en quantité... Mais quoi ? En ce début du xxe siècle, aucun autre objet de grande série ne vient encore compléter la montre. Ni le meuble, ni le vêtement ni la nourriture ne s'y prêtent. C'est encore l'obsession de l'économie de temps qui fait apparaître l'objet à produire en masse.

L'angoisse de travailler vite gagne tous les travailleurs. C'est un moyen de maintenir la société en ordre et chacun s'y plie. L'usine et la ville sont envahies d'horloges, et nul n'ignore le temps qu'il doit consacrer aux transports et au travail. Réduire le temps de travail et de transport devient une obsession, que la mise en place du réseau ferré permet de résoudre, on va le voir, pour les grandes distances. Mais le développement des villes pose aussi le problème du transport des hommes et des marchandises à l'intérieur de ces villes et sur de courtes distances. Le besoin apparaît d'un moyen individuel de transport qui réduirait ce temps gaspillé, qui ne sert ni à produire ni à consommer. Aussi Ford est-il sensible à l'air du temps quand il applique son idée de fabrication de masse à une voiture qu'il veut utilitaire, populaire et commode, destinée à l'usage professionnel et familial. Déjà existent une myriade de petites entreprises automobiles, et Ford se familiarise d'abord avec le montage du moteur en utilisant les techniques de Whitney et de Terry, améliorées par Taylor. Puis il lance sa première compagnie automobile, Cadillac, en utilisant un système voisin de celui qu'il a imaginé pour l'horlogerie, pour donner accès à l'automobile à la classe moyenne.

En 1913, il crée la première chaîne de montage pour petites pièces, puis, un peu plus tard, pour les châssis et le moteur. Il produit au début cent voitures par jour ; bientôt ses techniques inspirées du montage horloger révolutionnent l'industrie automobile et, grâce à lui, de 1908 à 1927, le temps de montage d'une automobile passe de 12 h 30 à 1 h 30, et le coût de 950 à 200 $. La réduction du temps de production, abaissant le coût en heures de travail, permet donc à la demande des classes moyennes de devenir solvable. Pour la deuxième fois, après la montre, le désir d'un usage plus économe du temps engendre la demande d'un bien produit en série.

Le passage du taylorisme au fordisme est alors naturel. La chaîne de montage de Ford fonctionne d'ailleurs depuis déjà un certain temps quand un autre fabricant de Milwaukee, L. R. Smith, décrit ce passage en 1916 : « Nous entreprîmes de fabriquer des châssis d'automobiles sans l'aide d'aucun ouvrier. Nous voulions le faire à une échelle dépassant de loin les besoins immédiats de l'industrie automobile... Il est probable qu'à force de regarder jour après jour nos ouvriers refaire sans cesse les mêmes gestes, nous vint le désir de mettre au point une méthode permettant de mécaniser entièrement la fabrication des châssis automobiles.[90] »

L'organisation du travail est ainsi entièrement modifiée ; les déplacements d'ouvriers dans l'usine sont réglementés et réduits ; un système de convoiements et de manutentions assure le déplacement des matières en transformation et leur présentation devant les machines-outils. La fixation des ouvriers à des postes de travail dont l'emplacement est rigoureusement déterminé par la configuration du système de machines fait perdre à chaque ouvrier le peu de contrôle qu'il a encore sur la cadence de son travail. Le mouvement linéaire et continu de la chaîne interdit la constitution de stocks entre chaque poste de travail et soumet l'ouvrier au rythme du système de machines, le réduit à la répétition de quelques gestes élémentaires conçus dans le département d'ingénierie, lui-même soumis à la même exigence de division du travail. Plus besoin de chronométreurs ni d'horlogers dans l'usine, le temps n'a plus besoin de s'afficher. Le maître n'est plus un patron, mais c'est la loi de la valeur elle-même qui gère le gain du temps.

Avec Ford, la machine n'est plus pensée individuellement, l'homme s'inscrit dans des systèmes continus. Il n'est plus seulement la « carcasse du temps » que décrit Marx, mais un élément d'une machine utilisant une partie de son propre travail pour être remise en état.

La production par unité de temps est alors, grâce à Ford, considérablement augmentée. Après la Première Guerre mondiale, écrit Michel Aglietta, « l'influence décisive du fordisme se manifeste sur l'accumulation du capital en général par la rupture dans le rythme d'évolution du taux de plus-value »[1]. En conséquence, la capacité de consommer des biens de grande consommation augmente. L'offre crée ainsi la demande pour des objets produits en série.

L'heure doit alors être connue de tous avant de se masquer dans la chaîne. Elle doit être arborée à l'entrée des gares et au gousset des bourgeois avant de prendre l'homme au poignet.

III. VIVRE A L'HEURE

Tous et chacun doivent vivre à des heures identiques ou, en tout cas, cohérentes entre elles ; tous et chacun doivent être environnés d'un temps défini à la seconde près, pour intérioriser la nouvelle discipline. Quand s'impose le Temps des Machines, quand le travail est payé à l'heure, on ne peut plus se contenter d'horloges réglées approximativement, dans chaque ville, sur le mouvement du soleil ou sur celui du sable ; il faut que l'heure soit donnée par un étalon commun permettant de régler les pendules du travail et de l'échange à la minute près. Il faut que le temps soit d'abord *donné à tous,* puis que *chacun l'achète.*

1. *Le Temps pour tous*

Le problème de l'accès à l'heure exacte à distance est d'abord posé pour la mise à l'heure des chronomètres de marine embarqués sur les bateaux anglais, car on ne peut les régler avec assez de précision sur les cloches des horloges des ports. Vers 1810 apparaît un système simple, à la fois sonore et visible : une « boule horaire » est installée au sommet d'un observatoire de la banlieue côtière de Londres, à Greenwich, où est placée une horloge exceptionnellement précise. Elle donne aux bateaux l'heure à la minute près. Chaque jour à 13 heures 58, on remonte une boule en bois enrobée de cuivre en haut d'un mât de 4,5 mètres, et à 13 heures précises mesurées à l'horloge de l'Observatoire, on la laisse retomber. Cette chute peut être vue et entendue de tous les bateaux dans les ports voisins. Des étalons du même genre sont installés, au début du XIXe siècle, dans d'autres ports anglais comme Brighton, Devonport, Portland. Puis, quand les pendules dépassent en précision les horloges et qu'on peut mesurer le temps en ville avec une précision plus grande que celle qu'on entend du beffroi, les fabricants londoniens de chronomètres et de pendules ont aussi besoin d'une boule horaire pour montrer à leur clientèle que le temps est aussi précis à terre qu'en mer.

Alors la précision débarque et le temps terrestre est plus étroitement fixé.

Au lieu d'utiliser le temps vrai du cadran solaire, on commence, dans les grandes villes, à se servir du temps moyen donné par les pendules, qui a l'avantage de ne pas décaler l'heure de midi selon les saisons. Ce passage se fait insensiblement, et sans problème, en 1770 à Genève, en 1792 à Londres, en 1810 à Berlin et en 1816 à Paris. Arago raconte qu'avant de changer ainsi le réglage des horloges de Paris, le Préfet de l'époque, Monsieur de Chabrol, craignait que les ouvriers n'en vinssent à refuser que midi ne correspondît plus au milieu du jour. En fait, le changement passa inaperçu : cette modification est si petite qu'elle n'atteint pas le degré de précision du temps vécu en ville.

Le temps n'est plus alors mesuré que par des horloges. Mais celles-ci sont loin de dire la même heure de ville à ville. Or, les marchands qui ont réglé leur montre dans une ville et qui peuvent mesurer la durée de leur voyage par des pendules encastrées dans les diligences, souhaitent la retrouver à l'étape suivante, ou avoir pour le moins dans chaque ville des heures cohérentes. En même temps, le nationalisme naissant pousse à l'unification de l'heure sur l'ensemble du territoire de chaque Etat.

Au début du siècle, ce n'est en fait qu'un désir théorique et idéologique, inaccessible en pratique. Si, en France, Napoléon impose comme heure officielle unique sur tout le territoire l'heure de l'armée, qui est celle de Paris, cette loi, faute de moyens rapides de transmission, n'est pas appliquée ; chaque ville, chaque village continue de vivre à l'heure de l'horloge de son beffroi, devenu mairie, réglée sur le soleil, ou, lorsque c'est possible, sur le temps moyen. Ce n'est que sous la Restauration, lorsque le télégraphe optique de Chappe permet de transmettre l'heure du méridien de Paris aux principales villes du pays, que la France commence peu à peu à se mettre à l'heure de Paris.

Il en va de même dans les autres pays européens. En 1810, l'horloge de Big Ben à Londres est électrifiée et reliée à celle de Greenwich par un câble électrique. On tend également des câbles depuis Greenwich jusqu'à la Poste centrale de Londres, et les meilleurs horlogers londoniens règlent leurs pendules par une horloge dont la position des aiguilles se trouve rectifiée par un signal de télégraphe électrique émis par l'horloge de la Poste centrale.

Lorsque, en 1811, l'Angleterre puis quelques Etats américains décident d'adopter comme heure officielle, sur tout leur territoire, celle de leur principal observatoire, cette décision reste une fiction impossible à traduire dans les faits. Puis, vers 1820, la Standard Time Company élabore un télégraphe électrique permettant de mettre les pendules des grandes villes anglaises à l'heure de l'observatoire de Greenwich.

On tente aussi, à cette époque, d'unifier l'heure des horloges des grandes villes d'Europe par transmission pneumatique ; mais l'impossibilité d'assurer en permanence l'étanchéité d'une canalisation pneumatique de grande longueur empêche ce procédé de dépasser le cadre d'une ville. Ce n'est que vers 1850 que les progrès de l'électricité permettent la transmission commode de l'heure à distance interurbaine.

Dès lors les horloges mécaniques, électriques et pneumatiques fleurissent sur les trottoirs des grands boulevards, aux frontons des édifices publics, des banques, des grands magasins et à l'entrée des usines. Elles rythment la vie et les affaires, accélèrent le mouvement et bouleversent les habitudes. Symboles de la révolution industrielle, rappelant à chaque instant l'identité du temps et de l'argent, elles deviennent un élément essentiel de l'ornementation publique, la fierté des bourgeois et l'obsession des travailleurs traversant les villes, toujours pressés, pour se rendre au travail ou en revenir.

Au milieu du XIXe siècle, les horloges des clochers et des beffrois d'Europe et d'Amérique sont encore réglés, pour l'essentiel, sur l'heure locale par des cadrans solaires ; il existe encore dans chaque pays jusqu'à une centaine d'heures locales différentes. Ainsi les villages de deux pays situés sur un même méridien marquent la même heure, tandis que les horloges de deux villages du même pays dont les méridiens sont séparés d'un degré de longitude diffèrent entre elles de quatre minutes. Cette différence devient sensible quand le télégraphe électrique permet d'unifier les horaires des grandes villes à la seconde près. Mais, si elle est encore tolérable jusque vers 1850, elle cesse de l'être avec l'apparition du chemin de fer.

A cette époque, en effet, le culte de l'exactitude sort de l'usine et se répand dans le pays tout entier. La discipline des cheminots de la gare relaie la discipline des ouvriers. L'angoisse de la vitesse que provoquent les premiers trains, la hantise des troubles qu'ils impliquent, sont vite submergées par la passion naissante pour le progrès, l'accélération et la précision.

De ce point de vue, la gare est sans doute le nouveau lieu du contrôle du temps, la *Maison du Calendrier du Temps des Machines*. Elle pousse à l'invention de méthodes rationnelles de travail, de tableaux de marche et d'horaires coordonnés. Constituée d'emblée sur un modèle militaire, elle devient le cœur de la ville. D'abord par l'organisation du pouvoir en son sein : un autoritarisme hiérarchisé, des mises à pied, des renvois, des mutations, des amendes, et jusqu'aux uniformes empruntent leurs attributs aux habitudes militaires. En retour, la gare est souvent la scène du refus et de la résistance, parfois spectaculaires, des ouvriers. Consacrée, comme la grande ville elle-même, à la circulation des masses, la gare est l'espace où s'expérimentent les techniques de manipulation des foules urbaines.

C'est le premier lieu public où les divisions sociales sont institutionnalisées par l'affectation de zones différentes à chaque classe sociale. Elle est donc, pour l'essentiel, le lieu où se rationalise le temps du transport des objets et des gens, le prolongement naturel de l'usine qui a rationalisé le temps de travail.

La gare devient vite un bâtiment aussi essentiel à la maîtrise du temps que l'étaient l'église et le beffroi. Puisqu'il ne s'agit pas seulement d'y regrouper en un seul bâtiment des fonctions très diverses, mais aussi d'accélérer au maximum la circulation des voyageurs et des marchandises et d'accoutumer ceux qui y transitent aux exigences de la ponctualité, progressivement, la gare passe des premiers « embarcadères », rudimentaires, à des architectures élaborées, héritières des symboles précédents de l'ordre urbain, de la cathédrale et du beffroi, mais aussi impitoyables machines de précision.

On aurait pu croire que le Temps des Machines triomphant afficherait avec fierté la locomotive. Au contraire, il la dissimule derrière des façades classiques : l'opulence de la gare doit refléter celle de la ville, sans rupture avec les schémas anciens.

Les premières gares, très rudimentaires, comportent deux bâtiments répartis de chaque côté des voies, ne permettant aucun caractère monumental. Ensuite apparaît une disposition « quais en tête », telles les premières gares de l'Est et du Nord à Paris. Mais elles ne peuvent s'agrandir avec l'accroissement du trafic des voyageurs et des marchandises. Aussi une troisième solution s'impose-t-elle, conjonction des deux précédentes, avec la gare d'Austerlitz de Paris, construite en 1868 par l'architecte de la Compagnie d'Orléans, Pierre-Louis Renaud.

Chaque compagnie choisit un style qui lui assure une image de marque originale. La gare de Beauvais, avec son appareil de briques et ses pignons, rappelle que la gloire de la ville est sa cathédrale. La gare de Metz s'inscrit dans la lignée néo-romane des temples protestants.

Dès le début, les gares européennes sont construites autour de leur horloge. Par exemple, les multiples projets de Hittorf, l'architecte désigné pour la gare du Nord, sont organisés autour d'une horloge monumentale placée au sommet d'un pavillon central. De même, la gare de l'Est, commencée en 1847 sur les plans de Duquesney, et achevée en 1852, est la première gare moderne de Paris : c'est un monument construit autour de l'horloge qui occupe tout le centre de la verrière, dessiné à partir d'elle et pour elle. Le cadran est compris dans un socle supportant deux statues représentant l'alliance de l'Agriculture et de l'Industrie. De même, la façade principale de la gare d'Orsay, inaugurée à l'occasion de l'Exposition Universelle de 1900, est également composée autour d'une horloge monumentale.

Alors que la première gare de Lyon à Paris, construite en 1852, n'est en fait qu'un hangar amélioré, la seconde, œuvre de Maxime Toudovie achevée en 1900, symbolise le triomphe du Temps des Machines : sa grande tour placée dans l'axe des voies d'accès se dresse, telle un beffroi, pour signaler la puissance de la compagnie P.L.M., la magnificence, le confort et le luxe de la nouvelle gare. Elle est coiffée d'un clocher et d'un campanile. « L'horloge de la gare de Lyon fut exécutée en 1900 par la maison Garnier à Paris. Les quatre cadrans transparents, placés en haut d'une tour spécialement construite à cet effet, ont un diamètre de 6,50 mètres et les aiguilles à minutes mesurent, du centre à la pointe, 3,05 mètres de long. Les quatre paires d'aiguilles sont actionnées électriquement, toutes les 20 secondes, au moyen de bobines à succion qui soulèvent des leviers chargés d'un poids faisant avancer les aiguilles de 1/3 de minute. Ces mécanismes récepteurs sont reliés à des relais qui sont actionnés par une horloge génératrice [273]... »

Il ne suffit pas que les gares aient des horloges pour que les trains arrivent à l'heure. Il faut encore que les horaires soient coordonnés avec précision, et donc que l'heure donnée par toutes les gares d'un réseau soit la même. On l'a vite compris. A l'initiative de Georges Bradshaw est édité en octobre 1839 le premier recueil des horaires des chemins de fer anglais, et c'est l'occasion d'unifier les heures des gares sur tout le territoire du pays. Dix ans après la première liaison Paris-Saint-Germain en 1837, la première ligne internationale, Paris-Bruxelles, est ouverte ; en 1852, Paris-Strasbourg, en 1864 Madrid-Paris, en 1870 Rome-Paris, connectent les réseaux européens. Il faut alors coordonner les horaires entre les pays, donc coordonner les heures de méridiens différents et les horloges de différents réseaux.

On prend l'habitude, quand une gare s'ouvre, d'y placer une horloge et de la régler sur l'heure de la principale ville avec laquelle la gare est en relation par télégraphe. C'est sur cette heure qu'est établi l'horaire des trains. Dans certains pays, les cadrans des horloges des gares sont au début pourvus de deux aiguilles des minutes qui distinguent l'heure des trains de l'heure locale, l'heure de la gare de celle de la mairie. Dans les grandes gares, les horloges sont réglées par un employé et, dans les petites, un horloger descend du train à chaque station pour vérifier la mesure du temps.

Ceci est d'une complexité vite inacceptable : en France, il y a 20 à 25 minutes de différence entre les heures locales de deux villes situées à l'extrême-est et à l'extrême-ouest du territoire. Aux Etats-Unis, chaque compagnie de chemin de fer emploie son propre « horaire », fondé sur l'heure locale moyenne de la principale ville qu'elle dessert, et publie des tables de conversion avec les autres principales gares et les autres réseaux du pays. Ainsi, passer d'une compagnie à l'autre exige de modifier l'heure à sa montre et de compulser plusieurs volumes.

Le chemin de fer pousse alors à la simplification des heures légales, à l'intérieur d'un pays et entre les pays, par la fixation d'une heure de référence et d'un méridien de base acceptable pour tous, sur terre comme sur mer.

Ceci marque une date importante de l'histoire du temps, celle de l'unification mondiale de l'heure, alors que les Temps précédents n'avaient jamais pu — ni eu besoin — d'imposer l'unification de leur calendrier sur une telle étendue. Etrange ruse de l'histoire : c'est au moment où Londres cesse d'être le « cœur » du capitalisme et où, dans la grande crise des années 1880, New York prend le relais, que les Etats-Unis acceptent de ratifier l'usage pratique de leur marine et de faire de Greenwich le point de référence des longitudes terrestres, suivis en cela peu à peu par les plus grandes nations du monde.

Alors que, depuis le XVIe siècle, chaque nation maritime se sert de son principal observatoire comme méridien de base, peu à peu les références des marins se déplacent vers ceux des plus puissants pays. Le méridien de Paris d'abord (ou, ce qui revient au même, celui choisi par Richelieu dans l'île des Canaries la plus à l'ouest de l'ancien monde, Ferro, repérée comme étant à 20° ouest de Paris) est, pendant deux siècles, le plus utilisé pour l'établissement des cartes marines. Puis, vers 1750, quand la flotte anglaise dépasse en tonnage celles des autres nations européennes, l'observatoire anglais de Greenwich devient la référence principale des marins ; au XIXe siècle, l'essentiel des cartes utilisées sont anglaises : vers 1850, on vend chaque année 200 000 exemplaires du *Nautical Almanach,* contre 3 000 exemplaires de son équivalent français, *Connaissance du Temps.*

Peu à peu, la pratique terrestre s'aligne sur la pratique marine. En 1850, le gouvernement américain décide de choisir le méridien de Greenwich comme référence pour les longitudes de ses propres cartes terrestres. Il aurait pu choisir le méridien de Washington ; il ne l'a pas fait.

Bientôt, les compagnies de chemin de fer européennes puis américaines en font autant et, à partir de 1872, elles prennent l'habitude de se réunir deux fois par an pour coordonner leurs horaires. En 1875, un Congrès géographique international, sur proposition de deux ingénieurs des chemins de fer anglais, Dowd et Fleming, propose de choisir un méridien de base comme point de repère des horaires de trains du monde entier. Stanford Fleming suggère même d'imposer une heure unique de par le monde : « Le temps est évidemment unique dans tout l'univers, et l'idée d'heure universelle ne saurait être mise en question, bien qu'elle soit en conflit direct avec nos idées préconçues et nos habitudes mentales... » Ce congrès propose de diviser le monde en 24 zones à partir d'un méridien de base, et, par 18 voix contre 4, il se prononce pour celui de Ferro. Mais, six ans plus tard, en 1881, à Venise, au Congrès géographique international suivant, on s'accorde à penser au contraire que le méridien de base ne peut être situé hors d'un pays politiquement stable et doté d'un observatoire de premier ordre. Seuls quatre méridiens peuvent alors être mis en concurrence : Paris, Washington, Berlin et Greenwich. Ce dernier, le plus utilisé depuis un siècle, sur mer et sur terre, est adopté officiellement dix ans plus tard.

Le 5 octobre 1882, après la plupart des compagnies européennes, toutes les compagnies de chemins de fer américaines s'accordent pour adopter le méridien de Greenwich comme référence unique de leurs propres horaires. Tout est alors joué. On décide en effet à ce moment, pour préparer une décision internationale définitive, de réunir à Rome, en octobre 1883, une conférence d'astronomes et de géodésistes. Différentes hypothèses y sont évoquées : certains proposent encore de choisir Paris, Ferro, le détroit de Béring ou Jérusalem, mais la conférence propose aux gouvernements de retenir Greenwich. Le 18 novembre de cette même année, le gouvernement américain décide unilatéralement de diviser son propre territoire en cinq zones horaires (Atlantic, Eastern, Central, Mountain et Pacific) définies à partir du méridien de Greenwich.

L'année suivante, le 3 août 1884, le Président des Etats-Unis propose de tenir à Washington une conférence internationale pour que soit définitivement fixé un méridien de base, « les Etats-Unis étant le pays ayant des télégraphes et des chemins de fer dont l'extension longitudinale est la plus grande ». Le 1er octobre 1885, cette « Conférence Internationale sur le Méridien » réunit des représentants de 25 pays à Washington ; un amiral américain, Rodgers, la préside. Pour retarder le choix inéluctable de Greenwich, les délégués français, résignés à ce que Paris ne soit pas retenu, proposent de rechercher un méridien passant par un pays neutre, extérieur aux grandes puissances. Ils suggèrent de nouveau Ferro, les Açores, Tenerife, Béring ou Jérusalem. Américains et Anglais répondent que c'est impossible, car la conférence précédente a reconnu que le méridien de base devait passer par un observatoire important. La Conférence ne peut alors qu'entériner les usages de l'époque : certes, le méridien de Paris ou celui de Berlin, entre autres, sont encore utilisés, mais beaucoup moins que celui de Greenwich ; celui-ci, déjà reconnu par quatre pays pour leurs cartes terrestres (Grande-Bretagne, Suède, Canada et U.S.A.) et utilisé par 80 pour cent des marines et des chemins de fer du monde, est adopté par 18 voix contre 2 (France et Brésil) et une abstention (Saint-Domingue). Après cette conférence, le Japon l'adopte en 1888, l'Allemagne en fait autant en 1891, après que Moltke eut souligné devant le Parlement impérial les difficultés engendrées par la disparité des heures en cas de mobilisation. En France, le 14 mars 1891, une loi unifie l'heure sur tout le territoire, mais choisit de fixer l'heure nationale sur celle du temps moyen du méridien de Paris. Ce n'est que longtemps plus tard que le méridien de base français devient celui de Greenwich : si la Chambre des Députés l'adopte le 24 février 1898, le Sénat ne votera cette loi que douze ans après, le 9 mars 1911, en repoussant les ultimes oppositions des Ministères de l'Education et de la Marine. Ce jour-là, toutes les pendules françaises sont retardées de neuf minutes et vingt et une secondes, sans aucune difficulté.

Une fois cette coordination des horaires réalisée en théorie, reste à la mettre en pratique. L'électricité et la radio la rendent possible. En 1900, des horloges peuvent être synchronisées à grande distance à la seconde près par impulsions électromagnétiques, un moteur synchrone entraînant les aiguilles des horloges. Installé d'abord sur la côte Est des Etats-Unis, ce type d'horloges devient très populaire comme pendule de cheminée, puis comme réveille-matin, dans les gares, les cours d'usine et sur les places publiques. Des compagnies électriques privées, puis les réseaux électriques nationaux les synchronisent en accélérant ou en réduisant la vitesse des turbogénérateurs qui produisent le courant alternatif. En France, à partir de 1880, Rouen, Le Havre, La Rochelle, Saint-Nazaire, les principaux ports français sont branchés sur un télégraphe électrique qui envoie des signaux horaires une fois par semaine. Ainsi se trouve unifiée l'heure entre les principales villes des grands pays industriels.

La mise au point du signal radio permet d'aller plus loin et rend possible une diffusion sonore du temps dans un espace indéfini. Le 29 mars 1889, G. Marconi, avec l'appareil de Branly, reçoit un signal de Douvres à Boulogne. En 1904, on l'utilise en Angleterre pour envoyer des signaux de temps, et de même en 1907 en Allemagne. Il devient alors possible de faire entendre une heure précise en tous lieux, et notamment à domicile, de vérifier une horloge sans être en vue de la terre, et d'établir définitivement la primauté de la mesure de la longitude par le chronomètre sur la méthode des distances lunaires.

En 1910, ces différents systèmes de diffusion du temps sont réunis en un seul, et un Bureau des Longitudes est créé à l'Observatoire de Paris, à la tour Eiffel, pour recevoir et coordonner les signaux horaires émis par différents pays. Dès 1911, on se rend compte, grâce à lui, que les signaux horaires émis par les meilleurs observatoires du monde diffèrent encore de plusieurs secondes, d'un pays à l'autre. Pour y mettre fin, la France invite en 1912 à une conférence internationale. Un Bureau International de l'Heure est alors créé à Paris pour coordonner les résultats des divers observatoires, en déduire l'heure universelle et la conserver. Il a la garde de sept pendules, sept garde-temps qui assurent la permanence de la précision de l'heure. La guerre retarde son installation jusqu'en 1920.

Puis le processus de diffusion radiophonique de la précision prend de l'ampleur. A partir de 1924, la B.B.C. fait entendre les cloches de Big Ben à la radio et l'heure G.M.T. entre dans les maisons anglaises. L'obsession de la précision, bien au-delà de ce qu'exigent vraiment les loisirs, scande maintenant chaque instant passé hors de l'usine.

La demande d'heure précise devient alors générale et le réseau téléphonique en offre une preuve : dès ses débuts, les abonnés prennent l'habitude, en s'adressant à la « demoiselle du téléphone », de lui demander l'heure. Elle ne peut d'abord donner que celle de l'horloge de son bureau. Puis, devant l'abondance des demandes, les centres téléphoniques de province règlent leurs horloges sur l'heure donnée par les opératrices de Londres ou de Paris. Quelques années plus tard, les centres de téléphone des grandes villes d'Europe sont dotés de pendules à chiffres sautants et peuvent ainsi donner l'heure à cinq secondes près. Mais le souci de précision dans la vie quotidienne et l'angoisse de l'exactitude exacerbent encore plus cette demande. En 1928, à Paris, pour la première fois au monde, un centre inter-urbain, « Paris-Archives », branché sur l'Observatoire de Paris, est spécialement chargé de donner l'heure à la seconde près aux principaux centres de province, qui la diffusent à leurs standardistes. Les demandes d'heure deviennent si fréquentes que plusieurs opératrices sont spécialisées dans ce service et, pour la première fois dans l'histoire du temps, *l'accès à sa mesure devient payant*. Ceci ne ralentit en rien la demande ; chacun veut régler, par le téléphone, sa pendule sur celle de l'Observatoire de Paris ou de Greenwich. Aussi, peu après, vient l'idée de l'automatisation de la communication de l'heure par téléphone : l'Horloge Parlante.

Là encore, la mesure du temps est à l'origine d'une innovation très importante, puisqu'il s'agit de la première utilisation artificielle de la voix humaine, dont on verra plus loin l'importance. Le premier modèle en est inventé en France par Ernest Esclaryon et proposé à l'Académie française des Sciences le 14 mars 1932. Il est construit par les établissements Brillié qui, depuis 1922, s'occupent de l'entretien, du remontage et de la remise à l'heure des appareils chronométriques des chemins de fer de la région de Paris. Sa précision est d'un centième de seconde. L'enregistrement utilise la voix d'un employé de Brillié. Son succès est immédiat. Le jour de sa mise en service, le 14 février 1933, 140 000 personnes lui téléphonent, dont 20 000 seulement peuvent l'atteindre grâce aux vingt lignes téléphoniques disponibles, portées immédiatement à trente. Il ne s'agit pas là que d'un succès de curiosité ; en 1935, le nombre d'appels s'élève à 120 par an pour 100 habitants. Cent numéros d'appel sont alors réservés à l'Horloge Parlante et un système du même type est installé la même année à New York, puis en 1936 en Grande-Bretagne.

Dès lors, nul ne peut plus échapper à l'heure, à la

minute, à la seconde. Au demeurant, chacun la porte maintenant sur soi, première prothèse de masse.

2. *Le temps pour chacun*

Toute société est faite de pouvoir et de contre-pouvoir, de désir et de mimétisme. A la diffusion du temps par les horloges d'usines et de gares, par le téléphone et la radio, chacun doit pouvoir opposer sa propre mesure du temps. Et, puisque le temps c'est de l'argent, puisque l'usine est surveillance du temps, avoir sur soi l'instrument de l'aliénation, c'est affirmer son indépendance à son égard, c'est se dire Maître du Calendrier — même si ce n'est que par la détention d'une copie de l'instrument du pouvoir à l'usine, à la gare et en ville.

Le premier conflit moderne, la Guerre de Sécession, pousse l'Amérique au premier rang en y développant la mécanisation de la production d'armes et en ouvrant un marché embrassant l'ensemble de son territoire. Mais il faudra attendre le taylorisme pour qu'apparaisse une vraie production de masse de pendules, et le fordisme pour que s'impose la montre-bracelet.

Les premiers à tenter de produire une montre à bon marché sont trois horlogers américains, Howard, Dennison et Davis, qui créent en 1854 la Warren Manufacturing Company — d'après le nom d'un général tué à la bataille de Binker Hill —, et la Boston Watch Company. Ils implantent une usine à Waltham, dans le Massachussetts, qui produit presque aussitôt trois cents montres par semaine. En 1857, leur entreprise fait faillite et une nouvelle compagnie est créée, qui change encore plusieurs fois de nom. Dennison fabrique ensuite des pièces détachées en Suisse, dont il monte les mouvements en Amérique. Avec des concours financiers bostoniens, il fonde la Tremont Watch Company et installe une usine en

Suisse ; mais il fait faillite en 1868 et retourne à nouveau en Amérique pour y repartir de zéro. Il est le premier à réussir à fabriquer des montres à bon marché ; mais il n'a pas les moyens de les commercialiser, aussi échoue-t-il industriellement.

De 1850 à 1875, à sa suite, des dizaines d'entreprises aux Etats-Unis fabriquent des montres à moins de 10 dollars pièce, mais leur qualité est insuffisante et leur commercialisation inefficace : aucune production de masse n'est encore possible.

De 1871 à 1876, la production américaine de montres passe de 13 000 à 25 000 montres par an ; en 1872, 366 000 montres sont encore importées de Suisse. Quelques manufactures importantes apparaissent : l'Ansonia Clock Co, la New Haven Clock Co, l'Ingraham Clock Co et la Watch Manufacturing Co. Les pendules américaines ne se limitent plus aux modèles traditionnels : on trouve des copies de pendules françaises en or moulu, des coucous de la Forêt noire, des réveils, des horloges fantaisies. Mais elles sont encore coûteuses et produites en petite série.

Il n'est pas d'industriel, en Europe et en Amérique, qui ne rêve à ce moment de fabriquer une montre que les commerçants pourraient vendre à un dollar. Il y faudra encore vingt ans. En 1875, un horloger de Washington, Jason R. Hopkins, obtient le premier brevet pour une montre à très bon marché. Il croit pouvoir la fabriquer pour 50 cents environ, mais sa montre est finalement proposée sur le marché en 1877 sous le nom d'Auburndale Rotary Watch à 10 dollars pièce ; c'est encore trop cher : seule une moitié du lot est vendue et Hopkins fait faillite en 1883. D'autres horlogers réussissent à abaisser encore le prix. Deux fabricants de laiton, Benedict et Burnham, financent une pendule à bon marché inventée par Locke, Meritt et Bucke. Ils construisent une usine destinée à la fabriquer et la vendent au détail 3,50 dollars pièce sous le nom de Benedict and Burnham — puis, en 1880, sous celui de Waterbury Clock Company. Cette pendule à remontage de longue durée connaît un énorme succès, jusqu'à ce que sa production cesse en 1891. Les derniers modèles ne contiennent que 54 pièces mais requièrent encore quand même 500 manipulations. C'est encore trop et trop cher, et le réseau de vente de masse fait encore défaut. Pourtant, on n'est pas loin de la réussite, et la montre à un dollar sera américaine, grâce à une innovation technique d'origine suisse.

A l'Exposition universelle de Philadelphie, en 1877, les montres et les pendules américaines à bon marché provoquent en effet un véritable choc chez les horlogers suisses, qui découvrent l'existence de cet immense marché, encore inexploré, des Etats-Unis. Un ingénieur suisse, Roskopf, fait en 1878 la découverte technique qui va permettre de réduire massivement les coûts. Il met au point une simplification de l'échappement à ancre, les rubis étant remplacés par deux chevilles en acier, et la roue centrale portant l'aiguille des minutes étant supprimée. Ce modèle est reçu par un tollé général : « Tout cela est affreux et néanmoins réjouissant dans un objet si frêle d'habitude ; ces robustes aiguilles, ces emboîtages épais résisteront aux chocs, aux secousses et aux soins quelque peu écrasants des mains de l'ouvrier ou de l'homme des champs auxquels cette montre est destinée... » Il faut se résigner à cette laideur, car « la possession de montres est un besoin impérieux... ». Il en faut, il en faut beaucoup puisque « la montre est désormais à la portée de toutes les bourses... »

La production commence immédiatement et le succès est énorme. En 1880, la Suisse produit un million et demi de ces montres de gousset, dont plus de trois cent mille Roskopf, à un prix équivalant à six dollars : la classe moyenne d'Europe peut désormais se payer une montre.

Ce succès est aussitôt connu aux Etats-Unis et exploité par deux commerçants qui, les premiers, réussiront à passer le seuil d'un dollar, en organisant un réseau de distribution rendant possible la production de masse. En 1881, soit cinq ans après que Ford y a renoncé, Robert Ingersoll et son frère Charles s'associent à New York pour fonder une entreprise de vente par correspondance. Pariant sur l'énormité du marché des montres Roskopf, ils passent commande en 1891 de 12 000 exemplaires de ces montres à une compagnie créée quinze ans avant et à qui ils apportent le brevet, la Waterbury Clock Company. En si grande quantité, celle-ci peut les fabriquer à 1,50 dollar pièce, et ils les revendent par correspondance à trois dollars. C'est un immense succès. En 1894, les deux frères passent une nouvelle commande de 500 000 exemplaires à Waterbury, et, deux ans plus tard, ils vendent un million de montres par an, dont la moitié par correspondance ; le prix d'un dollar pièce est enfin atteint. La durée de vie plus brève de la montre à bon marché permet d'en escompter le renouvellement. La démographie des objets fait son apparition.

Le succès est si considérable, et les montres d'Ingersoll entrent si vite dans l'usage courant que les Ingersoll peuvent lancer leur slogan : « La montre qui a rendu le dollar célèbre. » En 1905, ils exportent l'idée en Angleterre et y vendent un modèle fabriqué en Amérique, qu'ils appellent eux-mêmes « Crown Watch » (montre à une couronne). En 1911, leur compagnie anglaise monte elle-même ses propres montres avec des pièces fournies par Waterbury.

Le marché de masse est alors ouvert. Mais, mise à part la Suisse, les producteurs européens ne s'y intéressent pas. Les principaux centres d'horlogerie anglais de Londres et de Liverpool mettent au point des modèles de montres à ancre bon marché, mais qui n'atteignent guère la masse des consommateurs. En 1860, la production annuelle britannique est composée de 150 000 montres artisanales, dont 33 000 à boîtiers en or et le reste en argent. Il existe encore 10 740 artisans horlogers, dont 4 850 à Londres.

Rien ne change à la fin du siècle. Ces chiffres sont révélateurs de l'incapacité de l'Europe à élargir son marché de consommation intérieure et à rester, en cette fin de siècle, au cœur du Temps des Machines.

Certains Anglais comprennent néanmoins l'ampleur de l'enjeu et, en 1880, un horloger britannique écrit : « Ce n'est qu'au cours de ces dernières années que l'on a découvert l'art de fabriquer les montres à un prix si modique qu'elles sont devenues à la portée de l'artisan ordinaire et du journalier. Elles sont si utiles, voire si nécessaires que toute personne capable de s'en procurer n'accepterait pas consciemment de s'en passer. Nous avons donc ouvert pour les horloges un immense marché, exposé sans limite à la concurrence suisse et américaine, ce qui ne devait guère affecter les fluctuations habituelles du marché [36]. » Mais il ne s'est pas créé de réel marché de masse en Angleterre. En 1890, la Lancashire Watch Company ouvre une usine pouvant accueillir 600 ouvriers et capable de produire à bon marché, mais ses montres ne connaissent pas de succès. La montre est encore outil de précision et objet de riches. La Movement Manufactury de Coventry, qui s'est donnée en 1890 les moyens de fabriquer des mouvements par série de 500, ne reçoit de commandes que pour 20 ou 30 pièces. A Coventry, au début du XXe siècle, des familles entières continuent de travailler comme au XVIIIe siècle : échappementtiers, pinoteurs, graveurs, cadraniers et verriers se partagent de petits ateliers et de petits commerces.

En France, l'horlogerie ne réagit pas mieux, et la détention de montres n'atteint pas le niveau qui rendrait possible une production en grande série, à l'américaine. Les entreprises restent très artisanales. La production de Besançon, passée de 60 000 pièces en 1829 à 211 811 pièces en 1860, passe en 1880 à 500 000 montres. La France occupe encore le second rang mondial après la Suisse, mais il n'y a guère de production en grande série et les montres et pendules restent des objets relativement coûteux. Les statistiques européennes sont d'ailleurs très incertaines (Charles Sandoz parle de plus d'un million de montres fabriquées en France en 1890, alors que d'autres pensent que le total ne dépasse pas 600 000 à cette date.)

Le passage à la production en série en Europe n'a lieu que beaucoup plus tard, quand, au tournant du siècle, le marché change, que la pendule se déplace du salon vers la chambre et la cuisine, et que la montre sort du gousset pour se porter au poignet.

Ce passage à la montre-bracelet est d'ailleurs, significativement, contemporain du fordisme, du moment où la loi de la valeur impose de nouvelles coupures du temps, sans chronométreur ni contremaître, sans patron visible ni horloge pointeuse. La montre n'est plus un bijou, ni l'insigne faussement modeste de la puissance, mais elle est portée au bras, à une place commode pour un objet commode ; elle devient l'outil banal, démocratisé, de la soumission au Temps des Machines.

L'apparition de mouvements plus robustes, comme le Roskopf, et la dissolution du rôle explicite du chronomètre dans la symbolique du pouvoir, créent son marché.

Alors qu'au XIXe siècle, la montre-bracelet n'était encore qu'un ornement, elle devient au XXe siècle une prothèse banale. Un cahier de comptes de Messieurs Jacquet, Droze et Leschot, horlogers à Genève, mentionne en 1790 une montre qui se fixe sur un bracelet ; en 1806, Joséphine de Beauharnais offre à sa belle-fille deux bracelets exécutés par le joaillier Nitot, dont l'un porte une montre. Mais on ne trouve rien sur la montre-bracelet dans les dictionnaires du XIXe siècle, et on n'en trouve aucune trace non plus dans les catalogues de vente, alors que de nombreuses pages sont consacrées aux montres de gousset.

La première commande significative de montres-bracelets utilitaires est émise par l'Etat-major de la marine allemande, vers 1880, à l'horloger suisse Girard-Perregaux, à La Chaux-de-Fonds. Il s'agit de montres en or poli avec un bracelet-gourmette et un grand cadran. Cette commande incite, vers 1900, les horlogers de La Chaux-de-Fonds à essayer de vendre des montres-bracelets sur d'autres marchés ; c'est un échec total en Europe. Trop cher et trop fragile ; nul n'admet encore qu'on veuille ainsi porter sa montre. Pour écouler sa production, Girard-Perregaux en expédie alors quelques exemplaires en Amérique. Son agent au Chili les lui retourne un peu plus tard et lui écrit que « les gens ont un esprit trop pratique pour porter au poignet des montres exposées aux chocs, à la poussière et à l'humidité, aussi de telles pièces ne se vendraient pas dans ce pays ». Au Pérou, elles rencontrent un peu plus de succès, car les clients « trouvent cela joli et amusant ». Aux Etats-Unis, où l'horloger suisse Gallet et Cie essaie de les introduire, l'échec est total : le correspondant de la maison à New York renvoie à Genève les quelques dizaines de montres-bracelets en argent qui y avaient été expédiées.

En 1905, un autre horloger suisse, Wilsdorf, tente de nouveau d'en lancer la mode en Europe, sans aucun succès, sinon pour des montres-bracelets très luxueuses destinées aux femmes du monde et aux messieurs excentriques. La critique est apparemment toujours la même : une montre portée au poignet reçoit des secousses et des chocs qui risquent de détériorer le mouvement. Exposée aux dangers d'une existence en plein air, « vivant dangereusement », elle ne devient viable que du jour où existe un mouvement solide et précis et où quelques chronométriers imaginent des montres-bracelets à remontage automatique dans lesquelles les oscillations de la masse sont transmises, à l'aide d'un cliquet, à la fine denture d'un rochet fixé sur l'arbre barillet. Lors de la Première Guerre mondiale, des officiers de l'infanterie française et allemande utilisent des montres-bracelets pour régler le déclenchement d'attaques, mais leur précision est encore trop incertaine pour qu'elles remplacent définitivement les montres-gousset.

La première fabrication en série d'une montre-bracelet automatique, en 1924, est celle de John Harwood et Harry Cutts en Angleterre, connue par la suite sous le nom de Harwood. Mais elle est encore trop chère et fragile, et, en 1926, le *Larousse ménager* peut écrire : « Une montre marche dans toutes les positions ; mais il est préférable qu'elle soit verticale, aussi bien portée sur la personne que suspendue dans l'appartement ; dans ce dernier cas, il faut l'appuyer pour éviter tout balancement. La montre se porte ordinairement sur la poitrine (poche du gilet) où elle est à l'abri des chocs violents ; à la ceinture, elle est parfois en danger. Portée en bracelet ou pendentif ou à l'extrémité d'une châtelaine, elle est exposée à bien des secousses. »

Le marché ne s'anime qu'un peu plus tard, avec le développement du sport, qui en donne une meilleure image : des cyclistes, des cavaliers, des joueurs de golf la portent en Grande-Bretagne, une publicité dans le *Daily Mail* démontre en 1927 l'étanchéité d'une montre-bracelet en la faisant porter par une nageuse lors d'une traversée de la Manche. Mais ce n'est qu'après les années 30 que la montre-bracelet se développe vraiment.

Crise de l'usage du temps, la Grande Crise est l'occasion d'un nouvel usage des montres. C'est d'abord, dans l'horlogerie comme ailleurs, une surproduction. De très nombreuses compagnies, parmi les plus célèbres, font alors faillite. Aux USA, seule la Seth Thomas Company est épargnée, englobée par la suite par General Time. La Waterbury Clock, au bord de la faillite, sera rachetée par un fabriquant d'armes en 1942.

L'Union soviétique en profite pour rattraper un peu de son retard. Depuis la Révolution, l'obsession des dirigeants est de réussir à contrôler le temps : on tente de mesurer la valeur des objets par le temps de travail nécessaire pour les produire, on installe le taylorisme sous le nom de stakhanovisme, on crée une association destinée à répandre le port de la montre et à faire connaître les avantages de la ponctualité. On vulgarise la mesure du temps par la production de montres à bon marché, standardisées.

En 1922, les grandes entreprises russes popularisent l'organisation scientifique du travail. En 1924, à l'initiative du parti, l'Institut central du Travail forme des spécialistes du taylorisme. Mais son rôle reste mineur dans l'organisation réelle du travail et le salaire aux pièces domine pendant toute cette période. A vitesse accélérée, l'Union Soviétique se dote cependant des moyens du Temps des Machines pour sortir son pays du Temps des Corps. Le calendrier grégorien est adopté en 1918, le méridien de Greenwich en 1927, la première usine de montres est construite en 1930. La quasi-totalité de l'équipement de la Dueber-Hampden Watch Company, de son outillage et de ses matrices, est vendue au gouvernement soviétique. L'usine et l'outillage sont acheminés par bateau des Etats-Unis jusqu'en Union soviétique, accompagnés par 21 anciens employés de la compagnie qui aident à la fondation de la première fabrique de montres en U.R.S.S.

En 1930, l'Allemagne nationale-socialiste envahit les marchés européens avec des horloges et des montres-bracelets à des prix nettement inférieurs à ceux du marché et utilise, pour la première fois industriellement, l'horlogerie à des mécanismes de retard pour fusées et obus.

C'est aussi, à l'Exposition internationale de Paris, en 1937, le triomphe définitif de la montre-bracelet : « Qui aurait donc imaginé, il y a quelques années seulement, qu'on la présenterait un jour sous tant de formes et avec tant de variété ? » écrit un commentateur de l'époque.

Parallèlement, le temps social se modifie : de 1914 à 1940, après la forte élévation de la durée du travail pendant la guerre, on assiste à sa chute accélérée à partir de 1921, à l'exception d'un renversement de tendance entre 1934 et 1936. L'entre-deux-guerres témoigne d'une diminution du temps de travail beaucoup plus rapide que celle observée auparavant ; à la veille de 1940, cette durée est souvent inférieure, dans tout le monde industriel, aux quarante heures hebdomadaires. Apparaissent alors les retraites et les vacances, les congés payés et les week-ends, et surtout la revendication de la semaine de quarante heures, parfois satisfaite.

En même temps, la montre entre en de nouveaux lieux : en 1920, Ford place pour la première fois une montre à bord de ses voitures ; en 1930 apparaît la première montre électrique sur un tableau de bord. En 1935, la pendule sort du salon et pénètre dans la cuisine. Commence là une mutation majeure. Si, depuis longtemps, les robots investissent la maison, il s'agit maintenant d'aider la ménagère à réduire le temps consacré au travail domestique. Encore une fois, comme l'exige la survie du capitalisme, des objets remplacent des services. Encore une fois, les pauses se remplissent de produits industriels. Disparaissent les temps de pause et de communication du lavoir et de la veillée. Apparaissent ceux du stockage et de l'usage, des machines à laver et de la télévision.

Encore une fois, résoudre une crise, c'est gagner du temps, c'est occuper le temps par des moyens de gagner de l'argent. Voici que s'organise le dernier avatar d'un Temps essoufflé, avant que d'autres peurs, d'autres calendriers, d'autres horloges ne viennent bouleverser la vie des hommes de notre propre temps.

CHAPITRE QUATRIÈME

Quartz et code

I. TEMPS DE CRISE

    1. Les dernières machines du Temps
    2. Temps perdu, Temps vécu

II. HORLOGE DE VIE, HORLOGE DE MORT

    1. Temps propre et Temps universel
    2. Encombrement du temps et montre à quartz
    3. Calendriers électroniques

III. « VEILLEUR SAGACE... »

    1. « Rien de nouveau sous le soleil »
    2. « Ce qui est nouveau est au-dessus »

En 410 avant notre ère, à l'apogée de la démocratie athénienne, les hommes publics sont, chaque année, à date fixe, menacés d'exil au cours d'une extraordinaire cérémonie silencieuse où la violence se libère en des formes policées. En Chine, vers 810 après J.-C., l'empire dominant affirme sa puissance en libérant la mesure du temps des exigences de l'eau. En 1315, le beffroi d'une ville flamande et sa clepsydre sont détruits pour humilier des bourgeois vaincus et affirmer l'autorité d'un prince. En 1535, la première bombe à retardement, utilisant une montre à ressort, renverse toutes les conceptions stratégiques de l'époque et permet aux bourgeois d'Anvers de rompre le siège d'Alexandre de Farnèse, duc de Parme. En 1730, la mise au point d'un chronomètre par un autodidacte écossais accélère la prise de contrôle des mers par les Anglais. En 1910, un jeune apprenti horloger, pour gagner de l'argent en faisant gagner du temps à tout le monde, produit une voiture en série, comme une montre.

A chaque carrefour important de l'Histoire, le temps et sa mesure sont là. Aujourd'hui même encore s'accélèrent les événements, les Temps se choquent, les pauses s'encombrent, les calendriers s'oublient. Le temps et sa mesure peuvent paraître sortir du champ de préoccupations des hommes : pourtant, il n'en est rien. Plus que jamais, c'est autour du temps que se modèle notre monde, c'est lui qui décide du cours de nos vies, c'est dans son encombrement que se joue l'essentiel de nos difficultés ; c'est dans la possibilité de le libérer que se décide la survie de nos sociétés.

Même si, pour comprendre le choix qui s'ouvre, il convient d'abord de se retourner vers l'histoire des Temps passés, pour autant, l'ordre du temps à venir n'est ni unique ni irréversible.

Aussi, en une dernière pause avant de parler de l'inconnu — c'est-à-dire du futur —, voici résumés quelques traits communs aux précédentes représentations du Temps : chacune d'elles vise, on l'a vu, à aider l'homme à mater la violence, à conjurer sa peur de la mort ; chacune organise la mesure de temps selon des cycles successifs durant lesquels les hommes produisent les moyens de leur vie, avec, au terme de chacun d'eux, une pause où la violence réelle ou symbolique est permise, où les hommes communiquent, où est usé, détruit, consommé, au moins en partie, ce qui a été accumulé lors du cycle qui s'achève.

De tous Temps, un calendrier organise cette succession de travail et de pauses, et ménage celles-ci de manière telle qu'assez longues, elles permettent une destruction de la violence accumulée, mais, assez brèves, elles évitent que l'ordre ne se dissolve.

Chaque représentation du Temps est donc une vision du monde, de son origine et de son destin, de ses régularités et de ses heurts. Les théories du Temps et les techniques de sa mesure en fournissent d'exceptionnels indices : ainsi, le cadran solaire mime le cosmos et son rythme sacré ; le foliot bloque, à intervalles approximativement égaux, la force d'un poids, reflet d'un ordre stable, fait de balance et d'équilibre ; le ressort de la pendule se détend jusqu'à devoir être remonté, comme l'histoire industrielle est mue par des forces économiques qu'il faut reconstituer à intervalles réguliers.

A chaque représentation du Temps correspond ainsi un pouvoir spécifique qui autorise certains actes à certaines dates, qui organise la communication entre les individus par le synchronisme de leurs comportements.

Mais aucune représentation du Temps n'a dominé indéfiniment; au bout d'un certain nombre de cycles, les conditions sociales, technologiques ou géopolitiques, changent; l'encombrement des pauses augmente et on oublie leur sens.

A de tels moments, une représentation nouvelle du temps se met en place dans les esprits et les mœurs; étrangement, elle est toujours précédée de l'invention des instruments de sa mesure, et suivie de l'apparition d'un nouveau maître de l'ordre social.

La cloche sonne la Renaissance de l'Europe avant que celle-ci ne soit économiquement perceptible; le foliot apparaît au tout début de l'ordre urbain; Harrison met au point son chronomètre bien avant que Watt ne confirme l'avènement de l'Angleterre au sommet de l'économie.

A l'inverse, la théorie de chaque Temps semble n'être connue totalement qu'à la fin de sa domination : Newton théorise le Temps des Corps à l'aube de celui des Machines, Bolzman et Gibbs ne conceptualisent le Temps des Machines qu'au moment même où l'effet du quartz est découvert.

Par ailleurs, d'un Temps au suivant, la durée des cycles et des pauses entre cycles s'avère de plus en plus courte : l'ère et l'année, puis le jour et l'heure, puis la minute et la seconde enferment les violences légales dans des carcans de plus en plus précis : c'est en cela que tout un chacun peut avoir le sentiment que l'Histoire s'accélère. De même, les espaces auxquels s'appliquent les calendriers et où se synchronisent les actions des hommes s'avèrent de plus en plus grands : le clan, puis la ville, la nation et la planète entière.

Enfin, d'un Temps l'autre, la menace de violence à conjurer change elle aussi de forme : c'est d'abord celle de l'intervention des ancêtres et des Dieux par les phénomènes naturels ; puis celle des hommes eux-mêmes, malades et pauvres, corps exclus de l'ordre urbain ; puis les maladies, incapacités de machines.

Pour autant, un Temps n'en a jamais éliminé un autre ; tout Temps nouveau s'est superposé à celui qui dominait avant lui, changeant certains des noms jusque-là donnés dans les calendriers. Ainsi, en Occident, la dénomination de l'ère chrétienne survit à l'avènement du calendrier urbain et à la prise de pouvoir des échevins. De même, le découpage horaire du Temps des Corps n'est pas modifié par l'avènement de la précision minutieuse du Temps des Machines.

Depuis deux siècles, à l'intérieur même du Temps actuel, une autre évolution est à l'œuvre. Par deux crises dont l'apogée se situe pour l'une vers 1880, pour l'autre vers 1930, le chronométrage puis la chaîne, la montre-gousset puis la montre-bracelet, l'automobile puis la machine à laver, imposent leurs rythmes, tant à l'usine qu'à domicile. Après chacune de ces deux crises, la pause à l'intérieur de la journée s'est allongée et s'est trouvée occupée par des objets nouveaux permettant d'entretenir la machine humaine.

De crise en crise, le Temps des Machines s'est débarrassé des services les plus encombrants et les moins efficaces, et s'est meublé d'objets produits en série.

Au début de chaque crise, les lieux où se rend le service encombré sont envahis par des instruments de mesure du temps : quand la ville se remplit d'horloges, l'automobile apparaît. Quand la minute et la seconde s'infiltrent dans les maisons par la radio et le téléphone, apparaissent les robots de la vie domestique.

Mais les services ne disparaissent pas, au contraire. Au total, le temps utilisé par l'homme à produire des services pour l'homme se déplace vers de nouveaux domaines : lorsque le transport est industrialisé, apparaissent les services d'entretien et de la vie à la maison ; puis, lorsque ceux-ci le sont à leur tour, se développent l'éducation et les soins.

On aura compris que ces histoires du Temps doivent être prises au sérieux : ce ne sont pas les récits fastidieux de techniques et de techniciens, mais des indices prémonitoires de mutations des sociétés.

Où sont alors les montres d'aujourd'hui ? Indiquent-elles des services occupant trop de temps, qui cesseront un jour d'être vécus collectivement pour être remplacés par des objets nouveaux produits en série pour un usage individuel ? Jusqu'à quelle limite peuvent se raccourcir les pauses qui scandent la vie des sociétés ? Les histoires du Temps ont-elles une direction irréversible ? Annoncent-elles un retour à quelque point de départ, ou bien n'y a-t-il rien de sensé à en attendre ? Voici ce qu'il s'agit de penser à présent.

Il n'est pas dans mon intention de saisir le prétexte d'un tel essai pour prendre parti sur toutes les questions que pose la crise d'aujourd'hui. Au-delà des enjeux économiques auxquels chacun de nous, à sa place, fait face, je souhaiterais réfléchir maintenant sur l'évolution à venir à partir de la représentation du Temps et des instruments de sa mesure.

Il ne s'agit pas là d'une réflexion abstraite. *La conception et la technologie du Temps désignent notre futur,* dessinent le rythme de vie qui nous attend, limitent notre liberté de vivre, définissent nos urgences et nos paresses, esquissent les calendriers et les pointeuses à venir.

Peut-on alors prévoir l'avènement d'un nouvel avatar du Temps des Machines, un troisième remplacement de certains services par des objets ? Ou bien est-ce la fin de ce Temps-là, la naissance d'un Temps nouveau ?

L'un et l'autre à la fois, selon ce que nous voudrons faire, selon ce que nous saurons en faire, selon ce que nous aurons compris du cours des choses et de sa maîtrise possible. Selon ce qui échappera à l'homme ou lui appartiendra, l'avenir peut être épanouissement libre du temps ou mortelle répétition d'une aliénation absolue.

Etrange résultat que celui de cette quête : d'autres calendriers apparaissent déjà, emboîtés dans ceux que nous connaissons ; travail, loisir, éducation, santé, consommation, retraite, musique et création changent de sens, et, par un étrange retour à l'origine des Temps, *l'homme risque de redevenir une horloge pour l'homme — mais une horloge artificielle, prothèse de ses propres prothèses*. Il peut aussi, s'il sait dominer les lois de la valeur, faire de la création la forme neuve de conjuration de la mort, ouvrant la voie à ce qui pourrait être une inédite liberté.

I. TEMPS DE CRISE

1. *Les dernières machines du Temps*

A partir du milieu des années trente, le succès des robots ménagers, après celui des réveille-matin, organise la fin de la seconde grande crise du Temps des Machines. Gagner du temps n'est plus seulement l'obsession des employeurs et des ouvriers, à l'usine et dans les transports. Elle devient celle des femmes des grandes villes qui veulent travailler elles-mêmes, avoir le temps de vivre hors des exigences domestiques. Grâce au fordisme et à l'électrification, les immeubles gagnent en hauteur, les villes se peuplent, lavoirs et grandes familles disparaissent ; le frigidaire permet de réduire le temps consacré aux courses, les machines à laver celui de l'entretien des vêtements et de la vaisselle.

Comme lors de la crise précédente, ce gain de temps dans la production et la consommation dégage les moyens d'une rémunération plus grande, entretenant la demande de ces biens. Mais, alors qu'au début du siècle la hausse des salaires des ouvriers crée et entretient la demande d'automobiles, dans les années trente, les nouveaux consommateurs étant les familles, ce sont les transferts sociaux qui, en finançant leur santé et leur éducation, rend solvable leur demande de machines d'entretien ménager.

L'horlogerie précède ces succès de l'économie industrielle et en décrit le nouvel équilibre géographique autour des deux pôles américain et européen. Au début de la Seconde Guerre mondiale, l'Allemagne, bénéficiant de l'avance qu'a prise son horlogerie sur celle de l'Angleterre durant l'entre-deux-guerres, la menace par l'utilisation de retardateurs électriques sur ses obus, alors que les premiers obus antiaériens anglais lancés contre les bombardiers de la Luftwaffe n'en ont pas ; avant d'en acheter au U.S.A. puis d'en fabriquer elle-même, la Grande-Bretagne ne peut s'en procurer qu'à grand'peine en Suisse.

L'industrie américaine de l'horlogerie, mise à bas par la grande crise, est elle aussi relancée par l'entrée en guerre de l'Amérique. Une nouvelle génération d'entreprises apparaît, fondée sur une production de masse à marches forcées qu'exige le réarmement. Une compagnie en particulier, l'U.S. Time Corporation, connaît un fabuleux destin. Créée en 1942 par un Norvégien émigré aux Etats-Unis, M. Lehmkul, qui convainc un groupe d'hommes d'affaires de racheter la célèbre Waterbury Clock Company au bord de la faillite, elle produit en grande série des montres bon marché de type Roskopf, destinées au marché intérieur, et des mécanismes d'horlogerie pour retardateurs de fusées et d'obus. Son succès est immense et pendant la guerre même, la consommation de montres aux U.S.A. augmente considérablement. La montre-gousset finit de s'effacer au profit de la montre-bracelet. Les pendules s'introduisent dans toutes les pièces de la maison — cuisine, salon, chambre à coucher —, multipliant ainsi les débouchés. Malgré l'arrêt de la production de l'Europe (sauf en Suisse) et de celle du Japon, la production mondiale de montres et pendules passe de 5 millions d'unités avant-guerre à 20 millions en 1945 et 70 millions en 1950.

Comme depuis le xive siècle, la production de montres constitue d'ailleurs un excellent instrument de mesure de la croissance industrielle : 150 millions de montres produites en 1960, 200 millions en 1970. Plus d'un milliard de montres battent alors la seconde à travers la planète.

La Suisse reste jusqu'en 1970 le premier producteur mondial et sa production s'exporte à plus de 95 %. Elle fabrique encore la moitié de la production horlogère du globe, soit près de 40 millions d'unités, presque uniquement des montres « Roskopf » dont la diffusion augmente alors constamment.

A la même époque, l'horlogerie britannique est en déclin et perd son rang dans la production mondiale, malgré le développement de la fabrication de montres Roskopf et la création d'une industrie de montres-bracelets important de Suisse des machines-outils automatiques.

La France reste, avec la Suisse, le plus grand producteur européen. Elle fabrique entre 1 et 2 millions de pièces en 1950, et 4 millions en 1960. La croissance de la production française est ensuite rapide, au rythme de l'expansion des années cinquante et soixante : 6,5 millions en 1965, 10 en 1970, 16 en 1974. Jusqu'à cette date, la

France améliore sa part du marché mondial qui passe de 5,3 % en 1965 à 7,3 % en 1970 et 8 % en 1974.

L'horlogerie japonaise, naissante avec le siècle, est complètement détruite après la Seconde Guerre mondiale. Mais, dès 1950, elle produit 2,3 millions de pièces sur la base de brevets suisses. En 1958, elle atteint 10 millions de pièces, soit 5 % de la production mondiale. En 1965, tous les adultes japonais ont une montre-bracelet ; le Japon apparaît déjà comme une nouvelle puissance du Temps à venir.

En 1970, les Etats-Unis dépassent la Suisse. Le marché intérieur est brutalement accru par une transformation culturelle profonde qui ne pouvait avoir lieu que là : la montre n'est plus un investissement durable, c'est un objet qui donne l'heure, à durée de vie limitée, qu'on ne s'acharne plus à réparer, mais qu'on remplace selon les circonstances du jour et de la nuit où on la porte. Dès la fin de la guerre, la Time Corporation, fortune faite avec les fusées de l'armée, en revient à la fabrication des montres. La mise au point, pour des raisons militaires, d'un alliage nouveau, l'armaloy, permet de supprimer les rubis des mouvements ; l'utilisation de mouvements Roskopf très simplifiés, permet de fabriquer des montres de bas de gamme à très faible prix. En 1949, la compagnie abandonne définitivement le nom de la vieille entreprise qu'elle avait rachetée, la Waterbury Clock Company, et la marque Ingersoll qui y est attachée, pour racheter celle de *Timex* à une compagnie suisse, Time Watch. En 1950, des montres pour homme au prix de revient de 70 cents, vendues 6,95 dollars, sont lancées sur le marché. C'est un immense succès, aboutissement du Temps des Machines.

La montre a cessé d'être signe de pouvoir ; le détenteur de montres ne peut plus qu'être à l'heure. La montre devient symbole de normalité sociale, et non plus de pouvoir social. Simultanément, le pouvoir n'appartient plus à des capitalistes identifiables, mais à de grandes entités financières obéissant aux lois abstraites de la mise en valeur du capital.

Timex réussit donc à point nommé ce que d'autres ont tenté en vain avant la guerre : vendre une montre hors du lieu de sa réparation ; vendre une montre dont on assure la durée de vie, mais non l'éternité. Elle utilise pour cela près de 200 000 bureaux de tabacs, une campagne publicitaire fondée sur des test de « tortures », et une garantie d'un an aux acheteurs. Les montres de femmes lancées en 1958, puis d'autres, à remontage automatique ou à calendrier, créent de nouveaux marchés. La US Time Corporation, pour autant, n'est pas redevenue un « horloger ». Elle reste reliée au complexe industriel des armées, comme toutes les grandes entreprises de l'Amérique moderne. Elle devient même l'un des principaux fournisseurs de la Défense et de l'Espace, notamment dans le domaine des gyroscopes. Comme le feront après elle les autres grandes entreprises multinationales, Timex exporte peu, mais produit là où elle vend. De 1942 à 1950, elle construit trois usines aux Etats-Unis, puis une en Ecosse, puis d'autres en Angleterre, en Allemagne, en France, à Taïwan et au Portugal. Le succès est immense : alors qu'en 1943, la US Time Corporation produisait 1 million de pièces, elle en produit 7 millions en 1962, et 20 millions en 1968, soit plus du tiers de la production américaine. En 1970, elle plafonne à 25 millions : l'horlogerie américaine domine l'industrie mondiale ; le cœur de l'économie industrielle a décidément traversé l'Atlantique.

Au cours de cette période, l'obsession du gain de temps reste le moteur d'une formidable expansion économique du monde des riches : les trains doublent leur vitesse moyenne ; les réseaux téléphoniques puis la radio et la télévision rendent instantanées les communications sonores et visuelles, l'aviation met New-York à 25 heures de Paris en 1945, à 3 heures 30 en 1970.

Mais, dans le même temps, deux pauses nouvelles des

travailleurs, obtenues grâce aux luttes sociales du xixe siècle, s'imposent dans les calendriers : la formation et les soins, l'une et l'autre occupées par des services. En vingt ans, la part du revenu national — autrement dit du temps rémunéré — consacrée à ces deux services double, et la durée des pauses qui y sont associées augmente. Leurs exigences contrarient les intérêts du capital. Dès lors, la troisième crise du Temps des Machines point à l'horizon.

2. *Temps perdu, Temps vécu*

Des services, encore une fois, encombrent les pauses du Temps des Machines et ralentissent le rythme de l'accumulation industrielle.

Dès le milieu des années soixante, cet encombrement se fait sentir dans l'entreprise. Le fordisme ne suffit plus. Même lorsque la parcellisation des tâches est poussée à l'extrême, plusieurs éléments stoppent la réduction des temps morts et accélèrent l'encombrement du temps[1]. Tout d'abord, la configuration spatiale des équipements fixés sur la chaîne impose des contraintes à l'ordonnancement des tâches partielles. Tous les ouvriers n'ont pas des gestes de même durée. On ne peut distribuer également le temps ni éviter une perte de temps égale à la somme des temps d'attente des travailleurs ayant des gestes plus courts que le temps moyen. Cette perte augmente la fragmentation des postes de travail. Par ailleurs, la division même du travail rallonge le temps de production de la matière première en produit fini.

De plus, le fordisme et le taylorisme, augmentant la longueur du processus de la production, provoquent le développement des services dans les administrations, les banques et la distribution, c'est-à-dire là où la production en série et le gain de temps n'ont pas leur place. De très nombreuses études, que j'ai citées ailleurs[9], montrent qu'à *partir de 1970, le temps de travail consacré à des services est supérieur à celui consacré à la production des biens eux-mêmes ; autrement dit, il faut, pour produire un objet, utiliser une quantité croissante du produit du temps de travail passé encore en usage.*

En outre, le temps accumulé au fil des millénaires (la forêt, la mer, l'eau, le silence, la faune sauvage, les ressources non renouvelables) est de plus en plus vite détruit pour être transformé en objets ayant une valeur d'échange (le parc payant, la piscine, l'eau en bouteille, le disque, la chasse, l'essence) et crée dans ce processus une masse de déchets non recyclables.

A cela s'ajoute un encombrement croissant des services : alors que les réseaux téléphoniques des administrations travaillent au millième de seconde, les dossiers que celles-ci ont à traiter stagnent durant des mois. Bien que les réseaux des télécommunications permettent d'atteindre en quelques secondes, par voie entièrement automatique, toutes les régions du monde, trois fois sur quatre en moyenne, les correspondants demandés sont absents ou occupés, et nul n'est en mesure de répondre à leur place. L'information diffusée par une multiplicité de médias n'a jamais été aussi abondante, mais jamais il n'a été aussi difficile, sauf pour quelques privilégiés, d'obtenir celle que l'on désire ou dont on a besoin pour résoudre un problème.

L'usage même des objets provoque des encombrements croissants. A partir de 1965, dans les villes d'Occident, on ne peut plus circuler en automobile sans embouteillages considérables. A compter de cette date, certaines estimations ont même pu prétendre que l'automobile occupait plus de temps à être produite qu'elle ne permettait d'en gagner. La télévision semble elle aussi souffrir de cet encombrement : après avoir envahi le temps des hommes jusqu'à occuper sept à huit ans de leur vie dans certains pays, la multiplication des chaînes provoque une relative saturation. Par ailleurs, des services, en particulier l'éducation et la santé, demandent un temps croissant avec leur succès : la guérison crée l'exigence de soins, la création de diplômes crée l'exigence de savoir.

Si cet encombrement nouveau du temps est certain, il est difficile à mesurer. Il est en tout cas établi que, partout, la part du temps rémunéré (ou du revenu national) occupée à des services rendus pendant les pauses de la production augmente, mais il est malaisé d'en dire beaucoup plus quantitativement.

Pour aller plus loin, je voudrais m'appuyer sur une des rares mesures partielles faites dans le pays où le Temps des Machines a pris naissance : l'Angleterre. Deux sociologues anglais, J. I. Gershiny et G. S. Thomas, ont réalisé une étude exhaustive de l'évolution de l'emploi du temps en Angleterre de 1962 à 1974 [272]. Elle démontre la croissance de l'encombrement du temps des loisirs : leur durée augmente peu, cependant que le temps consacré en moyenne à une activité rémunérée diminue d'un peu plus d'un quart d'heure par jour. En fait, cette durée baisse un peu plus, si l'on tient compte du fait que la proportion de femmes travaillant passe de 43 % à 68 %. Le travail ménager non rémunéré décroît de quarante-cinq minutes par jour, remplacé par l'usage des robots domestiques. Par contre, le temps consacré chaque jour au repos et aux repas reste constant. Au total, près de cinq heures par semaine se sont libérées pendant cette période, auxquelles s'ajoutent, en raison de l'augmentation de l'espérance de vie, un accroissement de moitié de la durée de la retraite, d'un tiers de la durée de l'éducation, et le doublement du temps consacré aux soins. Au total, en 1974, les pauses occupent la moitié de la vie, contre un tiers en 1962.

A quoi ce temps supplémentaire est-il employé ? Les voyages et la pratique d'un sport augmentent quelque peu, les activités religieuses diminuent, davantage de Britanniques participent à des activités politiques. Les spectacles changent de nature. Pour les adultes et les personnes âgées, la radio est remplacée par la télévision et le cinéma, puis par le développement, pour les jeunes, de bandes et de clans, d'orchestres d'amateurs et de groupes de motards.

La télévision occupe 39 % de la totalité du temps de loisirs en 1962, comme en 1974, et reste l'activité de loisir la plus importante. En 1962, 2 % des femmes et 14 % des hommes vont au café au moins une fois par semaine ; en 1974, ce taux s'élève à 38 % pour les hommes et 18 % pour les femmes.

Dans tous les grands pays industriels, l'évolution est identique à celle de l'Angleterre : les journées s'encombrent d'objets, la télévision envahit presque toute l'espérance de vie supplémentaire. Les objets s'empilent dans la journée. Plusieurs se branchent l'un sur l'autre pour être utilisés simultanément : la radio sur l'automobile, le magnétophone sur le tourne-disque. Pour beaucoup d'entre eux, l'encombrement du temps rend leur usage impossible et l'on se contente de leur stockage : comme on a eu plusieurs montres qu'on ne peut utiliser simultanément, on a plus de livres et de disques qu'on ne peut en lire et en entendre.

Partout, le temps passé à l'école, qui a doublé en dix ans, celui passé en vacances et dans les hôpitaux, qui a triplé durant la même période, sont meublés d'actes d'une durée irréductible. Aussi, partout, augmente la part du revenu national qui y est consacrée. Apparaît alors une période contradictoire faite d'ennui et d'encombrement, un temps à la fois vide de sens et bourré d'objets que Roger Caillois[40] décrit bien : « Nos sociétés sont dépourvues de tout caractère positif. Le bonheur qu'elles apportent est fait en premier lieu de l'éloignement des ennuis dont elles distraient, des obligations dont elles libèrent. Partir en vacances, c'est d'abord fuir ses soucis, jouir d'un repos " bien gagné ". C'est s'isoler davantage du groupe au lieu de communiquer avec lui à l'instant de son exhubérance, à l'heure de sa liesse. Aussi les vacances ne constituent pas, comme la fête, la crue de l'existence collective, mais son étiage. »

Il est d'ailleurs significatif que les premiers indices visibles de la crise actuelle soient apparus dans la violence urbaine du milieu des années soixante : de façon prémonitoire, la jeunesse de Birmingham, de Berlin, de Milan et de Paris vivait dans l'ennui, l'encombrement du temps, la destruction brutale des richesses accumulées du passé.

Réaliser des gains massifs de temps dans les services les plus envahissants, les remplacer par de nouveaux objets stockables et utilisables simultanément, automatiser les manipulations de l'information, devient alors nécessaire à un maintien du Temps des Machines. Cela débouche sur une nouvelle façon de penser le temps, de le mesurer et de dater les violences permises.

De l'encombrement du Temps des Machines naît le Temps des Codes.

Dans cette curieuse mutation, comme à chaque fois que la mesure du temps se brouille, la violence prolifère. Afin de libérer un temps pour de nouveaux objets, le temps accumulé est brutalement détruit, par l'inflation, le chômage, la faillite, formes monétaires de sacrifices et de carnavals à venir.

II. HORLOGE DE VIE, HORLOGE DE MORT

Comme la naissance du Temps des Machines a exigé une technique de mesure du temps capable de scander l'utilisation de l'énergie, le dépassement de la crise actuelle suppose une technique du temps capable d'accélérer la manipulation de l'information. Peu à peu, les contours s'en dessinent à partir des progrès des télécommunications et de la biologie, de la radiodiffusion et des microprocesseurs.

1. *Temps propre et Temps universel*

A la fin du Temps des Corps, Newton rassembla la théorie d'un temps universel extérieur aux phénomènes, celui de la mécanique. Puis Carnot et Clausius introduisirent les phénomènes de diffusion, de friction, de pertes, en une théorie du temps de la thermodynamique.

Il semble y avoir contradiction entre ces deux temps. Comment le temps pourrait-il être à la fois mécanique et thermodynamique, réversible et irréversible ? Temps des Corps et des Machines seraient-ils la négation l'un de l'autre ? Mais comment pourraient-ils avoir existé tous deux si l'un démontrait l'impossibilité de l'autre ? Il est donc évident qu'ils ont l'un et l'autre un sens, mais à des niveaux différents d'observation du réel. Ce qui commence à s'entrevoir quand Gibbs et Bolzmann montrent que les atomes d'un corps quelconque obéissent individuellement aux lois de la mécanique classique, et statistiquement à celles de la thermodynamique. Autrement dit, les systèmes complexes qui peuvent se désorganiser obéissent aux lois de la thermodynamique ; les systèmes simples qui ne peuvent le faire sont soumis à celles de la mécanique.

Au niveau microscopique des molécules, les phénomènes physiques sont régis par les lois de la mécanique réversible alors qu'à celui, macroscopique, d'un système constitué d'un nombre immense de molécules, apparaissent l'irréversibilité et l'accroissement d'entropie. Les deux lois s'articulent si l'on admet que tout corps évolue vers son état a priori le plus probable, celui du désordre maximal des molécules qui le composent, c'est-à-dire un état d'homogénéité statistique où l'entropie est maximale et l'information nulle sur l'état du système.

Tout observateur est en effet alors dans l'ignorance absolue des positions et des vitesses respectives de chacune des molécules et ne peut connaître qu'une mesure grossière de leur dépendance, l'entropie. L'écoulement du Temps des Machines se confond avec l'augmentation de l'ignorance sur l'écoulement du Temps des Corps à l'intérieur du système.

Ainsi la recherche de la cohérence des deux formes mécanique et thermodynamique d'un *temps universel* abstrait, objectif, donne à penser qu'à côté existe un *temps propre* à chaque système. Tout le Temps nouveau, vécu, mesuré et théorisé se trouve là en germe.

Un peu plus tard, Albert Einstein fait faire un grand progrès à cette idée et généralise le lien entre écoulement du temps et mesure de l'état d'un système physique. Modeste employé de l'Office fédéral suisse des brevets, il étudie l'articulation théorique de la masse et de l'énergie des corps animés de grande vitesse. Il montre que l'écoulement du temps que mesure une horloge est d'autant plus rapide que cette horloge se déplace vite par rapport à un observateur immobile ; c'est d'ailleurs facile à comprendre : l'onde optique indiquant l'heure donnée par l'horloge met d'autant plus de temps à atteindre l'œil de l'observateur qu'elle en est éloignée. Plus elle se déplace vite, plus l'horloge donne à l'observateur l'impression de retarder. Plus généralement, trois observateurs ayant une montre et placés sur trois étoiles se déplaçant l'une par rapport à l'autre, peuvent, avec des télescopes assez puissants, voir les horloges des uns et des autres retarder ou avancer. Chaque observateur transporte donc avec lui un *temps propre*. Mais ce temps est d'autant plus différent du temps universel abstrait que l'observateur se déplace à des vitesses proches de celle de la lumière, qui est, pour

Einstein, la vitesse limite d'une masse qui en détermine la transformation en énergie.

Einstein explique alors l'irréversibilité du temps universel que devinait Bolzmann par cette limite de la vitesse. Pour lui, le temps est une quatrième dimension d'un espace où se trouve caractérisé l'état de tout corps. La région de l'espace-temps où le rapport entre les coordonnées spatiales et la dimension temps est tel que la vitesse d'un corps serait plus grande que celle de la lumière est interdite. Le temps ne peut donc s'écouler selon la direction de son axe conduisant vers cette région. Parler de l'irréversibilité du temps revient donc à exprimer l'existence d'une limite maximale de la vitesse de la matière et de l'énergie.

A partir de là, Costa de Beauregard [8] a tenté d'exprimer l'ensemble des principes de la physique en y distinguant des principes d'*équivalence* et des principes de *distinction*.

Selon les premiers, il y a équivalence des différentes formes d'énergie, et entre énergie et matière ; dans l'espace-temps, un troisième principe d'équivalence implique que la coordonnée temps est transformable en coordonnées spatiales, et vice versa.

Selon les seconds, il faut distinguer les formes d'énergie selon leur capacité de se transformer en une autre, de façon non réversible : l'énergie potentielle en mouvement, l'énergie de liaison en chaleur ; dans l'espace-temps, le fait que le temps ne peut s'écouler que dans une seule direction constitue un troisième principe de distinction.

Ces deux groupes de principes sont compatibles entre eux : les premiers régissent la réalité abstraite, les seconds découlent de l'interaction entre la réalité et l'observateur, c'est-à-dire de la structure de l'esprit humain, codée peu à peu de telle façon que la cause ne puisse que précéder la conséquence, que toute action ait un but défini à l'avance. Selon Costa de Beauregard, « alors que la physique tolérerait un temps réversible, l'observateur, qui a besoin d'agir pour survivre, ne peut supporter que le temps orienté »[8]. Or, dit-il, tout se passe comme si une acquisition d'information par un observateur entraînait un accroissement du désordre du système qui l'informe. Aussi l'homme ne peut-il observer des systèmes que dans le sens de leur désorganisation et ne peut-il concevoir le temps qu'irréversible : autrement dit, l'homme trouve un sens au monde s'il sait créer un *temps propre* tel que le temps dans le système qu'il observe s'écoule de la cause à la conséquence.

On peut donc associer observation d'une information préexistante avec causalité et écoulement du temps, et, à l'inverse, associer la création d'information dans le cerveau humain avec l'augmentation de l'ordre dans l'environnement — et, en quelque sorte, la remontée du temps. Observer, c'est détruire et suivre le cours du temps ; créer, c'est construire et remonter le cours du temps.

Il est alors tentant de transférer ces ébauches théoriques aux systèmes les plus complexes, ceux du vivant : peut-on dire qu'il existe un temps propre à chaque organisation biologique ou même à chaque société ? La première expression d'un tel temps propre est celle de Lecomte du Nouy[8] en 1936, à propos de la cicatrisation des plaies : observant que la vitesse de cicatrisation des plaies diminue exponentiellement avec l'âge du sujet, il en déduit que tout se passe comme s'il existait un *temps biologique* propre à chaque organisme vivant, différent du temps physique universel, et qui se ralentit par rapport au temps universel au fur et à mesure que l'organisme vieillit.

En 1947, Prigogine[200] ébauche une théorie voisine à partir de l'étude des réactions chimiques. Il montre que la production d'entropie y est proportionnelle à la vitesse de la réaction qui décroît quand le système se rapproche de son état d'équilibre. Il en déduit une mesure du *temps propre au système*, telle que la vitesse de réaction, et donc le taux de production d'entropie par unité de ce temps, soit constant. Il démontre que ce *temps propre* est relié au *temps universel* par une relation faisant intervenir le taux de production d'entropie au *commencement* de l'évolution du système. Autrement dit, le temps propre d'un système chimique est fonction de son organisation, elle-même fonction du sens du système pour l'observateur qui le définit.

A partir de là, la recherche du temps propre se développe dans l'étude des systèmes vivants : en 1953, Branson définit le *temps biologique* d'un organisme comme une échelle de temps telle que la vitesse de création des informations nécessaires au maintien du même degré d'organisation du système soit constante. Or, quand un système vieillit, de moins en moins d'informations y sont produites par unité de temps universel. Aussi le temps propre s'écoule-t-il de plus en plus lentement par rapport au temps universel.

Un peu plus tard, Backman, étudiant la croissance des organismes vivants, établit que l'évolution de leur taille en fonction du temps universel est représentée par une courbe caractéristique de chaque espèce. Normalisée par rapport à la taille finale et exprimée dans un temps *propre* à chaque organisme, cette courbe semble caractériser tous les organismes vivants (à l'exception, semble-t-il, de l'homme et de la poule). Elle présente un point d'inflexion correspondant à la maturité sexuelle. Avant, on assiste à une augmentation de la complexité et le temps biologique remonte le temps universel. Après, commence la dégénérescence de l'organisme, et les deux temps s'écoulent dans le même sens.

D'autres recherches[202], beaucoup plus récentes, portent sur les rythmes propres à chaque être vivant et sur la durée de leurs cycles biologiques et psychologiques. Elles ouvrent d'extraordinaires perspectives.

Les premiers au monde, en 1968, Alain Reinberg et

Franz Halberg ont étudié les variations sur douze mois des décès par lésions vasculaires cérébrales (en France, de 1962 à 1967). Ils ont trouvé un cycle annuel très régulier : le maximum se situe autour du 20 février (entre le 9 février et le 2 mars), avec une amplitude de 20 % entre le 20 février et le 20 août. S'il existe une meilleure robustesse estivale et une plus grande fragilité hivernale, c'est qu'en plus de l'influence extérieure de l'environnement sur l'organisme, ont lieu, à l'intérieur de l'organisme, des changements périodiques et rythmiques de la susceptibilité et de la résistance.

Ces recherches sur les *rythmes propres* des organismes se sont développées ensuite avec les vols orbitaux. La NASA s'est intéressée aux expériences d'isolement sensoriel et de vie hors du temps réalisées dans des gouffres. Cette vie coupée du temps social confirme que le rythme propre de l'homme est influencé par l'environnement, naturel ou artificiel.

On commence même à étudier aujourd'hui le rythme propre de chaque être vivant, celui qui fait battre la première horloge de tous les temps, l'homme lui-même. On montre que le rythme de plusieurs de ses fonctions vitales est en général voisin de la durée du jour. C'est le cas, par exemple, de la faim, du sommeil, de la température du corps, de l'émission de testostérone, du comportement sexuel. Certains systèmes chimiques du corps ont des rythmes plus longs : c'est le cas des composants de l'urine dont les rythmes d'apparition sont à la fois de 24 heures, 7 jours et une année.

Le sommeil a aussi un rythme propre : le rêve apparaît à intervalles réguliers au cours de la nuit, au moment de ce que l'on appelle le sommeil paradoxal, caractérisé par des mouvements oculaires et, chez le mâle, par une érection. Chez le chat, le sommeil paradoxal survient toutes les trente minutes environ, et dure six minutes. Chez l'homme, il survient à intervalles de quatre-vingt-dix minutes, et dure quinze à vingt minutes. La qualité récupératrice du sommeil semble directement liée à la quantité de sommeil paradoxal, et non pas à la quantité totale de sommeil.

Ces rythmes biologiques, plus acquis qu'innés, dépendent du milieu. Ainsi la périodicité du sommeil et de la vigilance apparaît-elle vers la seconde semaine de vie. Toutes les fonctions d'un même organe ne développent pas simultanément une périodicité de 24 heures. Par exemple, pour le rein, elle apparaît plus tôt pour l'excrétion du potassium et du sodium que pour celle des phosphates et de la créatine. De même, la périodicité du pouls ne devient décelable qu'entre la 6e et la 8e semaine de vie. C'est, semble-t-il, le cas de l'ensemble des fonctions physiologiques de l'homme dont le rythme se fixe graduellement tout au long de l'enfance. Sept mois après la naissance, le sommeil et la vigilance de l'enfant ne sont pas encore synchronisés avec la périodicité de 24 heures de la révolution terrestre. Ainsi, chaque enfant présenterait son propre apprentissage d'une périodicité diurne influencée par ses expériences propres.

Il semble aujourd'hui que ceci s'explique par le fonctionnement de la glande pinéale comme un troisième œil dans le cerveau : cet « œil » reçoit la lumière et émet de la mélanine qui influe sur les rythmes nerveux et donne une dimension biologique à l'apprentissage du comportement.

Cette interprétation des données biologiques du normal fait émerger un nouveau concept du pathologique : *est pathologique ce qui n'obéit pas au rythme normal du temps propre.* On retrouve là la vieille constante du Temps : *il est dangereux de ne pas obéir aux règles du calendrier.*

Depuis 15 ans, Franz Halberg aux U.S.A. et Alain Reinberg [202] en France étudient la chronopathologie qui en découle. Pour ce faire, on observe si l'altération des rythmes biologiques normaux est signe pathologique : on montre par exemple que l'altération des rythmes de la prolactine constitue un indice du cancer du sein; de même, le lundi est le jour où les cardiaques présentent le plus de risques de décompensation myocardique. Les mois d'hiver sont aussi plus meurtriers pour les cardiaques que les mois d'été, alors que la pathologie psychiatrique atteint un maximum en été. Enfin, les horaires alternants sont différemment supportés selon les travailleurs, et peuvent se traduire par des accidents de probabilité différente selon les rythmes propres de chacun.

Mais il est aujourd'hui presque certain que l'horloge biologique est encore beaucoup plus profondément inscrite dans les rythmes de la vie. Au-delà des cycles du corps dont les hommes du Temps des Dieux avaient fait leur horloge, semble exister un rythme de la vie elle-même, *Horloge absolue de la vie et de la mort*. Au-delà de la chronobiologie se fait jour et s'esquisse une fascinante *chronogénétique*.

Les plus récents travaux de Léonard Hayflick permettent d'en établir une première synthèse, inévitablement vouée à être dépassée, avant même publication, par les progrès de la connaissance [121].

D'abord, une fois éliminées les principales causes de décès, la longévité de l'homme est limitée autour de cent ans, la mort résultant alors de la dégénérescence des parois artérielles ou du système immunitaire. Ce déclin des capacités d'organisation d'un être vivant commence dès avant l'âge adulte. Plus précisément, Bernard Strehler, de l'Université de Californie du Sud, a mesuré que, passé 30 ans, la perte des capacités fonctionnelles est d'environ huit pour cent par an. Autrement dit, après trente ans, la probabilité de mourir double tous les huit ans.

De telles constantes existent pour de nombreuses autres espèces vivantes. Une mouche a une longévité de 40 jours, une souris de trois ans, un cheval de 30 ans, et certaines tortues de 150 ans. Elles existent aussi pour les organes considérés séparément. Cette *longévité* semble liée à la complexité. Ainsi, chez différentes espèces animales, la taille du cerveau semble être proportionnelle à la longévité, ce qui incite à croire qu'un lien s'est établi entre ces deux paramètres au cours de l'évolution des vertébrés.

Mieux encore, on peut approfondir cette étude des temps propres sur les structures biologiques les plus fondamentales : les cellules. Bien que l'on n'ait encore étudié qu'un petit nombre d'espèces de cellules, on a de bonnes raisons de penser qu'il pourrait exister une relation directe entre la durée de vie d'une espèce et la capacité de ses cellules à se diviser en culture, et que la durée de vie d'une lignée biologique normale est une propriété innée des cellules qui la composent. Il semble vraisemblable qu'il existe une limite à cette capacité à se diviser qui donnerait un début d'explication à la durée de vie limitée des organisations biologiques. On montre en effet que le temps nécessaire aux divisions de certaines cellules très simples, les fibroblastes, augmente à mesure que la population cellulaire approche des cinquante doublements. Lorsque l'on conserve des fibroblastes d'embryons humains à des températures très basses dans de l'azote liquide, ils font preuve d'une remarquable « mémoire » en maintenant ce maximum de cinquante duplications. S'ils sont congelés à la vingtième duplication, puis réchauffés, ils se divisent trente nouvelles fois avant de mourir, c'est-à-dire de cesser de se répliquer. S'ils sont congelés à la dixième duplication, puis réchauffés, ils se divisent quarante fois. L'une des lignées de cellules humaines a même gardé cette mémoire après avoir été conservée plus de 13 ans dans l'azote liquide. « Tout se passe, écrit Hayflick, comme si les cellules avaient une horloge interne qui compte le nombre de divisions. »

Il existe aussi des lignées immortelles, ayant une partie ou la totalité des propriétés des cellules cancéreuses et où la vie prolifère à l'infini. On connaît aujourd'hui environ 600 lignées cellulaires de ce type, dont un grand nombre apparues spontanément dans des cultures de cellules animales. La plus connue, « Hela », a été obtenue en 1952 à partir d'une culture de tissu du col utérin, et elle continue à se reproduire depuis cette date. Or, ces cellules présentent des anomalies, telles que le nombre et la forme de leurs chromosomes, leurs propriétés chimiques et leur susceptibilité aux colorants. En outre, injectées à des animaux de laboratoire, elles y induisent des tumeurs.

On pense donc aujourd'hui qu'il existe, dans les cellules normales, une sorte d'horloge biologique qui détermine leur capacité de fonctionnement et de reproduction et qui interdit leur prolifération à l'infini.

Toutes les cellules du corps n'ont pas la capacité de se reproduire aussi rapidement que les fibroblastes : si les cellules de la peau, le tissu hématopoïétique et le revêtement intestinal se divisent rapidement, les cellules les plus spécialisées, telles que les cellules nerveuses, endocriniennes, musculaires, sensorielles, ou certaines cellules du système immunitaire, se divisent peu, voire pas du tout, une fois parvenues à maturité.

Au total, c'est sans doute la même horloge biologique qui limite la division cellulaire des cellules à prolifération rapide et les capacités fonctionnelles des cellules spécialisées à division lente ou inexistante. Aussi, lorsqu'on comprendra pourquoi les fibroblastes perdent leur capacité de réplication, on découvrira peut-être en même temps les mécanismes par lesquels des cellules plus spécialisées perdent, avec l'âge, de leurs propriétés fonctionnelles.

Une difficulté s'ajoute à ces incertitudes : au cours de ces dix dernières années, on a noté de nombreux changements physiologiques et morphologiques sur des fibroblastes humains cultivés *in vitro,* bien avant qu'ils ne perdent leur capacité de division. Plusieurs de ces changements sont identiques à ceux qui surviennent chez les êtres humains lorsqu'ils vieillissent. Il semble probable que d'autres causes font que les animaux vieillissent et meurent avant que ne soit atteint le point d'échéance de la réplication des fibroblastes et des autres cellules à division rapide.

Face à ces énigmes, les récentes techniques de fusion cellulaire semblent ouvrir la voie à une localisation d'une « horloge biologique » dans le noyau.

Plus précisément, aujourd'hui, trois hypothèses s'affrontent pour expliquer l' « horloge biologique » de toute cellule : *l'horloge de vie* aurait elle-même une durée de vie limitée par sa capacité de réparation ; elle ne pourrait être remplacée que par d'autres horloges en nombre limité ; ou bien encore, il existerait des *horloges de mort* qui arrêteraient la vie à un moment génétiquement prévu.

Selon la première hypothèse, au bout d'un certain temps, l'information contenue dans le système d'élaboration de l'information, représenté par la transcription et la traduction du message génétique de l'ADN à l'ARN, puis aux enzymes et autres molécules protéiques, deviendrait de plus en plus sujette à erreurs. Ces erreurs aboutiraient à des molécules enzymatiques défectueuses et provoqueraient le déclin des capacités fonctionnelles de la cellule. « On pourrait, dit Layflick, comparer cela à une erreur dans la programmation d'une machine-outil automatique : la machine produirait des pièces défectueuses qui, assemblées en un produit final, diminueraient l'efficacité de ce produit ou ne pourraient pas fonctionner ensemble. » Il serait possible de compenser en partie une telle accumulation d'erreurs par des processus de réparation, mais ces systèmes eux-mêmes ne fonctionnent pas parfaitement ni indéfiniment. Chez de nombreuses espèces de mammifères, on sait que cette capacité de réparation de l'ADN est directement proportionnelle à la durée de vie de l'espèce. Les êtres humains, par exemple, vivent à peu près deux fois plus longtemps que les chimpanzés, et leur capacité de réparer l'ADN est deux fois plus élevée. La capacité de réparation de l'ADN de cellules humaines normales cultivées *in vitro* diminue à mesure qu'elles approchent de la limite de leur capacité de réplication. Elles ont une durée moyenne de fonctionnement sans réparation de quelques années et, avec des réparations correctes, durent aussi longtemps qu'existent des pièces de rechange.

Une seconde hypothèse est fondée sur la disparition progressive de fonctions redondantes de la cellule. On peut affirmer qu'une cellule n'utilise que 0,4 % de l'information contenue dans l'ADN du noyau. De nombreux gènes de la molécule d'ADN sont la répétition d'autres, en séquences identiques, et rendent ainsi le message génétique redondant. Ceci constitue une sécurité contre les accidents moléculaires et retarde le moment où, tous les gènes identiques étant détruits, les messages indispensables à la vie disparaissent. Selon cette hypothèse, la durée de vie d'une espèce dépend de son nombre de séquences répétées. Le temps propre d'une espèce est alors fonction de la redondance de l'ADN.

D'après une troisième hypothèse, il existerait des gènes du vieillissement, des *horloges de mort,* qui ralentissent ou bloquent les circuits biochimiques. Le développement des membres d'une espèce fait ainsi appel non seulement à l'agencement de millions de cellules, mais aussi à la mort et à la résorption de millions d'autres. Il est possible que le blanchissement des cheveux, la ménopause et la diminution des capacités physiques soient génétiquement programmés. On peut imaginer que le même mécanisme se poursuit tout au long de la vie pour toutes les cellules, et intervient à des degrés divers selon les tissus aboutissant finalement au vieillissement de l'organisme complexe en augmentant sa sensibilité aux maladies. Le début du vieillissement d'un organisme complexe résulte alors de la déficience de quelques cellules-clés.

Nul ne peut choisir aujourd'hui entre ces trois hypothèses. Sans doute s'inscrivent-elles toutes trois dans un ensemble théorique plus complexe. On peut en tout cas en conclure qu'il existe un *temps propre* à chaque espèce, relié au temps propre d'un individu : la capacité de survie d'une espèce, au cours de l'évolution, dépend de la capacité de ses membres à vivre assez longtemps pour procréer et élever leur progéniture dans l'environnement où elle se trouve.

Quelle que soit l'hypothèse retenue, l'existence d'un temps propre à chaque système biologique remet en cause le Temps des Machines : si l'entropie peut rendre compte des processus de vieillissement et des moyens les plus efficaces d'utiliser les produits de cette dégradation, elle n'explique pas l'évolution des organismes vivants vers la complexité. Pendant une certaine durée, on va de la cellule vers l'adulte en remontant le temps selon un programme ayant besoin de ses résultats pour être lu et exécuté. Le temps semble s'écouler en sens contraire de ce qu'implique le second principe de la thermodynamique, comme si la direction du temps était inversée pendant la phase d'organisation pour retrouver son sens premier lorsqu'on va vers la mort, seuil extrême de dégradation.

La théorie du temps est donc bouleversée par le rôle que joue l'observateur en théorie de l'information et en biologie, par sa capacité à donner un sens au système qu'il analyse. Elle a pu ensuite s'inscrire dans un cadre théorique reliant horloge biologique, temps propre et théorie de l'organisation : en 1948, Schrodinger[8] suggère que le degré d'organisation d'un système augmente quand des impulsions aléatoires, des *bruits* l'organisent, à l'instar d'une montre automatique remontée par les mouvements aléatoires du bras et dont la durée de fonctionnement dépend de cette organisation.

On peut interpréter cela en disant que si l'énergie puisée à l'extérieur d'un système est plus grande que celle dissipée à l'intérieur, l'entropie diminue à l'intérieur du système qui s'organise aux yeux d'un observateur, et la *direction du temps s'y inverse* jusqu'à ce que des agressions extérieures trop fortes y réintroduisent la direction du temps universel.

Plus largement, un homme crée de l'ordre sur son environnement en appliquant sa volonté à l'organiser. Mais sa volonté elle-même résulte de l'exigence inconsciente de son esprit. Organiser, donner, en créant des concepts, du sens à l'avenir, c'est donc remonter le temps. Ainsi le désordre crée l'ordre, l'inconscient crée la volonté de créer l'ordre. La création crée le temps. D'une certaine façon, on peut même dire que le temps propre crée le temps universel. A l'inverse, observer, c'est détruire une information existante, c'est donc dégrader le système.

Ceci permet de relier en théorie la durée du temps propre d'un système et la direction dans laquelle il s'écoule, avec la capacité de l'observateur à donner un sens au système qu'il étudie.

Le temps propre d'un observateur s'écoule dans le sens de la réduction de son ignorance sur le monde. Pour lui, le futur devient passé quand l'inconnu devient connu, quand le non-sens devient sens. Ainsi l'avenir s'identifie à l'ignorance, où a lieu toute création, et le passé s'identifie à l'information accumulée. Il faut alors remplacer les termes de passé et de futur par ceux de connu et d'inconnu, de porteur de sens — donc d'intégré à une connaissance —, et d'absurde — donc d'inassimilable *au sens d'un code*. D'où le nom de *Temps des Codes* que je donne à ce temps nouveau.

Un nouveau type de représentation du Temps s'y élabore, qui ne cherche plus à enfermer la Nature en un seul système d'équations : ni celui de la mécanique, ni celui de la thermodynamique ; ni celui des Corps, ni celui des Machines. Le premier reste valable pour les systèmes mécaniques stables dont la description peut se faire en termes de trajectoires ; le second peut décrire un ensemble de très nombreux éléments où la statistique de mouvements aléatoires suffit à décrire l'évolution du système. Mais aucun de ces deux temps ne peut rendre compte de la durée de vie des systèmes dont la complexité et l'encombrement peuvent augmenter avec le temps. C'est d'eux qu'il s'agit maintenant.

2. *Encombrement du temps et montre à quartz*

La théorie nouvelle du Temps laisse à penser qu'une nouvelle mesure du Temps est en train d'apparaître. Or, comme toujours, une mesure aide à créer le réel, et le Temps des Codes est aussi créé — et non pas seulement mesuré — par les nouveaux instruments de sa mesure : les horloges de vie ou de mort mesurent la vie qu'elles produisent.

Ainsi, comme l'horloge mécanique s'inspire des exigences des marchands et des foires, comme la montre de marine naît d'une volonté des industriels de maîtriser les mers, les instruments de mesure du temps d'aujourd'hui apparaissent avec les télécommunications modernes. L'historique de ce basculement révèle d'ailleurs ce qui se joue dans l'actuelle crise des représentations du monde : l'obsession du gain de temps dans les pauses et le travail commence à y trouver sa réponse, théorique et technologique, dans des progrès accomplis depuis plus de trente ans dans la mesure du temps : l'*encombrement* des ondes-radio pousse au remplacement de la pendule à ressort par une montre beaucoup plus précise utilisant le *temps propre* de la matière et ouvrant la voie à la réduction de l'encombrement du temps.

En 1880, des oscillateurs d'un genre radicalement nouveaux apparaissent avec la découverte de la piézo-électricité par Pierre et Paul-Jacques Curie. Ceux-ci mettent en évidence l'existence du *temps propre* d'un oscillateur exceptionnellement précis au sein de la matière. Ils montrent qu'un morceau de cristal de quartz, c'est-à-dire d'un oxyde de silicium, taillé suivant une forme de lame, de bâtonnet ou d'anneau, placé dans un circuit électrique sous vide et à température constante, vibre 32 758 fois par seconde, comme un pendule très rapide. Plus précisément, dès l'instant ou l'un des électrons d'un atome subit, dans des conditions bien déterminées, une excitation qui le conduit à retomber d'un niveau d'énergie à un autre, il émet une radiation dont la fréquence est déterminée par les caractéristiques de cet atome, elles-mêmes fonction de quelques constantes fondamentales de l'Univers. Cette fréquence peut alors constituer un étalon de mesure du temps universel.

La première utilisation de cette découverte est la mise au point de mesures très précises des fréquences hertziennes, de façon à pouvoir les empiler au maximum sur des longueurs d'ondes de plus en plus encombrées, par le développement du téléphone et des radiocommunications civiles et militaires.

Le quartz est ainsi utilisé pour la première fois en 1917 par Langevin pour exciter des vibrations ultra-sonores, afin de réaliser des repérages sous-marins très précis. En 1923, Pierce utilise une plaquette de silicium pour étalonner les fréquences hertziennes de radiocommunication. Puis on pense à utiliser le quartz pour entretenir des horloges électriques de laboratoire. En 1925, Dady, Marrisson et Lack, chercheurs des laboratoires de Bell aux U.S.A., mettent au point le premier oscillateur à quartz. Les vibrations d'un diapason de quartz excité électriquement sont comptées afin de signaler l'écoulement d'une seconde chaque fois que 32 758 de ces vibrations ont lieu. Pour disposer d'une horloge à quartz complète, il faut donc pouvoir relier le quartz à un système électronique capable d'entretenir ses vibrations, de les compter et de les afficher sur un cadran. C'est encore impossible à cette époque. Signe des temps, ce sont des ingénieurs des télécommunications, et non des horlogers ou des mécaniciens, qui mettent au point cet oscillateur. En 1930, deux autres ingénieurs électroniciens allemands, Scheibe et Adelsberger, du laboratoire de métrologie de Berlin, font faire un grand progrès à cette mesure en mettant au point un diapason en quartz en forme de barreau allongé selon l'axe électrique du cristal, et ayant une fréquence trois fois plus grande que le premier quartz de Marrisson. L'Observatoire de Paris, comparant la précision des horloges à quartz Scheibe et celle des pendules d'observatoire classiques à ancre et pendule, établit que les premières atteignent à la même précision que les secondes et sont capables de déceler les irrégularités de la rotation de la Terre.

De très nombreux problèmes restent encore à régler avant que l'usage du quartz dans des montres de grande série s'avère possible. Les progrès techniques nécessaires à leur résolution, comme à chacun des temps précédents, ouvrent simultanément la voie aux autres techniques susceptibles de réduire les formes essentielles d'encombrement du temps.

D'abord apparaissent des oscillateurs de fréquence supérieure à 500 KHz qui dépassent en précision les meilleures pendules à ressort : en 1935, une horloge à quartz fabriquée par Armand de Gramont utilise un diapason de fréquence de 2 MHz, entretenue par amplificateurs apériodiques à tubes sous basse tension, ce qui conduit à abandonner les montres mécaniques comme garde-temps et à les remplacer au B.I.H. par des oscillateurs à quartz, puis, plus tard, par des oscillateurs à césium ayant une fréquence encore plus élevée.

Puis la première montre utilisant un oscillateur à quartz produite industriellement est un chronographe de Gibbs fabriqué en 1936 et utilisant un quartz de 108 KHz. Mais la guerre empêche qu'elle soit commercialisée. Le quartz est ensuite utilisé dans une foule d'appareils de radiocommunication et de mesure du temps. Le bond énorme qu'accomplit l'aviation pendant la guerre exige une précision extrême des communications à partir de tours de contrôle. Aussi les techniques du thermostat, du tube à vide, font-elles alors des progrès décisifs. Il faut alors utiliser le quartz de façon plus complexe ; le silicium subit un ensemble de traitements physiques et chimiques destinés à « graver » la fonction à réaliser sur le matériau. Le premier de ces composants à être réalisé est le transistor, en 1948. Il ne consomme que quelques millièmes de watt. Et c'est en 1948 que l'Observatoire de Neûchatel reçoit son premier garde-temps à quartz.

En 1952, une première tentative de commercialiser une montre à quartz utilisant une pile électrique est faite par un horloger français, Fred Lip, avec l'aide d'un fabricant américain, Elgin, qui a accès aux progrès des technologies militaires. Elle échoue : la montre est encore trop grosse, trop lourde, trop coûteuse, et l'opinion vit encore un temps fait de rouages et de ressorts, sans en ressentir l'encombrement.

Les progrès se poursuivent cependant : en 1953, Sulzer met au point l'utilisation de transistors pour entretenir les oscillations du quartz. En 1954, le barreau de quartz, d'abord en silice fondu naturel, puis en cristaux assemblés artificiellement, prend la forme d'un diapason. Au Congrès international de chronométrie, à Paris, un quartz synthétique, mis au point aux U.S.A. par Bush en 1956, permet d'abaisser considérablement les coûts de production. La même année, des entreprises françaises et américaines construisent des horloges à quartz transistorisées. Mais le marché, encore entièrement occupé par l'immense succès des montres mécaniques à bon marché, n'est pas encore disponible.

Il faudra encore quinze ans de mise au point et de

modification des mentalités pour qu'une montre à quartz, affichant le temps sans cadran et ressemblant plus à un calculateur qu'à une horloge, balaie la montre mécanique. Quinze ans de lente maturation pour qu'on accepte une montre qu'on ne remonte pas, qu'on ne répare pas, qu'*on ne voit pas*. Maîtres des technologies essentielles, disposant de moyens financiers et d'un marché important, les horlogers américains semblent alors les mieux placés pour faire accepter ces mutations à leur public. Ils commencent par utiliser un diapason métallique dans une montre mécanique ; en 1956, l'Hamilton Watch Company remplace le pendule de montres-bracelets classiques par un diapason métallique entretenu par une pile électrique ; en 1958, Lip met aussi sur le marché une montre à diapason métallique entretenu par un transistor ; ce diapason a une longueur d'environ 20 millimètres et une fréquence de résonance de 360 Hz ; le comptage des vibrations s'y fait mécaniquement : un cliquet fixé à une des branches du diapason entraîne une roue à rochet et fait tourner les rouages ; le diapason est excité par deux bobines magnétiques. Puis l'utilisation des transistors permet de réduire l'encombrement de cette montre aux dimensions d'un chronomètre de marine.

La technologie des composants fait alors des progrès très rapides. Leur degré de complexité est mesuré par le nombre de structures élémentaires, nommés AEG, qu'ils contiennent. Certains composants semi-conducteurs, composants discrets, ne contiennent qu'un seul AEG. Ce sont essentiellement les transistors, les diodes et les thyristors. D'autres contiennent plusieurs circuits intégrés. En 1959, le premier des circuits intégrés est mis au point par Texas Instruments : ensemble électronique complet intégrant à la fois des éléments passifs (résistances, condensateurs) et des éléments actifs (transistors, diodes), groupés avec une plus ou moins grande densité sur une même « puce » de silicium, il permet de remplir diverses fonctions. En 1960 démarre leur production en série, avec trois AEG, et leur puce mesure 5 mm sur 1,8 mm : soit 9 mm^2 par élément.

C'est la même année qu'un électronicien suisse, Max Hetzel, met au point la première montre pourvue d'un oscillateur à quartz et d'un circuit intégré assurant les fonctions de comptage et d'affichage. La NASA s'en sert pour déclencher des séquences d'ordres sur les satellites artificiels, puis la Bulova Watch Company l'utilise pour mettre au point la première montre-bracelet à quartz et à comptage électronique, *l'Accutron*.

La même année, Patek-Philippe obtient, avec son « chronotome » à quartz, un bulletin de marche de l'Observatoire de Genève. En 1961, un électronicien suisse, Ulysse Nardin, met au point pour Ebauches S.A. un chronomètre à quartz miniaturisé qui obtient le 1er prix au concours de l'Observatoire de Neûchatel.

A ce moment, les horlogers suisses et japonais tentent d'introduire des quartz dans les montres mécaniques en y conservant encore l'affichage par des aiguilles se déplaçant sur un cadran. Il ne faut pas s'en étonner. Le Temps des Machines est encore la représentation dominante du temps et il faudra dix ans de progrès techniques et de crise économique pour que le quartz s'impose dans la totalité du mécanisme de la montre.

Les circuits intégrés monolithiques créés par Texas-Instruments sont en effet encore trop chers et trop consommateurs d'énergie pour permettre de compter les battements du diapason et d'afficher l'heure sur une montre-bracelet à un prix de vente accessible. Alcatel, à partir des travaux du Centre technique de l'Industrie horlogère, expérimente en France des modules de comptage électronique, mais il faut attendre que les laboratoires américains RCA mettent au point *les circuits intégrés logiques d'oxyde métallique de silicium (MOS)*, à très faible consommation, pour que la montre à quartz à affichage numérique soit possible.

Les mémoires les plus courantes sont en technologie MOS, où l'intégration est la plus forte : plus de 65 000 éléments sur une puce de 25 mm^2 environ, soit l'équivalent d'environ six pages dactylographiées sur 25 mm^2 de silicium.

En 1967, on produit des circuits intégrés contenant 18 AEG et faisant 3 mm sur 1,5 mm : soit 4 éléments au mm^2. En 1971 est introduit le premier calculateur intégrant sur une puce unique 1 200 AEG.

A ce moment, deux technologies sont encore en concurrence pour l'affichage de l'heure : celle des *cristaux liquides* et celle des *diodes à émission de lumière*.

Dans la première, des cristaux liquides, alignés et transparents à l'état normal, sont, sous l'influence d'un champ électrique, réorganisés pour diffuser la lumière ambiante selon des figures révélant les chiffres. En ce début des années soixante-dix, ils ne consomment qu'une puissance très faible, permettant un affichage permanent pendant plus d'un an. Mais ils présentent encore trois faiblesses : pour être lisibles, les chiffres doivent être éclairés par une source de lumière extérieure ; de plus, les cristaux sont sensibles à la température et, au-dessous de 0°, la montre ne peut plus afficher l'heure ; enfin, ces cristaux liquides vieillissent rapidement. Aussi cette technique est-elle vite abandonnée.

Dans la seconde, une *diode à émission de lumière* émet une lumière rouge quand un courant la traverse. La diode ne vieillit pas, au contraire des cristaux liquides, et le voltage nécessaire pour l'affichage est beaucoup plus faible. Mais elle dissipe environ dix mille fois plus d'énergie que les cristaux liquides, rendant l'affichage permanent impossible (ce qui ne constitue pas un obstacle à l'utilisation de masse).

A partir de ce moment, on peut donc réaliser un affichage électronique avec des diodes et faire ainsi disparaître totalement cadran et aiguilles, derniers rouages des machines du Temps. Les chiffres s'affichent, dessinés par des agencements linéaires de diodes à émission de lumière. Ce nouveau système d'affichage illustre d'ailleurs la nature du nouveau Temps : il n'est plus mime du Soleil, ni du Cosmos, ni des Machines. Le temps n'est plus décrit comme un écoulement cyclique dans l'espace, mais comme un signal complexe, composé par un agencement changeant de signaux simples.

On peut considérer le Colloque international de Chronométrie de Paris, en septembre 1969, comme la date de naissance de l'industrie des montres à quartz. On y présente en effet la première montre de série utilisant un quartz haute-fréquence à 2,4 MHz, de forme lenticulaire, de 0,7 mm d'épaisseur et de 11 mm de diamètre. L'oscillateur et le diviseur de fréquence ne consomment plus que 10 microampères. Pour réduire encore les dimensions de l'oscillateur, on élève la fréquence jusqu'à 4,2 MHz. Les progrès continuent en ce sens ; en 1976, en passant de la forme lenticulaire à celle d'un barreau, le volume du quartz évolue de 200 mm^3 à 5 mm^3, et le prix est encore divisé par deux. D'innombrables technologies nouvelles se développent pour y parvenir ; elles auront un immense impact sur celles de tous les produits du Temps des Codes dont il sera question plus loin : soudure entre céramique et métal, brassage tendre à froid, photolithographie, usinage chimique des métaux...

Toute la géographie de l'industrie horlogère mondiale en est bouleversée en quelques années. Comme le chronomètre d'Harrisson a sonné l'heure de l'Angleterre et celui d'Ingersoll celle de l'Amérique, celui de Seiko annonce l'avènement du Pacifique comme « cœur » de l'économie-monde.

Nul en Europe ne voit que le marché est en voie d'être révolutionné, abandonnant tout lien avec ce qu'était jusque-là l'horlogerie. Pourtant les horlogers européens auraient pu comprendre les risques qu'ils couraient en observant le destin des fabriquants de calculateurs mécaniques européens et américains, tous vaincus par les fabricants de composants électroniques ; en 1975, le premier d'entre eux, Bownar Instruments, disparaît, et le second, Commodore, rachète pour survivre un savoir-faire dans le domaine des composants électroniques.

Cependant qu'Américains et Européens raffinent en 1975 les moyens de production en petite série de barreaux de quartz, les ingénieurs de Seiko mettent au point un extraordinaire oscillateur en quartz à bas prix, produit à grande échelle sous forme de diapason, vibrant à 32 KHz, enfermé sous vide dans un cylindre de 3 mm de diamètre et de 8 mm de longueur. Par un procédé de découpage à la scie multiple, ils réussissent à abaisser son prix de vente au-dessous de celui du barreau et à le rendre moins sensible aux chocs par la simplicité de son montage rigide.

Grâce à cela, en 1972, Seiko commercialise une montre à affichage électronique à cristaux liquides à un prix inférieur aux montres mécaniques de Timex. La même année, les premières montres à quartz pour dames sont commercialisées aux Etats-Unis.

Aucun horloger important dans le monde, sauf Timex, ne parvient à produire des montres à quartz. Un nouveau marché apparaît pour de nouveaux producteurs. A la différence du changement de temps précédent, où toutes les églises avaient mis un pendule à la place du foliot sur leurs horloges à poids, le passage au Temps des Codes s'opère par l'émergence de l'immense marché de ceux qui n'avaient pu encore avoir de montre : les masses adultes du Tiers-Monde, les enfants et personnes âgées d'Occident, et, surtout, les innombrables robots qui les utilisent comme donneurs d'ordres. Si la production mondiale de montres de toute nature passe de 180 millions en 1970 à 340 millions en 1981, le nombre de montres à quartz croît au cours de cette période de 1 million à 100 millions, alors que celui des montres mécaniques n'augmente que de 180 à 240 millions.

L'ensemble des traitements physico-chimiques que subit la puce la rend coûteuse. Le coût de fabrication d'un circuit intégré en technologie MOS, de complexité moyenne (100 AEG), passe de 1 dollar en 1971 à 0,1 en 1981. La production cumulée atteint, en 1980, quelque 10 000 milliards d'AEG, soit plus de deux micro-ordinateurs par individu dans le monde. Elle représentera, en 1990, plus de 1 000 milliards, c'est-à-dire l'équivalent de plus de 100 micro-ordinateurs par individu. La mesure du temps pousse à l'augmentation de la complexité des composants.

Au milieu des années 60, la complexité d'une puce est comparable au réseau routier d'une petite ville. En 1981, le microprocesseur a celle d'une ville comme Paris. En 1990, un circuit VLSI aura une puce dont la complexité équivaudra au réseau routier de l'Europe de l'Ouest. Entre 1965 et 1980, alors que la surface moyenne d'une puce n'est multipliée que par quatre environ, le nombre de cellules élémentaires qu'elle contient est multiplié par plus de dix mille. La consommation de rondelles de silicium passe de 480 000 m^2 en 1979 à plus de 1,5 million de m^2 en 1985.

Pour augmenter le rendement de ces traitements physico-chimiques, l'industrie des semi-conducteurs place de plus en plus de puces sur une même rondelle de silicium. Son diamètre augmente d'année en année au fur et à mesure que la technique le permet. Ce diamètre est passé de 31 mm en 1972 à 50 mm en 1974, 75 mm en 1977, 100 mm en 1980 et passera à 125 mm à partir de 1983. La haute intégration implique, au niveau de la conception du produit, des ressources de plus en plus importantes : alors qu'en 1975, six mois et 200 dollars suffisaient pour concevoir et développer un circuit intégré, aujourd'hui, un circuit complexe nécessite deux ans et 1 million de dollars.

On peut évaluer la capacité technologique d'un pays au rapport, dans sa consommation de semi-conducteurs, entre les circuits intégrés et les composants discrets : dès 1976, les Américains utilisent en valeur deux fois plus de circuits intégrés que de composants discrets, les Européens utilisent plus de composants discrets que de circuits intégrés, les Japonais les utilisent presque à égalité. En 1981, les Américains consomment quatre fois plus de circuits intégrés que de composants discrets, les Japonais deux fois plus, les Européens une fois et demie plus seulement.

Telle est la nouvelle géographie des technologies de pointe.

La répartition géographique de la production de montres est simultanément bouleversée. Alors que, jusqu'en 1974, l'industrie horlogère suisse est la première du monde avec 87 millions d'unités — bien que sa part du marché mondial ait décliné depuis la fin de la guerre, passant de 60 % en 1945 à 50 % en 1964 —, elle devient, en 1974, inférieure à celle des Etats-Unis et du Japon. Restée très dispersée, elle n'a pas su utiliser l'électronisation comme elle avait, en 1876, sous le choc de l'Exposition de Philadelphie, relevé le défi américain.

Toute l'Europe est dans le même état. La production française baisse de 19 à 12 millions. Les importations de Hong Kong et du Japon menacent aujourd'hui ses chances de restructuration. Beaucoup reste à réussir pour que renaisse l'industrie horlogère française, dans le contexte de celle des autres composants électroniques et de la production de biens de consommation programmés. La R.F.A. et l'Angleterre sont dans une situation plus difficile encore.

A l'inverse, le Japon, reparti de zéro après la Deuxième Guerre mondiale, est le grand vainqueur de cette évolution : dès 1970, il est le second producteur mondial, avec 24 millions de montres produites par quatre constructeurs seulement, dont deux fabriquent à eux seuls 90 % du total ; puis il prend l'essentiel du marché des montres à quartz, grâce à Seiko et Citizen qui fabriquent aussi des calculateurs électroniques de bureau, des périphériques d'ordinateurs et des robots industriels programmés. Une partie de la production japonaise se déplace dans les pays voisins où une main-d'œuvre à bon marché, essentiellement féminine, assure le montage et l'exportation des produits de la technologie japonaise. Aujourd'hui, le Japon et Hong Kong assurent à eux seuls près de la moitié de la production mondiale des montres à quartz.

Les Etats-Unis arrivent tout près des Japonais avec trois grands constructeurs : Bulova, Timex et Elgin. Le marché intérieur américain est d'ailleurs d'un tel volume que les fabricants nationaux peuvent n'exporter qu'une faible partie de leur production.

Aujourd'hui la production annuelle mondiale atteint près de 400 millions d'instruments de mesure du temps : énorme production. Jamais, dans l'histoire humaine, un objet n'a été produit en si grande quantité. Aussi tous les marchés solvables de la planète sont-ils atteints et il est difficile d'imaginer de vendre plus de 500 millions de montres par an, ce qui sera sans doute fait avant 1985. Il faut donc, pour que le marché tienne, satisfaire d'autres besoins, complexifier les produits. Dans les projets des producteurs, il ne s'agit plus seulement de donner à chacun l'heure universelle, mais une heure personnalisée pour chaque homme, voire même pour chaque objet : déjà, par exemple, les Japonais ont vendu en deux ans un million d'horloges spéciales destinées aux musulmans. Vendues sous la marque Kabeer (« le plus grand »), elles sonnent cinq fois par jour l'appel à la prière. Un modèle plus perfectionné récite à chaque heure un verset différent du Coran. Bien d'autres modèles de ce genre existent ou vont exister. Ils seront, comme on le verra, les supports d'autres prothèses et envahissent des objets auxquels ils donnent l'ordre de faire ou de ne pas faire.

Telle paraît être la limite du Temps des Codes. A moins qu'au-delà de ces projets d'électronisation du temps, il ne devienne un jour possible de produire des systèmes chronogénétiques, prothèses biologiques donnant à percevoir l'écoulement du temps par l'émission vers le cerveau de substances chimiques. L'heure n'est pas encore venue d'en parler sérieusement...

Etrange destin que celui de l'instrument de mesure du temps : banalisé, réduit à un prix dérisoire, vendu sur les étals et dans les supermarchés, broyé, oublié, il ne peut, pour survivre industriellement, que redevenir très bientôt un instrument complexe, diversifié, coûteux, un bien essentiel d'un temps où chacun aura le souci de surveiller son Temps propre, en de nouveaux calendriers.

3. *Calendriers électroniques*

Dans le même temps où le temps propre semble prendre le pas sur le temps universel, se mettent en place des réseaux universels de diffusion du Temps Universel à partir de garde-temps de plus en plus précis. Une transmission instantanée du temps unifie l'espace et organise un synchronisme planétaire qui bouleverse l'organisation de la plupart des calendriers. A partir des années cinquante, les fréquences radio gèrent des réseaux de mesure du temps synchronisés au millième de seconde près, pour les grands aéroports puis les satellites : pour les uns comme pour les autres, une erreur d'un millième de seconde signifierait un écart de plusieurs mètres, donc des risques inacceptables.

Puis l'interconnexion internationale de très nombreux réseaux d'échange d'informations exige une précision croissante de la date en deux endroits distants de plusieurs milliers de kilomètres : d'abord la communication entre réseaux de télévision et, en particulier, la création du système de l'Eurovision en 1953, exige une simultanéité de décisions au millième de seconde sur des espaces continentaux. La mise en relation des ordinateurs des grandes entreprises, sur le territoire américain en 1960, puis à travers l'Atlantique à partir de 1970, suppose une précision plus grande encore, donc un progrès des communications à distance de l'heure précise.

Mais, quand l'espace où la connaissance simultanée d'une heure précise s'agrandit et que le maillage du réseau se resserre, l'utilisation de fils électriques devient trop onéreuse et implique des temps de réaction trop longs. La radiodiffusion, sonore ou visuelle, s'impose donc pour transmettre la mesure du temps sous forme de message codé hyper-rapide.

Ainsi l'incertitude sur la synchronisation des horloges est grande : l'inertie des dispositifs pneumatiques et électromagnétiques rend en effet illusoire une précision supérieure au millième. La radio n'apporte pas de progrès suffisants, car les signaux horaires émis dans différentes bandes de longueurs d'ondes, singulièrement sur des ondes très longues à grande distance, se propagent en ligne brisée, au prix de multiples réflexions sur les couches électrisées de l'atmosphère, leurs trajets réels n'étant alors définis qu'à plusieurs dizaines de kilomètres près.

Seuls les satellites permettent de résoudre ce problème en rendant possibles des liaisons avec le sol par ondes ultra-courtes. Au sol, les antennes paraboliques sont mues par des mouvements d'horlogerie qui suivent les satellites et envoient vers eux des ondes courtes.

Les premières expériences de synchronisation d'horloges par satellite sont effectuées par Telstar en 1960 : ce sont des satellites de défilement en orbite basse qui répercutent les signaux arrivant d'une station vers une autre à la vitesse de la lumière et sans inertie. Une incertitude de plusieurs kilomètres plane encore sur la valeur du chemin, faute d'une précision suffisante sur la position effective du satellite au moment où il reflète l'onde. Néanmoins, l'incertitude est réduite à 0,001 s. En 1965, la précision passe à un dix millième de seconde, grâce au satellite RELAY II, et l'on peut observer la microseconde sur une horloge en mouvement.

La définition officielle du temps à partir du mouvement solaire moyen n'est plus alors assez précise. Celle du quartz ne l'est pas non plus. En octobre 1967, à la 13ᵉ Conférence générale des Poids et Mesures, le Système international d'Unités définit la seconde comme « la durée de 9 192 631 770 périodes de la radiation correspondant à la transition entre les deux niveaux hyperfins de l'état fondamental de l'atome de césium 133 ». Un chronomètre à cesium constitue alors, dans des conditions très stables, un garde-temps précis à 10^{-10} près, sous le nom d'*horloge atomique*. En octobre 1972, la conférence suivante rend cette définition du temps universel obligatoire pour dater les événements scientifiques : « le *Temps atomique international* (TAI) est la coordonnée de repérage temporel établie par le Bureau International de l'Heure sur la base des indications d'horloges atomiques fonctionnant en divers établissements conformément à la définition de la seconde, unité de temps du Système international d'Unités ».

On pense aujourd'hui parvenir bientôt à synchroniser à 10^{-10} près les horloges à l'échelle d'un hémisphère, par des lasers réfléchissant sur des satellites en orbite stationnaire : des canons-lasers enverront des flashs de photons à la vitesse de la lumière vers un satellite, à la fois pour le localiser et transmettre l'heure. Certains de ces photons reviendront au sol et permettront d'estimer le décalage de temps entre la station au sol et le satellite. D'autres seront captés sur le satellite par un oscillateur à quartz ultrastable couplé à un multiplicateur de fréquences, qui constituera pendant quelques instants un intermédiaire de temps et en assurera la transmission avec une précision équivalente à la durée de vie du photon, synchronisant ainsi tous les garde-temps à travers le monde sur l'heure TAI. La sismologie, la géophysique, l'océanographie, la géodésie, la navigation aérienne et maritime, les réseaux ferroviaires et les réseaux électriques en seront équipés. Où que ce soit au monde, une horloge à quartz pourra être mise à l'heure automatiquement, à 10^{-10} près, sur une horloge émettrice du B.I.H., avec un contrôle de la précision à chaque minute. L'incertitude d'une milliseconde sur les temps d'arrivée des tops de l'horloge émettrice n'auront plus d'importance, puisqu'ils ne serviront qu'à identifier par leur code le passage de la minute.

Cette extrême précision organise un temps homogène, sans cloche et sans pointeuse, un temps abstrait où le point zéro de l'ère, de l'année ou du jour ne jouent presque plus aucun rôle, où le monde semble en état de *veille permanente,* sans cesse à l'affût d'événements, sans cesse au travail, avec des pauses démesurément brèves. La planète vit alors à une heure unique, retrouvant l'idée de Flemming en 1890. Les marchés sont ouverts 24 heures sur 24 heures ; on peut, à chaque instant et en tout lieu, spéculer sur les monnaies et les marchandises. Les cultures les mieux protégées ne peuvent empêcher le choc de la modernité : en quelques secondes, une information pénètre les lieux les plus reculés de la planète. Désormais en possession du monopole de l'Histoire, les mass-medias organisent le temps, en décident le rythme et la mesure.

Il est un domaine où l'électronisation du calendrier va, dans les années à venir, bouleverser particulièrement le fonctionnement de nos économies : c'est celui de la circulation des informations monétaires, où le calendrier électronique modifiera radicalement le cycle des échanges.

La monnaie est, par nature, économie de temps ; chacune de ses fonctions à un rapport au temps : la transaction est gain de temps, l'épargne est protection contre les aléas du temps, la spéculation est pari sur le temps.

Grâce aux grands ordinateurs bancaires, les cartes de crédit passent directement des écritures et les informations monétaires circulent désormais à la vitesse de la lumière. Il y a aujourd'hui, de par le monde, près de 800 millions de détenteurs de ces cartes, et environ 15 % des transactions sont déjà électronisées. L'électronisation des flux monétaires réduira encore, avec les cartes magnétiques ou à mémoire, le temps des transactions. Pour la banque, la différence est essentielle : alors que la variable-clé était hier le *lieu* (d'où le développement du réseau de guichets), elle devient désormais le *temps*.

Le revenu même de la Banque, revenu *d'arbitrage temporel*, en sera bouleversé. Aux Etats-Unis, il représente en 1982 200 milliards de $, enjeu économique énorme.

La monnaie électronique restructure le temps, transforme les particuliers en véritables acteurs financiers et modifie la répartition du temps entre « loisir » et « non-loisir ». Aux Etats-Unis se développe déjà le « telephone bill paying » et s'esquisse le « home-banking », vingt-quatre heures sur vingt-quatre. Chacun gère son budget comme une entreprise.

D'où une modification profonde du rythme de la circulation des flux monétaires. La variable principale n'est plus la masse, mais *la vitesse* de circulation des capitaux chez les intermédiaires financiers, bancaires, mais aussi industriels ou commerciaux. Cette vitesse augmente. Le taux de rotation des dépôts à vue, déjà passé aux Etats-Unis de 50 en 1955 à 800 en 1980, et en France de 100 en 1970 à 181 en 1980, s'accroît encore.

Aux Etats-Unis, on peut prévoir une multiplication par trois de cette vitesse de rotation au cours des dix années à venir. Plus encore que la vitesse elle-même, c'est sa *variabilité* qui menace tout contrôle monétaire quantitatif et pousse à inventer de tout autres politiques de la monnaie.

Pour autant, cette mutation sera lente, car la monnaie

reste le sujet tabou du Temps des Machines. Son entrée dans le Temps des Codes, par la disparition des périodes et des rythmes traditionnels, ne pourra être que très progressive. Il y a là, néanmoins, un gain de temps potentiel au moins aussi important que celui instauré par Taylor et par Ford.

Les calendriers électroniques rendront alors l'avenir particulièrement peu prédictible : univers de simultanéité absolue, où le temps ne s'écoule plus dans un sens unique, mais s'auto-organise localement selon le sens qu'il donne au monde ; où durée et éloignement ne sont plus synonymes. Le temps pourra s'organiser en chaque lieu selon une forme propre, selon le sens donné en ce lieu à l'avenir, nécessairement changeant et complexe.

Alors le lien théorique entre la création et le temps, entre réel et vécu, prend un sens radicalement neuf. Tout projet donnant une finalité à l'avenir contribue à sa création. Tout énoncé d'un pronostic crée les conditions de sa réalisation. Deux hypothèses sont alors possibles : l'une, qui donne sens à l'avenir par l'observation du passé — il n'y a pas alors de création véritable, et le futur est répétition du connu ; l'autre, qui abandonne les lois et les formes connues pour donner un sens *inouï* au monde.

III. « VEILLEUR SAGACE... [8] »

« Il n'y a rien de nouveau sous le Soleil », dit l'Ecclésiaste. Est-ce l'annonce prophétique de l'inéluctable répétition de toutes choses ? Non, dit le commentaire talmudique du texte biblique, ajoutant : « Au-dessus du Soleil, il y a du nouveau. »

Tout l'enjeu du temps est là : assisterons-nous, pour réduire son encombrement, à une répétition du cours des choses, avec des objets consommés solitairement en remplacement de services collectifs, et à un resserrement de pauses de plus en plus brèves dans le contexte d'un calendrier électronique universel ?

Ou, au contraire, si « au-dessus du soleil, il y a du nouveau », faut-il s'attendre à un épanouissement de l'usage créateur du temps propre de chacun, vécu et voulu ?

Mais, au fond, qu'est-ce qui est au-dessus du Soleil ? La Lune, répond la Bible. Elle est au-dessus, au moins métaphoriquement, parce que son rythme d'apparition changeant exprime le nouveau, l'incertain ; alors que le Soleil, lui, est éternellement, quotidiennement semblable à lui-même. La langue de la Bible dit cette différence : pour les Hébreux, le nom du Soleil signifie aussi « serviteur » et annonce le visible, le connu, le soumis. Le mois lunaire est désigné d'un mot qui signifie « nouveau », alors que l'année solaire se nomme « répétition ».

Voici donc aujourd'hui que le monde hésite entre répéter pour détruire et inventer pour vivre. Entre le Soleil et la Lune.

Tout n'est certes pas joué : quoi qu'il arrive, dans les deux cas, si l'on sait refuser une réaction nostalgique, on assistera, après encore quelques années de heurts et d'ajustements, à un formidable développement matériel. Mais selon que l'emportera le temps de l'usage ou celui de créer, le Soleil ou la Lune imposera sa loi et la richesse industrielle s'accompagnera de la mort de l'Homme ou de son épanouissement.

Peut-on dès lors influer sur le cours du Temps du Code ? Sans aucun doute. Et voici comment : puisque son cours dépend du sens qu'il donne au monde, une description de ce qu'il est à même de dire du futur peut, dans la pensée et l'action, dans le projet et les rapports de force, en accélérer l'avènement ou en faire refuser les prémisses : j'espère ici faire peur par le Soleil et séduire par la Lune...

1. « *Rien de nouveau sous le Soleil* »

Si l'ordre à venir répète les stratégies de dépassement des contradictions du Temps des Machines déjà par deux fois employées, on peut s'attendre à une accélération de la réduction du temps consacré à la production des objets et des services ; d'abord par l'accélération des processus de production des objets existants, puis par la mise au point d'objets nouveaux d'une « *chrono-industrie* », remplaçant d'autres services encore que ceux dont l'automobile ou la machine à laver ont, en un siècle, fait oublier jusqu'au nom.

L'oscillateur à quartz couplé aux composants complexes, et les machines qui en découlent, permettent d'abord une accélération des processus industriels. Non seulement les chaînes gagnent en vitesse et en précision, mais beaucoup de travaux, qui ne pouvaient être automatisables, le deviennent : dans l'usine, des robots remplacent des hommes sur les chaînes en amont de la production ; la manipulation de l'information sous toutes ses formes (bureaux d'études, comptabilité, réseaux commerciaux) s'intègre à la chaîne d'ensemble et se branche sur un réseau de production synchronisé. Le temps qui sépare la matière première, dans la nature, du produit fini chez le consommateur, diminue. Le travail peut devenir flexible, l'atelier se disperser. Le travail à domicile sur ordinateur devient possible. Une pièce de la maison se transforme en atelier électronique pour de nombreux salariés.

L'agriculture, fondement des premiers Temps des Dieux, est aussi bouleversée : un microcalculateur programmé peut contrôler, moyennant des électrodes, le degré d'humidité du sol, ouvrir des vannes ou actionner une motopompe pour libérer l'eau, et les fermer lorsque le terrain est suffisamment irrigué ou à certaines heures précises. Le système électronique peut, lorsque l'électricité fait défaut, émettre un premier signal lumineux, sonore ou vocal, demandant le démarrage de l'irrigation manuelle ou mécanique, et un autre signal pour signifier son arrêt lorsque, toujours à travers le contrôle de l'humidité du sol, le microcalculateur estime l'irrigation suffisante. Un tel système consomme très peu d'énergie et peut être alimenté par des panneaux solaires photovoltaïques de taille et de coût réduits.

Les objets qui, jusqu'à présent, échappaient à l'industrie en raison de leur trop grande diversité, tels les vêtements et les chaussures, deviennent productibles en série : un costume fabriqué en deux heures pourra l'être en cinq minutes ; le temps de production d'un journal baissera des deux tiers, celui d'un livre des trois quarts ; il faudra moitié moins d'heures de travail pour monter une automobile ou un robot ménager. Comme le montre l'exemple de l'horlogerie, le contrôle de la production de ces biens risque alors de se regrouper dans les pays riverains du Pacifique où cette technologie se développe le plus vite.

Les entreprises de services — banque, poste, assurance, — deviennent des entreprises industrielles et réduisent ensuite l'encombrement des réseaux de communication et le temps qu'ils occupent. Dans tout cela, l'horloge à quartz joue un rôle déterminant. Elle est à l'ordinateur ce que l'horloge mécanique est à la machine-outil : c'est elle qui donne l'ordre de faire ou de ne pas faire ; c'est d'elle que procèdent les innovations majeures.

Simultanément, les biens de consommation existants sont eux aussi transformés par la chrono-industrie : à partir de 1980, la montre à quartz entre dans l'automobile, d'abord pour y donner l'heure, puis pour surveiller et programmer l'ensemble des fonctions du moteur, de façon visible ou sonore, et y remplacer la quasi-totalité des fonctions mécaniques. Les surveillances qui, aujourd'hui, sollicitent l'attention du conducteur sont automatisées, et une meilleure gestion du temps réduit la consommation d'énergie. L'automobile n'a alors presque plus rien de commun avec les véhicules d'aujourd'hui, hormis la carrosserie. Elle est programmée comme une montre. Ceci ne réduit cependant pas l'encombrement du transport urbain, jusqu'à ce que le véhicule terrestre soit, un jour, géré comme l'avion : enserré dans un calendrier électronique ultraprécis où chacun se verra, à la seconde près, donner l'ordre d'aller et de venir par des fréquences-radio spécialisées.

Il en va de même pour les biens domestiques, seconde génération de biens de consommation. La même obsession du gain de temps fait de la cuisine un lieu de programmes intégrés. D'abord la montre à quartz pénètre dans les objets qui s'y trouvent : il devient possible de programmer les robots mécaniques, de décider longtemps à l'avance de ce qu'ils feront et de les faire travailler simultanément. Puis, comme dans l'automobile, à l'image de l'Horloge Parlante, une voix vient énoncer ce qui se fait ou est à faire. Par ailleurs, la congélation permet le stockage durable de plats produits en série. Dès lors, le temps nécessaire à la vie d'une famille n'est plus nécessairement localisé en une pause précise. Les machines produisent désormais ces services pendant le temps où les hommes les produisent elles-mêmes. La femme n'est plus alors astreinte en rien à une fonction spécifique, et son temps n'est plus différent de celui de l'homme.

En même temps, le salon, jusqu'ici peuplé de quelques objets dont l'usage consomme le temps, tels la télévision, les disques et les livres, s'emplit d'objets de communication vivant leur propre vie, pouvant se consommer eux-mêmes. D'abord la multiplication des chaînes et le câblage des grandes villes rompent le synchronisme des quelques rares grands rendez-vous que la télévision dispense encore, avec les Jeux Olympiques ou les grandes échéances de la politique. Le magnétophone, puis le magnétoscope, permettent à chacun de commencer à vivre les spectacles selon son temps propre. Programmé par une montre à quartz, le magnétoscope stocke déjà des images émises à une date à venir ; il devient possible, grâce à lui, de vivre des pauses hors de dates imposées par le calendrier électronique. Extraordinaire objet, piège du temps des autres pour être vu au temps de soi.

D'autres objets viennent aussi permettre de stocker le temps sans le consommer : certains constituent une extension des réseaux électroniques, tels les ordinateurs personnels donnant accès à des banques de données, où qu'elles soient dans le monde, sur tous les sujets, et d'intervenir sur elles en passant commande ou en les informant.

D'autres objets du salon piègent le temps sans être branchés sur des réseaux : le *vidéodisque* d'abord, invention aussi fondamentale que le livre, qui permet de stocker le temps sous forme de signes, d'informations codées. A la différence du magnétoscope, le coût de production de ses programmes est assez faible pour permettre à chacun de s'en constituer une collection et, comme avec les livres, de conjurer la peur de la mort par la possession d'objets dont la consommation prend du temps, telle qu'on ne peut mourir sans avoir eu le temps de les utiliser.

D'autres objets peuvent *empiler* le temps : ainsi voit-on surgir des téléviseurs à écrans multiples, permettant de suivre en même temps plusieurs programmes et de faire surgir sur le plus grand d'entre eux celui qu'on veut voir un peu mieux que les autres.

Les civilisations du Pacifique, où les montres à quartz se sont développées, semblent constituer la terre d'élection de la chrono-industrie, où des objets doivent vivre tous simultanément, s'empilant dans le temps comme des livres sur une étagère : la simultanéité des événements y correspond en effet à l'empilement des structures sociales, ainsi qu'aux habitudes quotidiennes. Par exemple, la cuisine japonaise reflète bien cette acception de *l'empilement :* la répartition, dans l'espace du plateau, du salé et du sucré, du cru et du cuit, du liquide et du solide, du chaud et du froid, donne l'image d'une simultanéité temporelle, d'un empilement esthétique inconnu en Occident.

Puis, à l'échelle du monde, la montre à quartz elle-même cesse de n'avoir pour fonction que de donner l'heure. Elle peut fournir, grâce à ses mémoires, des numéros de téléphone, le degré hygrométrique ou la température de la pièce, devenir même un écran de télévision, ou encore un téléphone. Elle peut s'agrémenter d'une panoplie de jeux, se brancher sur une banque de données, devenir — portée au poignet ou à la ceinture, voire même plus tard greffée — le réceptacle d'innombrables mémoires autonomes et le relais de multiples réseaux extérieurs.

Pour autant, tout cela n'est pas alors porté en permanence au poignet : la montre devient le nom générique de toute une catégorie d'objets portés simultanément ou alternativement. Ainsi, après que la cuisine et le salon se sont emplis d'objets produits en série, de temps mis en valeur, c'est le corps lui-même qui devient vitrine d'objets.

Il ne s'agit pas là d'objets secondaires ou anecdotiques ; ces montres de demain aideront à résoudre l'essentiel de la crise d'aujourd'hui. Elles peuvent, au moins en partie, remplacer par des objets les services rendus au cours des deux pauses essentielles qui se sont développées lors de la troisième phase du Temps des Machines : les services de *l'éducation* et de *la santé.*

L'éducation d'abord : le temps consacré à la formation, à l'aube de la vie de chaque homme, pèse de plus en plus lourd sur l'obsession du temps gagné. Pour mieux préparer socialement et économiquement l'homme à sa fonction, l'école occupe une durée croissante de la vie et exige un temps de service qui ne produit pas de valeur marchande en elle-même. Il faut donc, selon la loi de la valeur, l'accélérer sans en réduire la qualité. En même temps, l'obsession du temps gagné s'y infiltre. Le maître doit d'abord commenter le spectacle électronique de chaque jour. Puis, peu à peu, la maison, l'école et le corps lui-même sont envahis par l'ordinateur qui permet aux enfants de contrôler leurs connaissances à domicile, d'apprendre en partie seuls les langues, les mathématiques, la physique ou la grammaire. Les producteurs américains d'ordinateurs et de vidéodisques ne s'y trompent pas, qui offrent dès aujourd'hui des micro-ordinateurs aux enfants à l'école, pour que s'y forment les futurs acheteurs de leurs produits.

Dans ce scénario, la logique industrielle pousse à la destruction de l'institution scolaire telle qu'elle est aujourd'hui. La distinction entre l'éducation et le jeu, entre la maison et l'école, entre l'usage d'un objet et l'utilisation d'un service, s'estompe. Le maître n'a plus alors qu'à fabriquer les programmes des machines. Une fois de plus, un objet produit en série, et utilisé en solitaire, remplace une activité collective.

L'enfant est alors dégagé de l'école comme la femme l'est, dans la phase précédente, du travail domestique. Il peut travailler, obsédé qu'il devient du temps à gagner, poussé par le souci toujours renouvelé d'être informé, de savoir à la minute près ce qui se passe partout dans le monde : « *Être normal* » devient « *être informé* » des plus récentes péripéties de la planète.

L'autre service occupant une part croissante du temps peut suivre le même cours : la restauration des forces humaines — loisirs, santé et retraite — cesse d'être contenue dans des pauses à des dates précises, pour être remplacée par des objets consommés au temps propre de chacun. Je n'insisterai pas ici sur cette transformation dont j'ai longuement décrit ailleurs les perspectives [9]. Je relèverai seulement qu'une telle évolution s'inscrit dans l'histoire du temps, parce que la connaissance biologique de la perception du temps en détermine l'essentiel de la dynamique.

En effet, la chronobiologie débouche sur une *chronopharmacologie* révolutionnaire : déjà, on ne traite plus l'asthme ou le diabète qu'aux heures précises où le médicament a le maximum d'effets, compte tenu des rythmes propres du patient. Et l'on traite certains cancers par des substances chimiques mieux tolérées à certaines dates.

On peut aller encore plus loin et délivrer des médicaments à intervalles réguliers, ramener des rythmes à leur niveau normal. Depuis vingt ans déjà, un premier objet de cette chrono-industrie médicale, le *pace-maker,* horloge électrique de grande précision, est greffée sur le cœur. D'autres sont à prévoir, pour surveiller la normalité de certains rythmes biologiques par des sortes d'horloges pointeuses individuelles. On peut prévoir par exemple qu'on portera au poignet un électrocardiographe enregistrant en permanence l'état du cœur et de la tension artérielle, et qu'il sera aussi possible de coupler un tel appareil avec un régulateur du rythme cardiaque, ou de s'en servir comme distributeur de médicaments, par exemple pour la distribution d'insuline aux diabétiques. Toute autre maladie exigeant la délivrance périodique de médicaments pourra utiliser de telles méthodes, ouvrant ainsi la voie à de fantastiques progrès dans la mise au point des organes artificiels, à une réduction massive des coûts de la santé ; mais aussi, si l'on n'y prend garde, à une inacceptable dévalorisation du rôle du médecin et à l'aggravation de la solitude des malades.

On peut aussi, sans faire preuve d'imagination excessive, penser qu'un peu plus tard, le souci de maintenir les rythmes propres conduira même à intervenir pour les maintenir avant qu'ils ne se soient déréglés. L'homme sera ainsi, en quelque sorte, génétiquement « mis à l'heure » de sa normalité. Jusqu'à ce que ces innovations en viennent peut-être à concerner un jour le code génétique lui-même, le rythme de la vie et de la mort. Si, en effet, comme on l'a vu, la vie elle-même est une horloge, si le bruit qui interrompt la division cellulaire peut être réduit autrement que par la prolifération cancéreuse, alors la durée de vie pourra être allongée, ouvrant, au-delà de l'histoire du Temps, aux plus fantastiques espérances. Ou aux plus grandes inquiétudes, si les hommes voient alors leur vie limitée comme celle des objets qu'ils produisent...

Les calendriers se dissolvent également en univers de *veille permanente.* Il n'y a plus de pause admise pour tous ; chacun a les siennes où s'empilent des objets qui, pendant ce temps, travaillent. Ils vivent, en des temps parallèles, plus de vies que les hommes ne pourront jamais en vivre.

Premiers clones de notre monde, les objets programmés nous font accéder à un peu d'éternité — tragiquement illusoire — en empilant dans le temps ce qu'on voudrait voir s'y succéder. L'homme s'entoure de leurres de lui-même ; comme eux il doit, pour être socialement adapté, être minutieusement programmé. En ce monde inacceptable, être normal, *c'est être à l'heure,* comme une pendule, *respecter l'ordre.* L'objet de mesure du temps, conçu par l'homme pour le libérer de la nature, devient maître de l'homme, modèle à copier.

En attendant que la vitesse des bombes mette un jour terme à pareille démesure, n'échapperont à cette immense juxtaposition de solitudes que ceux qui vivront en marge du temps, construisant d'étranges féodalités, collectivités fictives niant le temps, pour fonder une pauvre socialité sur la nostalgie de ces Temps anciens où la communication était encore possible, où la nature se voyait, où l'homme se souciait de la venue du printemps ou de celle de la neige, du passé de son clan et de l'avenir de son fils.

2. « *Ce qui est nouveau est au-dessus* »

Si l'on refuse ce suicide, il faut alors créer, en le pensant, un autre sens à l'inconnu ; aider à faire surgir, en l'écrivant, un autre nom pour le futur.

Dans *Le Tambour*[114], Günter Grass raconte l'histoire d'un jeune Allemand qui décide, quand son pays cède au nazisme, d'arrêter son propre temps, de ne plus grandir. Maître de sa taille, il vit à son rythme propre, hors du rythme répétitif, du calendrier totalitaire. Observateur impitoyable des mensonges et des mesquineries qui l'entourent, il se promène, faux enfant, tapant sur son tambour à contretemps des fanfares, pour faire taire les ordres de la force. Un jour, caché sous les gradins d'un stade, il entend l'impeccable parade de la jeunesse nazie : trompettes et tambours, chœurs et soldats scandent le rythme normalisé des sociétés sans surprise.

Lorsqu'il se décide, au milieu de cet ordre, à faire entendre le rythme de son propre tambour, nul ne l'entend. Puis il trouble le rythme d'un cymbalien, et celui d'un autre. La marche militaire change de rythme, les soldats perdent le pas. On croit entendre plusieurs valses nées du chaos des sons. Elles s'organisent. Soldats et filles du chœur dansent chacun leurs figures : *Un Carnaval naît d'un Carême.*

Je ne saurais, mieux que par cette image, dire quelle réaction peut nous sauver du Soleil sans pour autant le remplacer par l'ordre répétitif d'un autre astre de mort.

Comme la cloche des couvents a peu à peu créé un ordre urbain dans l'océan du désordre européen ; comme le chronomètre de marine, en descendant à terre, a installé les rythmes des gares et des pointeuses, aujourd'hui menace l'ordre répétitif des calendriers électroniques. Mais il est aussi loisible d'échapper à la prise du pouvoir des artefacts, de rêver à l'émergence d'un temps propre où, au lieu de consommer des objets empilés, chacun créera les formes de sa liberté.

Dans le monde du Soleil comme dans celui de la Lune, au-delà des incertitudes d'aujourd'hui, une fantastique croissance matérielle est donc à prévoir. Dans l'un et l'autre scénarios, ne sortiront de la crise que les pays qui réussiront à réduire l'encombrement du temps, donc sa socialisation. Certains y réussiront par la généralisation du règne de la monnaie et de la solitude, poussé jusqu'à l'extrême des âges. Ils contrôleront alors l'innovation et le rythme de la production des objets de la chrono-industrie. D'autres n'en sortiront pas, enfoncés dans la nostalgie du Temps des Machines, et ne vivront plus qu'au rythme assourdi du Temps des Autres, spectateurs des rythmes imposés par le nouveau « cœur ». D'autres enfin réussiront à intégrer tous les progrès de la chrono-industrie en un projet culturel capable d'organiser une réelle libération du temps.

Le rêve peut donner sens au réel. Non pas qu'il suffise d'établir un « programme pour la Lune » ! Beaucoup plus que d'une simple action du pouvoir, si nécessaire soit-elle pour façonner les structures économiques nécessaires à cette libération du temps, c'est de culture qu'il s'agit, d'une façon de vivre, de tourner chaque décision, privée ou collective, vers la communication et non vers l'accumulation, vers l'invention et non la copie, vers la différence et non le mimétisme : l'Histoire démontre qu'une culture en devenir, si elle est assez rayonnante, peut façonner une technologie, orienter un développement, donner sens aux concepts, aux mots, aux objets.

La volonté profonde d'un peuple, surgie de son histoire et de son génie, peut refuser la norme du temps universel et gagner pour chacun le *droit d'aller et de venir,* le droit de créer de la musique autant que d'en entendre, de peindre autant que de visiter les musées.

Il ne s'agit donc pas de refuser les techniques du Temps des Codes : aucune société ne survivra demain, ni donc ne pourra créer un temps qui lui soit propre, sans disposer des capacités d'inventer et de développer les techniques de la chrono-industrie dont le Temps du Soleil implique la naissance. De même, aucune société ne vivra si elle veut préserver les rythmes et les pauses d'aujourd'hui dans leur forme et leur signification.

Pour autant, on peut tenter, comme l'enfant du *Tambour,* de faire vivre ce monde selon d'autres valeurs.

L'Europe est bien placée, par son histoire, sa mémoire et sa jeunesse, pour faire advenir ce monde de la Lune et utiliser les plus vieilles histoires du Temps à inventer, à partir d'elles, un temps de création et de liberté.

Il convient, pour cela, à chaque lieu de l'action, de s'attacher à rendre le travail plus créatif, plus libre, jusqu'à ce qu'il devienne même souhaitable d'en retarder le terme, l'âge de la retraite, parce que chacun en viendra à vouloir à sa manière le continuer. Il convient aussi d'inventer un *Temps de vie,* en des écoles et des villes enfin pensées pour qu'on s'y parle, qu'on y crée, qu'on s'y rencontre à tous les âges de la vie. Créer aussi un *Temps de soi* où chacun définisse ses propres rythmes, préfère créer pour soi au lieu d'acheter le temps créé par d'autres, vivre le Temps de soi plutôt que se laisser glisser le long du Temps des autres, jouer sa propre musique plutôt que subir celle que répètent les machines des autres.

Au-delà de ces nouveaux rythmes qu'une culture peut inscrire peu à peu dans l'espace et le temps, c'est évidemment d'un nouveau rapport à la violence qu'il s'agit. Au lieu de remonter le temps à chaque fin de période par la destruction des valeurs accumulées, voici que l'écoulement de la vie peut être nié par le sens qu'on lui donne, voici que la création vient s'opposer à la violence.

Alors deviendra possible, en un monde menacé par le

narcissisme, l'artificiel et l'anéantissement philosophique de l'homme, de faire entendre d'autres rythmes : cloches de liberté, refus de normes.

Ainsi, en énonçant un futur insensé, chacun de nous peut aider à ce qu'il n'ait pas lieu. Chacun de nous peut faire que le Temps des Codes ne soit pas l'ironique retour de Dieux devenus robots, de l'homme devenu copie de l'homme, mort parmi les morts. Chacun peut échapper à l'écoulement des Temps et à la répétition des Ages, donner du sens à la création par l'Invisible, l'Inattendu et la Tolérance.

Je veux croire en tout cas qu'en chacun de nous, le « Veilleur Sagace » dont parle Jérémie, après s'être employé à « déraciner, abattre, démolir, exterminer », saura « construire et planter ».

BIBLIOGRAPHIE

1. Aglietta Michel, Crise et régulation de l'économie américaine, Calmann Lévy, Paris 1976.
2. Agricola Conrad. De Metallicis, libro tres, Noribergae, 1602.
3. Alexander H. G. Time as dimension and History, Albuquerque, 1945.
4. Anon. Observations on the Art and Trade of Clock and Watchmaking, Londres, 1812.
5. Anon. Chapters in the Life of a Dundee Factory Boy, Dundee, 1887.
6. Anquetin M. L'horlogerie. Des montres en général, de ceux qui les font, de ceux qui les vendent, de ceux qui les réparent, et de ceux qui les portent, Paris, l'auteur, 1875.
7. Atkins S. E. Some Account of the Worshipful Company of Clockmakers of the City of London, Londres, 1881.
8. Atlan H., Le Cristal et la fumée, Seuil, 1979.
9. Attali, J., L'Ordre Cannibale, Grasset, 1980 ; Les Trois Mondes, Fayard, 1981.
10. Babbage Charles. On the Economy of Machinery and Manufactures, Londres, 1835.
11. Babel. Histoire corporative de l'horlogerie, Genève, 1916.
12. Bakhtine M. L'œuvre de François Rabelais et la culture populaire au Moyen Age et sous la Renaissance, Paris, Gallimard, 1970.
13. Balvay L. C. Evolution de l'horlogerie, du cadran solaire à l'horloge atomique, Paris, Gauthier-Villars, 1968.

14. Basserman-Jordan E. von. Montres, horloges et pendules, Paris, P.U.F., 1964.
15. Basserman-Jordan E. von. Die Standuhr Phillips der Guten von Burgun, Leipzig, 1927.
16. Barxer A. La guerre de Sécession, 1961, New-York.
17. Baudin L. La vie quotidienne au temps des derniers Incas, Paris, Hachette, 1963.
18. Baxter R. The Poor Man's Family Book, 6th éd., London, 1697.
19. Beard C. R. M. The rise of American civilization, J. Hopkins Press.
20. Beaune Jean-Claude. L'Automate et ses mobiles, Paris, Flammarion, 1980.
21. Beeson, C. J. C. Clockmaking in Oxfordshire, Banbury Hist. Assn., 1962.
22. Bergery C. L., Economie industrielle, Paris, 1831.
23. Berstein M. D. The Mexican Mining Industry 1890-1950, ch. VII, New York, 1964.
24. Bertaux, P. La vie quotidienne en Allemagne au temps de Guillaume II, Paris, Hachette, 1962.
25. Berthoud Ferdinand. Histoire de la mesure du Temps par les horloges, Paris, Berger-Levrault, 1802, rééd. 1976.
26. Bilfinger, Gustav. Die Mittelalterlichen Horen und die modernen Stunden, Stuttgart, 1892.
27. Bloch Marc. Les travaux et les jours de l'ancienne France, Paris, 1939.
28. Bodin Jean. La République (les six livres), Cambridge, Harvard U.P., 1962.
29. Borchard. Altägyptische Zeitmessung.
30. Bouchet Jean. Anonyme : Ancienne et moderne généalogie des rois de France, Poitiers, 1527.
31. Bourdieu P. The attitude of the Algerian peasant toward time, in Mediterranean Countrymen, Paris, Ed. J. Pitt-Rivers, 1963.
32. Braudel Fernand. Civilisation matérielle, économie et capitalisme, Armand Colin, 1979.
33. Bressaud. Les Foires à Lyon au xve siècle, Hachette, 1946.

34. BRITTEN F. J. Old clocks and watches and their Makers, 6th édition, Londres, 1932.
35. BRUTON E. The Longcase clock, Londres, 1964.
36. BRUTON E. Histoire des horloges, montres et pendules, Paris, Atlas, 1980.
37. BURCKHARDT Jacob. Essai sur la Renaissance italienne.
38. BURLAND C. A. Les peuples du soleil : civilisations de l'Amérique pré-colombienne, Paris, Tallandier, 1979.
39. CACERES B. Loisirs et travail du Moyen Age à nos jours, Paris, 1973.
40. CAILLOIS Roger. L'homme et le Sacré, Paris, Gallimard, 1963.
41. CALMET D. A. Commentaire littéral historique et moral sur la règle de St-Benoît, 2 vol., Paris, Emery, 1734.
42. « Capitalism ». Encyclopaedia of the Social Sciences (III, p. 205), New York, Ed. de 1953.
43. CASANOVA, Mémoires, Paris, PUF, 1968.
44. CHAPUIS A. De horologiis in arte. L'horloge et la montre à travers les âges, Neûchatel, 1954.
45. CHAPUIS A. La montre chinoise. Relations de l'horlogerie suisse avec la Chine, Neûchatel, 1919.
46. CHARRIERE G. Stonehenge, une calculatrice néolithique, P.U.F., 1964.
47. CHEVALIER Louis. Classes laborieuses, classes dangereuses, Paris, 1978.
48. CHRISTENSEN A. L'Iran des Sassanides, Hachette, 1973.
49. CIPOLLA Carlo M., Clocks and culture 1300-1700, London, Collins, 1967.
50. CLAYTON J. Friendly Advice to the Poor, Manchester, 1755.
51. CLEMEN. Die romantische Monumentalmalerei in der Rheinlander, Dusseldorf, 1916.
52. CLUTTON C. et DANIELS G. Watches, London, 1965.
53. COATS A. W. Changing attitude to labour in the mid-eighteenth century, Econ. Hist. Rev., 2nd Ser. XI, 1958-1959.
54. COCHIN A. La manufacture de glaces de St-Gobain, 1665-1865, Paris, 1865.
55. COHN Edwin J. Social and Cultural Factors affecting the

Emergency of Innovations, in Social Aspects of Economic Development (Economic and Social Studies Conference Board, Istanbul, 1964).
56. COMMONER, Barry, La Pauvreté du Pouvoir, PUF, 1979.
57. COMMONS Sr. History of the labour in the U.S.A., 1932.
58. COMMONS Travail et civilisation à travers les âges, Paris, Bourrelier, 1938.
59. COORNAERT E. La draperie-sayetterie d'Hondschoote 14e-18e s., Paris, 1930.
60. CORIAT Benjamin. L'atelier et le chronomètre, Paris, Ch. Bourgois, 1979.
61. CULLMANN O. Temps et histoire dans le christianisme primitif, Delachaux et Niestlé, 1947.
62. DANIEL J. A. The Making of Clocks and Watches in Leicestershire and Rutland, Trans. Leics, Archaeol. Soc, XXVII, 1951.
63. DANTE. La divine Comédie, Le Paradis, Paris, Garnier, 1977.
64. DAREMBERT et SAGLIO. Dictionnaire des antiquités grecques et romaines, Paris, Hachette, 1877-1906.
65. DAUMAS M. Histoire générale des techniques, Paris, P.U.F., 1962.
66. DEFOSSEZ L. Les savants du XVIIe siècle et la mesure du temps, Lausanne, 1946.
67. DEFOURNEAU, La vie quotidienne en Espagne, Hachette, 1957.
68. DELUMEAU Jean. La civilisation de la Renaissance, Paris, Arthaud, 1967.
69. DESCARTES, Œuvres complètes, La Pléiade, 1975.
70. DIDEROT, Œuvres complètes, La Pléiade, 1976.
71. DUBY Georges. Histoire de la civilisation française, tome I, Paris, A. Colin, 1968.
72. DUBY Georges. Le temps des cathédrales : l'art et la société : 980-1420, Paris, Gallimard, 1976.
73. DUBY Georges. L'Europe des cathédrales, 1140-1280, Paris, Weber, 1966.
74. DUBY Georges et alii. Histoire de la France urbaine, tome II. La ville médiévale (volume dirigé par Le Goff), Paris, Seuil, 1980.

75. Dumezil Georges. Temps et mythes *in* Recherches philosophiques, V, Paris, 1935-1936.
76. Dunham A. L. La révolution industrielle en France 1815-1848, Paris, M. Rivière et Cie, 1953.
77. Duveau Georges. La vie ouvrière en France sous le IInd Empire, Paris, Gallimard, 1946.
78. Edwards E. L. Weight-driven chamber clocks of the Middle Age and Renaissance, Altrincham, 1965.
79. Eliade Mircea. Aspects du Mythe, Paris, Gallimard, 1963.
80. Elkan W. An African Labour Force, Kampala, 1956.
81. Espinas Georges et Pirenne Henri. Recueil de documents relatifs à l'histoire de l'industrie drapière en Flandre, Tomes I, II, III, Paris, 1906-1909.
82. Espinas G. L'organisation corporative du Moyen Age à la fin de l'ancien régime, Lille, 1943.
83. Evans-Pritchard E. Les Nuer, Paris, Gallimard, 1968.
84. Fagniez G. Etudes sur l'industrie et la classe industrielle à Paris aux XIIIe et XIVe siècle, Paris, 1877.
85. Faral E. La vie quotidienne au temps de Saint Louis, pp. 23-24, Paris, 1938.
86. Faure Alain. Paris Carême-prenant, Paris, Hachette, 1978.
87. Febvre Lucien. Le problème de l'incroyance au XVIe siècle, Paris, Albin Michel, 1947.
88. Feldhaus Franz-Maria. Die Technik der Vorzeit, Munich, Moos, 1965.
89. Fohlen C. La Société américaine, New York, 1926.
90. Ford Henry. My life and work, Londres, 1923.
91. Foster John. An Essay on the Evils of Popular Ignorance, pp. 180-185, Londres, 1821.
92. Foucault, M. Travailler et punir. Naissance de la Prison. Paris, Gallimard, 1975.
93. Foxover, La vie quotidienne des Français. La mesure du temps du XIIe au XIXe siècle, Paris, Plon, 1888.
94. François de Sales, saint. Œuvres complètes. Tome II, Introduction à la vie dévote. Tomes VI-VII. Traité de l'amour de Dieu (chap. XX, 10). Lettres, Tomes VIII-XI, Paris, 1832-1833.

95. Frantz M. L., von. Le temps, le fleuve et la roue, Paris, Chêne, 1979.
96. Fridenson P. Histoire des usines Renault, Tome I, in Mouvement Social, oct.-déc. 1972 : Le monde de l'automobile, Paris, Seuil, 1972.
97. Friedmann G. Leisure and Technological Civilization, Int. soc. Science Jour. XII, pp. 509-521, 1960.
98. Froissart J. « L'Orelige amoureux », in Poésies publiées par J. A. Buchan, Paris, 1829.
99. Gaignebet Claude. Le carnaval mythologique populaire, Paris, Payot, 1974.
100. Gatty A. The bell, Londres, 1848.
101. Gatty M. The Book of Sun-diales, Londres, 1900.
102. Gaudemar Jean-P. La mobilisation générale, Paris, Ed. du Champ urbain, 1979.
103. George M. D. London Life in the eighteenth Century, Londres, 1925.
104. Gernet J. Le monde chinois, Paris, A. Colin, 1972.
105. Gernet Louis et Boulanger A. Le génie grec dans la religion, Paris, 1932.
106. Gernet Louis. Anthropologie de la Grèce antique, Paris, 1968.
107. Gimpel J. La révolution industrielle au Moyen Age, Paris, Seuil, 1975.
108. Giedion Siegfried. La mécanisation au pouvoir, Paris, Centre Pompidou, 1980.
109. Girard René, La Violence et le Sacré, Grasset, 1972.
110. Glotz G. La cité grecque, Paris, A. Michel, 1953.
111. Glotz G. Le travail dans la Grèce ancienne, Paris, Alcan, 1920.
112. Gould. The marine chronometer, London, 1925.
113. Granet Marcel. La pensée chinoise, Paris, A. Michel, 1968, rééd.
114. Grass, Gunter, Le Tambour, Seuil, 1973.
115. Graux G. Le contrôle de la durée du travail dans les établissements industriels, Paris, Thèse, 1909.
116. de Grazia S. Of Time, Work and Leisure, New York, 1962.

BIBLIOGRAPHIE

117. GUENEAU, L. La Vie à Nevers à la fin de l'Ancien Régime, Paris, Hachette, 1918.
118. HALLOWELL A. I. Temporal Orientation in Western Civilization and in a pre-literate society, Amer. Anthrop., Nouvelle Série, XXXIX, 1939.
119. HALXER. The triumph of America, 1960.
120. D'HAUCOURT G. La vie au Moyen Age, Paris, P.U.F., 1972.
121. HAYFLICK, Leonard, La Biologie cellulaire du Vieillissement, Pour la Science, mars 1980.
122. HEER F. L'Univers du Moyen Age, Paris, Fayard, 1970.
123. HEERS J. Précis d'Histoire du Moyen Age, Paris, P.U.F., 1968.
124. HEFFER J. Les origines de la guerre de Sécession, 1971.
125. HESIODE. La Théogonie; Les travaux et les jours, Paris, Budé, 1928.
126. HIGOUNET A. et NODAL. Annales de démographie historique, 1975.
127. HILL C. The Uses of Sabbatarianism, *in* Society and Puritanism in Pre-Revolutionary England, Londres, 1964.
128. HOBSBAWM E. J. Labouring Men, ch. XVII, « Custom Wages and Work-Load », Londres, 1964.
129. HOSELITZ B. F. et MOORE W. E. Industrialization and Society, UNESCO, 1963.
130. HOWSE Derek. Greenwich table and the discovery of longitude, Oxford U.P., 1980.
131. ISAMBERT François A. Recueil général des anciennes lois françaises depuis l'an 420, Tome XIV, 169, Paris, 1821-1833.
132. JAGGER C. Histoire illustrée des montres et horloges, Londres, 1973.
133. JUNGER Ernst. Traité du Sablier, Gallimard 1979.
134. KERR C. et SIEGEL A. The Structuring of the Labor Force in Industrial Society : New Dimensions and New Questions, Industrial and Labor Relations Review, II, p. 163, 1955.
135. KESSEN E. Les ressorts au service de l'industrie, Paris, Dunod, 1954.

136. La Mettrie. L'homme-machine, Paris, rééd. Denoël Gonthier, 1981.
137. Landes D. La révolution technicienne, Paris, Gallimard, 1980.
138. Langenfelt G. The Historic Origin of the Eight Hours Day, Stockholm, 1954.
139. Lardner D. Cabinet Encyclopaedia, Tome III, Londres, 1834.
140. Leclercq G. La mesure du temps *in* Mesures, n° 2, p. 1923, fév. 1978.
141. Lefebvre Henri. Critique de la vie quotidienne, Paris, 1958.
142. Le Franc G. Histoire du travail et des travailleurs, Paris, Flammarion, 1975.
143. Le Goff Jacques. Pour un autre Moyen Age (pp. 46 à 90), Paris, Gallimard, 1977.
144. Le Goff Jacques. Temps de travail, temps du loisir au Moyen Age, Revue Temps Libre, n° 1, 1980.
145. Le Goff Jacques. La civilisation de l'Occident médiéval, Paris, Arthaud, 1964.
146. Legrand d'Aussy. Vie publique et privée des Français, Paris, 1826.
147. Le Lionnais François. Le temps, Paris, Delpire, 1959.
148. Lenine, Œuvres, Ed. Sociales, Paris.
149. Le Roy Ladurie E. Montaillou, village occitan, Paris, Gallimard, 1975.
150. Le Sourd J. A. et Gérard Cl. Nouvelle histoire du XIXe siècle, Tome I, Paris, Armand Colin, 1971.
151. Levy-Bruhl Lucien. La mentalité primitive, Paris, P.U.F., 1963.
152. Lipson E. The Economic History of England, 6 th ed. III, Londres, 1956.
153. Loup Antoine. Le calendrier juridique des jours fastes et néfastes dans l'ancienne Rome, Paris, 1908.
154. Macrobe. In Œuvres Completes, Les Saturnales, Paris, N. A. Dubois, 1845.
155. Mandrou Robert. Introduction à la France moderne, pp. 95-98, Paris, A. Michel, 1961.
156. Mantoux. Révolution industrielle au XVIIIe, Paris, 1906.

157. Marx Karl. Œuvres, Paris, Ed. Sociales.
158. Mauss Marcel et Mubert H. Mélanges d'histoire des Religions (Essai sur la nature et la fonction du Sacrifice, 1899), Paris, Alcan, 1929, 2ᵉ éd.
159. Mazaheri Ali. La vie quotidienne des musulmans au Moyen Age, Paris, Hachette, 1964.
160. Memain abbé. Etude sur l'unification du calendrier et la véritable échéance de Pâques, Paris, Gauthier-Villars, 1899.
161. Mesmes Henry de. Mémoires, Paris, E. Leroux.
162. Mesnage P. Esquisse d'une histoire de la montre in Histoire générale des techniques, vol. II, Paris, P.U.F., 1965.
163. Mesnil Marianne. Trois essais sur la fête : du folklore à l'ethnosémiotique, Bruxelles, 1976.
164. Meteyard E. Life of Josiah Wedgwood, Tome I, Londres, 1896.
165. Meunier Jacques. « Mes premiers pas chez les Sauvages » in Le Monde, 14 mars 1982.
166. Meyerhoff Hans. Time in Literature, Univ. of California, 1955.
167. Milham W. I. Time and Timekeepers, Londres, 1923.
168. Miquel A. L'Islam et sa civilisation, Paris, A. Colin, 1968.
169. Mollat Michel et Van Santbergen R. Le Moyen Age, recueil de textes d'histoire, Liège-Paris, H. Dessain, 1961.
170. Molinari, Economie Politique, Paris, 1865.
171. Montaigne, Michel de. Journal de son voyage en Italie en 1580 et 1581, Paris, Hachette, 1906.
172. Montmollin M. de. Le taylorisme à visage humain, Paris, P.U.F., 1981.
173. Moore W. E. Industrialization and Labor, New York, 1951.
174. Moore W. E. et Feldman A. S. (éds). Labor Commissions and Social Change, In Developing Areas. New York, 1960.
175. Mordoay François. Pratiques musicales de mesure du temps, Mémoire DEA, non publié, 1981.

176. Mumford Lewis. La cité à travers l'histoire, Paris, Seuil, 1964.
177. Mumford Lewis. Technique et civilisation, Paris, Seuil, 1950.
178. Nash Manning. The Recruitment of Wage Labour and the Development of new Skills, Annals of the American Academy, CCCV, 1956.
179. Needham Joseph. Heavenly Clockwork, Cambridge, U. P., 1960.
180. Needham J. La tradition scientifique chinoise, Paris, Hermann, 1974.
181. Needham J. La science chinoise et l'Occident, Paris, Seuil, 1973.
182. Needham J. et Haudricourt. Les sciences en Chine. Histoire générale des sciences, t. 1 et 2, Paris, P.U.F., 1957.
183. Nilsson M. P. Primitive Time Reckoning, Lund, 1920.
184. Oberkampf, Consignes pour les portiers des Gobelins, Paris 1802.
185. Pascal Blaise, Les Provinciales.
186. Peate I. C. Clock and Watch Makers in Wales, Cardiff, 1945.
187. Perrot Michelle. Histoire économique et sociale de la France (Direction P. Leon), Paris, P.U.F., 1979.
188. Perrot Michelle. Les ouvriers en grève (1871-1890), Paris-La-Haye, Mouton, 1974.
189. Peterson F. A. Le Mexique pré-colombien, Paris, Payot, 1976.
190. Petty William, Œuvres complètes, Londres, 1680.
191. Pierrard Pierre. La vie ouvrière à Lille sous le Second Empire, Paris, Blond et Gay, 1965.
192. Pietri Luce. L'époque médiévale, Paris, Bordas, 1965.
193. Pirenne Henri. Histoire économique de l'Occident médiéval, Desclée de Brouwer, 1951.
194. Pirenne Henri. Les villes et les institutions urbaines, Paris, 1939.
195. Place F. Improvement of the Working People (1834), British Mus., Add. MS 27825.
196. Platter Félix. Mémoires de Félix Platter, médecin

bâlois, traduits et annotés par Ed. Pick, Genève, 1866.
197. POLLARD S. The Genesis of Modern Management, Londres, 1965.
198. POLLARD S. Factory Discipline in the Industrial Revolution, Econ. Hist. Rev. 2nd ser., XVI, 1963-1964.
199. POULLE E. Un constructeur d'instruments astronomiques au xve siècle : Jean Fusoris (sur la fameuse horloge de la cathédrale de Bourges), Paris, Champion, 1962.
200. PRIGOGINE Ilya et STENGERS Isabelle. La nouvelle alliance, Paris, Gallimard, 1979.
201. RADCLIFFE W. The Origin of Power Loom Weaving p. 167, Stockport, 1828.
202. REINBERG, A. Des rythmes biologiques à la chronobiologie, Paris, Gauthiers-Villars, 1974.
203. REYBAUD, L. Sociologie industrielle, Paris, 1883.
204. ROSNAY, J. de, Le Macroscope, Paris, Seuil, 1976.
205. ROUYER J. Aperçu historique sur deux cloches du beffroi d'Aire. La bancloque et le vigneron, P.J.I.
206. SALAS E. P. L'Evolution de la notion du temps et les horlogers à l'époque coloniale au Chili, Annales, E.S.C. XXI ; 1966. Cultural Patterns and Technical Change, New York, UNESCO, 1953.
207. SALZ Beate R. The human element in Industrialization in Econ. Devel. and Cult. Change, IV, 1955.
208. SAUNIER C. Le temps, ses divisions principales, ses mesures et leurs usages aux époques anciennes et modernes, Paris, 1858.
209. SAVOY de BRULONS. Dictionnaire universel de Commerce.
210. SILVER Harold. The Concept of Popular Education, Londres, 1965.
211. SINGER Charles et al. A History of Technology, tome III, chap. XXIV, Oxford, 1956.
212. SMITH C. M. The Working Man's Way in the World, Londres, 1853.
213. SMITH Adam, Recherches sur la Richesse des Nations, Gallimard, 1976.
214. SMITH John. Old Scottish Clockmakers, Edinburgh, 1921.
215. SOROKIN M. P. et MERTON R. K. Social Time : a

methodological and functional analysis, in Amer. Il. Sociol. XLII, 1937.
216. SOUSTELLE J. La vie quotidienne des Aztèques, Paris, Club du meilleur livre, 1959.
217. SOUSTELLE J. L'univers des Aztèques, Hermann, 1979.
218. STRASSMANN. Risk and Technology in manufactures methods, 1959.
219. SYMONDS R. W. A History of English clocks, Penguin, 1947.
220. SYNGE. The Aran Islands, Dublin, 1907. Trad. Léon Balzalgette, Paris, 1921.
221. TARDY. Bibliographie générale de la mesure du temps, Paris, l'auteur, 1947.
222. TARDY. Dictionnaire des horlogers français, Paris, l'auteur, 1971.
223. TAYLOR Frederick, The Principles of Scientific Management, New York, 1912.
224. TENENTI A. La vie et la mort à travers l'art du xve siècle, Paris, A. Colin, 1952.
225. THIERBACH. Uber die Entwicklung des Steinschlosses in Zeitschrift für historische Waffenkunde, Berlin, 1902-190 .
226. THIERRY Augustin. Recueil des monuments inédits de l'histoire du Tiers-Etat, pp. 456-457, Paris, 1850.
227. THOMAS Keith. Work and Leisure in Pre-Industrial Societies, Past and Present, n° 29, Déc. 1964.
228. THOMPSON Edward P. Temps, travail et capitalisme industriel in Revue Libre n° 5, Paris, Payot, 1979.
229. THOMPSON E. P. The Making of the English Working Class, Londres, 1963.
230. THORNDIKE Lynn. A history of magic and experimental science during the first XIIIe centuries of our area, New York, 1923.
231. THORNDIKE Lynn. Science and thought in the fiftheens, New York, 1929.
232. THURSTON R. H. Histoire de la machine à vapeur, Paris, 1882.
233. TREMPÉ Rolande. Les mineurs de Carmaux (1848-1914), Paris, Ed. Ouvrières, 2 vol., 1971.

234. TURGAN J. Les grandes usines. Etudes en France et à l'étranger. Tome VII, 12 volumes, 1875-1881.
235. TURNER W. Sunday Schools Recommended, Newcastle, 1786.
236. UDY Stanley H. Organization of work, New Haven, 1959.
237. UNGERER A. Les horloges d'édifice, Paris, Ed. Gauthier-Villars, 1926.
238. UNGERER A. Les horloges astronomiques et monumentales les plus remarquables de l'Antiquité jusqu'à nos jours, Strasbourg, 1931.
239. USHER A. P. A History of Mechanical Inventions chap. VII, Harvard, 1962.
240. VANSITTART-NEALE E. Feasts and Fasts, London, 1845.
241. VAUBAN (Marquis de). Projet d'une dîme royale, Rouen, 1707.
242. VERNANT Jean-Pierre. Mythe et Pensée chez les Grecs, Paris, Maspero, 1965.
243. VERNE Jules. Le tour du monde en quatre-vingts jours, Paris, Hetzel, 1873.
244. VIAL J. L'industrialisation de la sidérurgie française 1814-1864, Paris-La Haye, Mouton, Thèse, 1967.
245. VIOLLET LE DUC. Dictionnaire raisonné de l'architecture française du XIe au XVIe siècle, Paris, 1854-1868.
246. VIRET Pierre. Introduction chrestienne en la doctrine de la foy, Tome 2 : Esposition de la foy chrestienne, Genève, T. Rivery, 1564.
247. VOLTAIRE, Œuvres. Gallimard, 1968.
248. WALLERSTEIN, Immanuel, The Capitalism World Economy, C.U.P., 1979.
249. WHITE Lynn. Technologie médiévale et transformation sociale, Paris-La-Haye, Mouton, 1969.
250. WITFOGEL. Le Despotisme Oriental, Gallimard, Paris, 1960.
251. WOLFF Philippe. Le temps et sa mesure au Moyen Age, Paris, 1962.
252. WRIGHT T. Some habits and Customs of the Working classes, Londres, 1867.
253. YOUNG E. Labour in Europe and America, Washington, 1875.

254. ZEDLER Johana H. Grosses vollständige Universal-lexicon aller Wissenschafften und Künste, Halle et Leipzig, 1742.
255. ZEDLIN Theodore. Histoire des passions françaises 1848-1945, Paris, Seuil, 1978.

DOCUMENTS, ARCHIVES, JOURNAUX

256. *Annuaires du Bureau des longitudes,* Observatoire de Paris.
257. 1934 : Notice d'Ernest ESCLANJON sur la distribution téléphonique de l'heure.
258. 1940 : Notice d'Armand LAMBERT sur le B.I.H., son rôle, son fonctionnement.
259. 1918 : Notice de J. RENAUD sur l'heure en mer.
260. 1914 : Notice de M. G. BIJOURDAN sur les fuseaux horaires.
261. BOILEAU Etienne. *Le livre des métiers,* Edité par Lespinasse et Bouvardot.
262. *Commons journals,* LIII.
263. CRAFTSMAN, 17 mars 1798.
264. Exposition universelle de 1851 : Travaux de la commission française, Tome III L'horlogerie — les machines-outils.
265. Mémoires de la Société des Antiquaires de France, 3e série, tome X, Paris, 1868.
266. *Morning Chronicle,* 1er juillet 1797, 26 juillet 1797, 18 décembre 1797, 19 décembre 1797, 16 mars 1798, 25 octobre 1849.
267. Ordonnances des rois de France, Tome IV, p. 209.
268. Recueil des règlements généraux et particuliers concernant les manufactures et fabriques du royaume, Tome III, p. 63-64, 1730.
269. Report of the Select Committee on the Petition of Watch makers, Tomes VI, IX, 1817-181 .
270. *Revue des P.T.T.,* n° 6, « Le temps et l'heure : l'horloge parlante », nov.-déc. 1970.

BIBLIOGRAPHIE

271. *Revue T. transport,* n° 2, 1975.
272. Revue « Temps libre », en particulier le n° 4.
273. *Vie du rail,* n° spécial 872, 25 novembre 1962.
274. *Vie du rail,* n° 1434 « L'heure en voyage », 17 mars 1974.

Table des matières

CHAPITRE PREMIER

L'eau et le cadran

I. LE TEMPS DES DIEUX 17
   1. Le rythme du sacré. – 2. L'Empire du Temps. – 3. Kronos et Chronos. – 4. Temps, violence, pouvoir.

II. LE CALENDRIER DU SACRÉ 38
   1. L'ordre et l'eau. – 2. La Maison du Calendrier. – 3. Ostracisme et calendes.

III. EAU ET CADRAN 53
   1. Cadran et parfum. – 2. Couvents et clepsydres.

IV. JACQUEMART ET BEFFROI 79

CHAPITRE DEUXIÈME

Poids et foliot

I. LE TEMPS DES CORPS 91
   1. Poids et foliot. – 2. Les mécaniques du temps. – 3. Horlogers et astronomes. – 4. Horloges et cœurs. – 5. Le Temps des Corps.

II. CARNAVALS ET FOIRES............. 122
1. Temps rural et temps urbain. – 2. Cloches de police. – 3. Fêtes de police.

III. RESSORT ET CHRONOMÈTRE....... 154
1. Ressort et pendule. – 2. La montre et l'homme-machine. – 3. Le chronomètre sur l'océan.

CHAPITRE TROISIÈME

Le ressort et l'ancre

I. LES MACHINES DU TEMPS............ 179
1. Ancre et machine-outil. – 2. La précision en série.

II. LE TEMPS DES MACHINES............ 192
1. Le temps, c'est de l'argent. – 2. Gagner du temps. – 3. Pointeuse, portier et chaîne.

III. VIVRE A L'HEURE..................... 229
1. Le temps pour tous. – 2. Le temps pour chacun.

CHAPITRE QUATRIÈME

Quartz et code

I. TEMPS DE CRISE......................... 260
1. Les dernières machines du Temps. – 2. Temps perdu, Temps vécu.

II. HORLOGE DE VIE, HORLOGE DE MORT 269
1. Temps propre et Temps universel. – 2. Encombrement du temps et montre à quartz. – 3. Calendriers électroniques.

III. « VEILLEUR SAGACE... » 301
1. « Rien de nouveau sous le soleil ». – 2. « Ce qui est nouveau est au-dessus ».

*Achevé d'imprimer en novembre 1982
sur presse CAMERON
dans les ateliers de la S.E.P.C.
à Saint-Amand-Montrond (Cher)
pour le compte de la librairie Arthème Fayard
75, rue des Saints-Pères - 75006 Paris*

ISBN 2-213-01118-4

Dépôt légal : novembre 1982.
N° d'Édition : 6488. N° d'Impression : 1989-1300
Imprimé en France

Achevé d'imprimer en novembre 1982
sur presse CAMERON
dans les ateliers de la S.E.P.C.
à Saint-Amand-Montrond (Cher)
pour le compte de la librairie Arthème Fayard
75, rue des Saints-Pères - 75006 Paris

ISBN 2-213-01118-4

Dépôt légal : novembre 1982
N° d'Édition : 5482. N° d'Impression : 1939-1309
Imprimé en France